Linnenkugel

LATEINISCHES UNTERRICHTSWERK

Bestell-Nr. 10130

LATEINISCHE GRAMMATIK

Bearbeitet von

Dr. Albert Linnenkugel und Paula Friling

FERDINAND SCHÖNINGH · PADERBORN

Für den Gebrauch in Schulen zugelassen:
Baden-Württemberg (U I 13875)
Berlin (Amtsbl. Nr. 11/75, 509)
Hessen (Amtsbl., Katalog Febr. 1975)
Niedersachsen (III/3700/51)
Nordrhein-Westfalen (3.091801)
Rheinland-Pfalz (B VIII 2 Tgb. Nr. 3060)
Saarland
(Stand bei Drucklegung dieses Buches)

 Herstellung: Ferdinand Schöningh, Paderborn.

ISBN 3-506-10130-7

INHALT

Vorwort 9

1 Aus der Geschichte der lateinischen Sprache 11

Aus der Lautlehre

2 Die lateinischen Schriftzeichen 11
3 Einteilung und Lautwert der Buchstaben 11
4 Die Betonung des Lateinischen 11
5 Rechtschreibung (Silbentrennung, Abkürzungen) 12

Das Wichtigste vom Lautwandel

6 I. Lautwandel der Vokale 14
7 II. Lautwandel der Konsonanten 14

Die Formenlehre

8—21 **Das Nomen**
9 a-(erste)Deklination 17
10 o-(zweite)Deklination 17
11 Besonderheiten der o-Deklination 18
12 Deklination der adjektivischen o/a-Stämme 19
13 u-(vierte)Deklination 19
14 e-(fünfte)Deklination 20

Konsonantische und i-Deklination (dritte Deklination)

15 1. Die konsonantischen Stämme 20
16 Besonderheiten der konsonantischen Deklination 21
17 2. Die i-Stämme 21
18 Adjektive der dritten Deklination 22
19 Zusammenfassung 23
20 Bestimmung des grammatischen Geschlechts 23
21 **Steigerung** (Komparation) der Adjektive 24
22 **Umstandswörter** (Adverbia) 26

23—29 **Die Fürwörter (Pronomina)**
23 1. Persönliche Fürwörter (Pronomina personalia) 28
24 2. Besitzanzeigende Fürwörter (Pronomina possessiva) 29
25 3. Hinweisende Fürwörter (Pronomina demonstrativa) 29
26 4. Bezügliche und fragende Fürwörter (Pronomina relativa und interrogativa). . . . 31
27 5. Unbestimmte Fürwörter (Pronomina indefinita). 31
28 6. Fürwörter der Wechselbeziehung (Pronomina correlativa) und Pronominaladjektive 32
29 7. Pronominaladverbien 33

30—31 **Das Zahlwort (Numerale)**

30 1. Grundzahlen (Cardinalia) und Ordnungszahlen (Ordinalia) 34
31 2. Einteilungszahlen (Distributiva) und Zahladverbien 36

32—54 **Das Zeitwort (Verbum)**

32 Vorbemerkungen 37

33—37 **Die regelmäßigen Konjugationssysteme**

33 I. Verbum finitum: 1. Aktiv des Präsensstammes 38
34 2. Passiv des Präsensstammes 40
35 3. Perfektgruppe des Aktivs 42
36 4. Perfektgruppe des Passivs 44
37 II. Verbum infinitum 46
38 Zur Formenbildung 47
39 Doppelte Konjugationsformen 48

40—42 **Verba deponentia**

40 Geschichtliches 49
41 Die Konjugation der Deponentien 50
42 Bemerkungen zu den Formen des Deponens 53

43 **Periphrastische Konjugation** 53

44—48 **Die Stammformen**

44 Zur Bildung der Stammformen 54
45 a-Konjugation 58
46 e-Konjugation 60
47 i-Konjugation 65
48 Konsonantische Konjugation 67

49—54 **Unregelmäßige Verben**

49 Das Hilfsverbum esse und Komposita, posse 87
50 ferre und Komposita 89
51 velle, nolle, malle 90
52 ire und Komposita 91
53 fieri und Komposita 92
54 Unvollständige Verben (Verba defectiva) 93

Die Satzlehre

55 Die Satzteile 95

56—93 **A. Der einfache und der erweiterte Satz**

56 Prädikat und Subjekt 95
57 Attribut, Apposition, Prädikativum 97

Das Nomen und die Kasus

58 Die Kasus der indogermanischen Ursprache 98

Der Akkusativ

59 I. Der Akkusativ als Objektkasus 98
60 II. Der doppelte Akkusativ 101
61 III. Der Akkusativ als adverbiale Bestimmung 103

Der Dativ
62 I. Der Dativ als Objekt 103
63 II. Erweiterter Gebrauch des Objektdativs 105
64 III. Der doppelte Dativ 106
65 IV. Der Dativ bei Adjektiven, adjektivisch gebrauchten Substantiven und Partizipien . 106

66—68 **Der Genetiv**
66 I. Der Genetiv als Attribut in Verbindung mit einem Substantiv 107
67 II. Der Genetiv in Verbindung mit einem Adjektiv 109
68 III. Der Genetiv bei Verben 110

69—74 **Der Ablativ**
69 Sprachgeschichtliche Vorbemerkung 112
70 I. Der Ablativ als Separativus 113
71—73 II. Der Ablativ als Instrumentalis
71 Der Instrumentalis im engeren Sinne 114
72 Der Instrumentalis in besonderer Anwendung 116
73 Der soziative Instrumentalis 117
74 III. Der Ablativ als Lokativus und Temporalis 119

75 **Die Präpositionen** 119

Das Verbum finitum im einfachen und erweiterten Satz
76 I. Genus, Numerus, Person 121
77 II. Vom Gebrauch der Tempora 123
78—81 III. Vom Gebrauch der Modi
78 1. Der Indikativ 124
79 2. Der Imperativ 125
80 3. Der Konjunktiv 125
81 4. Die unabhängige Frage 127

82—93 **Die Verbalnomina im Satz**
82 Allgemeines 128

83—86 **Der Infinitiv**
83 I. Der Infinitiv als Prädikat 129
84 II. Der Infinitiv als Subjekt oder Objekt 129
85 III. Der accusativus cum infinitivo 130
86 IV. Der nominativus cum infinitivo 133

87—89 **Das Partizip**
87 I. Allgemeines 133
88 II. Das participium coniunctum 134
89 III. Der ablativus absolutus 136

90—92 **Das Gerundivum und Gerundium**
90 I. Das Gerundivum 137
91 II. Das Gerundium 139
92 III. Besonderheiten im Gebrauch des Gerundiums und Gerundivums 139

93 **Die Supina** 140

94—116 **B. Satzreihe und Satzgefüge**
94 Koordination und Subordination 141
95 Zum Satzbau 141

96—97 **Die Modi in Nebensätzen**
96 I. Äußerliche und innerliche Abhängigkeit 143
97 II. Attractio modi 143

98—99 **Die Tempora in Nebensätzen**
98 1. Indikativische Nebensätze 144
99 2. Konjunktivische Nebensätze 144

100—116 **Die Arten der Nebensätze**
100 I. Indirekte Fragesätze 145
101—103 II. Relativsätze
101 1. Die Modi in Relativsätzen 146
102 2. Relativer Anschluß 147
103 3. Relative Verschränkung 148
104—115 III. Konjunktionalsätze
104 ut (adeo ut, simul ut, prout) 148
105 ne 151
106 cum 152
107 quo, quominus 153
108 quin 154
109 quod, (quia, quoniam, quando) 155
110 dum, donec, quoad, nedum 156
111 ubi, simulac, postquam 158
112 antequam, priusquam 158
113 si, nisi, sive, sin 159
114 quasi, velut si, tamquam si 160
115 etsi, quamquam, quamvis, licet 160
116 Oratio obliqua 161

Anhänge

I. Aus der Wortbildungslehre 162
II. Bemerkungen zur lateinischen Poesie und zu den wichtigsten Versarten 164
III. Römische Kunstprosa: Figuren, Tropen, Klauseln 168
IV. Der römische Kalender 170
V. Römisches Geld und römische Münzen 171
VI. Römische Maße 172
VII. Zur Veranschaulichung der Entwicklung der lateinischen Volkssprache in Gallien 173
Wort- und Sachregister 174

VORWORT

Die lateinische Grammatik hat ein bereits von der Antike gelegtes, traditionelles Fundament. Das darüber errichtete Lehrgebäude jedoch hat durch den Wandel der Anschauungen und je nach den Zwecken, denen es dienen sollte, im Laufe der Zeiten mancherlei Änderungen erfahren. Die vorliegende Grammatik ist für Schulen bestimmt, die den Schüler bereits mit den Elementen einer Fremdsprache vertraut gemacht haben. Sie kann daher auf eine ausführliche Entwicklung der allgemeinen grammatischen Begriffe verzichten und, da das Schwergewicht des Unterrichts auf der Lektüre liegt, auch auf solche lexikalische und stilistische Erörterungen, die nur der Hinübersetzung dienen.

Die Formenlehre wurde, da sie gewissermaßen das sprachliche Rohmaterial liefert, ausführlich behandelt; in der Satzlehre dagegen ergab sich häufig die Möglichkeit zu kürzen. Die Herabsetzung der dem Lateinunterricht zugebilligten Stundenzahl zwang dazu, die sich bietende Gelegenheit auszunutzen; doch wurde nur relativ wenig Bedeutendes von der Kürzung betroffen. Das Wichtige aus der Syntax kann so beim ersten Durchgang behandelt werden; das weniger Bedeutsame wird beim Auftreten in der Lektüre ergänzend behandelt. Als Mustersätze der Syntax sind in der Regel den zusammenhängenden Stücken der beiden Übungsbücher entnommene Sätze benutzt. Es wird der Zeitersparnis dienen, wenn der Schüler demselben Satz, aus dem er früher die Regel abgeleitet hat, auch bei der Einübung als altem Bekannten begegnet.

1 Aus der Geschichte der lateinischen Sprache

Die lateinische Sprache, ein Zweig des großen indogermanischen Sprachstammes, hat ihren Namen von der mittelitalischen Landschaft Latium, in der sie zuerst gesprochen wurde. Von hier aus hat sie sich mit dem Wachsen des römischen Imperiums als Amts- und Verkehrssprache über sämtliche Mittelmeerländer ausgebreitet. Schon früh hat das archaische Latein sich geschieden in die Hochsprache der Gebildeten und die naturwüchsige Sprache des täglichen Lebens, das sog. Vulgärlatein. Erstere entwickelte sich unter dem Einfluß der griechischen Rhetorik zur lateinischen Kunst- und Literatursprache, die sich als Gelehrten- und Kirchensprache bis auf unsere Zeit erhalten hat. Das Vulgärlatein drang mit den römischen Legionen und ihrem Troß in das Alpengebiet, in das heutige Rumänien, in Gallien, Spanien, Portugal ein und führte dort zur Bildung der romanischen Sprachen, zu denen auch das heutige Italienisch als direkte Fortentwicklung der lateinischen Volkssprache gehört.

AUS DER LAUTLEHRE

2 Die lateinischen Schriftzeichen

Wie vieles andere, so verdanken die Römer den Griechen auch die Schrift.

Von den Griechen haben die Römer zunächst folgende 21 Buchstaben entlehnt:

A B C D E F G H I K L M N O P Q R S T V X

Zu diesen traten in Augusteischer Zeit die Zeichen Y und Z zur Schreibung zahlreich eingedrungener griechischer Lehnwörter. K wurde im Laufe der Zeit durch C verdrängt; es erhielt sich u. a. in Kalendae.

Die Römer schrieben zunächst nur mit großen Buchstaben. Für inschriftliche Aufzeichnungen wurde diese **Kapitalschrift** immer beibehalten. Aus ihr entwickelte sich im Laufe der Zeit die bequemere Schrift des täglichen Lebens, die sog. **Kursive.**

3 Einteilung und Lautwert der Buchstaben

I. Das Lateinische besitzt:

a) die einfachen **Vokale** (Selbstlaute): a, e, i, o, u, (y)

b) die Diphthonge (Doppellaute): ae, oe, au, eu

c) die Halbvokale i (= ^{i}j), z. B. in Iūllus, māior
u (= ^{u}w), z. B. in quid, lingua

d) die folgenden **Konsonanten** (Mitlaute):

nach Art und Stelle der Aussprache	Verschlußlaute (mūtae)			Engenlaute		
	stimmlose (tenuēs)	stimmhafte (mediae)	stimmlose gehauchte (aspīrātae)	Reibelaute (spīrantēs)	Nasenlaute (nāsālēs)	Zungenlaute (liquidae)
Gaumenlaute (gutturālēs)	c, k, q	g	ch	h		
Lippenlaute (labiālēs)	p	b	ph	f (v)	m	
Zahnlaute (dentālēs)	t	d	th	s, z	n	l, r

II. Die Aussprache

1. Konsonanten, soweit sie von der deutschen Aussprache abweichen:

a) **c** wurde wie **k** gesprochen. Erst seit dem 6. Jahrhundert n. Chr. hat c vor e und i (auch vor ae, oe, y) den Lautwert z (tz) erhalten.

b) **t** entsprach zunächst überall hochdeutschem **t**. Erst in spätrömischer Zeit nahm unter Einfluß der Volkssprache schriftlateinisches **ti** vor Vokal den Lautwert **zi** an. Daher wurde lat. iūsti-ti-a > ital. giustizia, franz. justice.

c) **s** im Anlaut einer Silbe war stets stimmlos (= ß); z. B. septem (= ßeptem), falsus (= fal-ßuß); auch in der Lautfolge sch; z. B. schola (= ßkhola).

d) Der labiale Spirant **v** war = w; z. B. prōvincia (vgl. Provinz).

e) **r** wurde mit der Zungenspitze, nicht mit dem Zäpfchen gesprochen.

f) **n** vor c oder g (z. B. ancora, angustus) wurde wie in den deutschen Wörtern Anker, Angst gesprochen; **gn** im Inlaut wurde mit nasalem Vorschlag artikuliert, z. B. mā^{n}gnus.

g) **h** und auslautendes **m** waren nur schwach hörbar.

2. Vokale:

a) Mit Ausnahme von a haben allmählich alle betonten *kurzen* Vokale *offene*, alle betonten *langen* Vokale *geschlossene* Aussprache angenommen.

b) Vor **ns** und **nf** wurde jeder Vokal lang gesprochen; z. B. mēnsa, cōnfīrmō, īnfāns.

4 Die Betonung des Lateinischen

1. Im archaischen Latein hat der Akzent eine Zeitlang stets auf der *ersten* Silbe des Wortes gestanden.

2. In historischer Zeit haben zweisilbige Wörter den Ton auf der ersten Silbe, z. B. sílva, sémper.

Bei drei- und mehrsilbigen Wörtern entscheidet die Quantität (Länge oder Kürze) der *vorletzten* Silbe (Pänultima). Ist diese lang, so trägt sie den Hauptton; ist sie kurz, so wird die drittletzte Silbe betont. Daher amíca, fábŭla **(Pänultimagesetz)**.

Eine Silbe kann von Natur oder durch Position (d. h. nach Übereinkunft) lang sein. Von Natur lang ist die Silbe, welche einen langen Vokal oder einen Diphthong enthält (z. B.

aurōra). Positionslang sind diejenigen Silben, in denen auf einen kurzen Vokal mehrere Konsonanten folgen (z. B. ancílla, contēntus).

Ausgenommen sind solche Silben, in denen auf einen kurzen Vokal eine mūta cum liquidā (vgl. 3, l) folgt. Daher ténĕbrae, Pắtrŏclus, árbĭtror.

Besonderheit: Wörter, an die Partikeln wie -que, -ve, -ne, -ce angehängt werden, betonen ihre letzte Silbe, z. B. omniáque, maláve, amátne, hūiúsce.

5 Rechtschreibung

1. Große Anfangsbuchstaben

Sie werden heute in lateinischen Texten gesetzt:

a) gewöhnlich zu Anfang eines Satzes;

b) bei Eigennamen und davon abgeleiteten Adjektiven und Adverbien (z. B. Rōma, Rōmānus, Latīnē);

c) bei Adjektiven als Beinamen (z. B. Alexander Māgnus).

2. Silbentrennung

a) be-ā-tus, co-rō-na, pro-pe-rat.
Die Silbengrenze liegt hinter dem Vokal, auf den ein anderer Vokal oder ein einziger Konsonant folgt.

b) bēs-tia, māg-nus, mēn-sa, sānc-tus, Vols-cī.
Von mehreren Konsonanten kommt der letzte auf die nächste Zeile.

c) um-bra, pa-tri-a, tem-plum, Pa-tro-clus.
Konsonant + l oder r werden nicht voneinander getrennt, sondern zusammen zur folgenden Silbe gerechnet.

d) dē-scrībere, red-itus, īn-fāns, māgn-animus.
Zusammengesetzte Wörter werden nach ihren Bestandteilen getrennt.

3. Abkürzungen

a) Vornamen:

A. = Aulus	D. = Decimus	P. = Pūblius	Sp. = Spurius
App. = Appius	L. = Lūcius	Q. = Quīntus	T. = Titus
C. = Gāius[1]	M. = Mārcus	Ser. = Servius	Ti. / Tib. = Tiberius
Cn. = Gnaeus[1]	M'. = Mānius	S(ex). = Sextus	

b) Amtliche Bezeichnungen:

a.d.	= ante diem	P.C.	= patrēs cōnscrīptī
aed.	= aedīlis	P.R.	= populus Rōmānus
a.u.c.	= ab urbe conditā	pr.	= praetor
cos.	= cōnsul	proc.	= prōcōnsul
coss.	= cōnsulēs	S.C.	= senātūs cōnsultum
f.	= fīlius	S.P.Q.R.	= senātus populusque Rōmānus
Id.	= Idūs	tr.pl.	= tribūnus plēbis
Kal.	= Kalendae	III viri	= triumvirī
Non.	= Nōnae		

[1] C diente in alter Zeit als Schriftzeichen sowohl für den Laut K wie für den Laut G. Die beiden Abkürzungen C. = Gāius und Cn. = Gnaeus erklären sich daher als Reste alter Schreibweise.

Das Wichtigste vom Lautwandel

6 I. Lautwandel der Vokale

1. Der Ablaut

Wie im Deutschen (binde, band, gebunden; nehmen, nahm, genommen) können auch im Lateinischen Vokale verschiedener Klangfarbe oder verschiedener Länge innerhalb desselben Stammes miteinander wechseln. Diese Erscheinung, die bereits der indogermanischen Ursprache eigen war, heißt Ablaut. Wir unterscheiden im Lateinischen:

a) den qualitativen Ablaut (Wechsel der Klangfarbe): **tegō — toga, necō — noceō, excellere — collis** (e/o-Reihe); **alere — indolēs, datus — dōnum, īgnārus — īgnōrō** (a/o-Reihe).

b) den quantitativen Ablaut (Wechsel der Quantität): In **sĕdeō : sēdēs, tĕgō : tēgulum, vŏcāre : vōx** steht die Vollstufe (sĕdeō) im Wechsel mit der Dehnstufe (sēdēs); in **gĕn-uī : gīgn-ō, ĕd-ō : d-ēns, ĕs-t : s-unt** steht die Vollstufe im Wechsel mit der Schwundstufe.

2. Der Umlaut

Die starke Betonung der Anfangssilbe (vgl. 4, 1) hat eine Vokalschwächung der nächsten unbetonten Silbe zur Folge gehabt, die man als Umlaut bezeichnet. Dabei wurde:

a) a, e, o, u > i; z. B. hab**e**ō : adh**i**beō, s**ē**dēs : obs**i**diō, hom**ō** : hom**i**nis, cap**u**t : cap**i**tis. Außerdem: ae > ī; z. B. qu**ae**rō : inqu**ī**rō.

b) a > e, wenn mehrere Konsonanten folgen; z. B. **a**rceō : co**e**rceō, f**a**llō : fef**e**llī, c**a**pere : prīnc**e**ps.

c) au > ū, z. B. cl**au**dō : incl**ū**dō, c**au**sa : acc**ū**sō.

d) ŏ vielfach zu ŭ, z. B. hort**o**s > hort**u**s, bell**o**m > bell**u**m.

3. Vokalschwund (Synkope)

Innerhalb eines Wortes wurde oft ein kurzer Vokal zwischen Konsonanten ausgestoßen. Auch dieser Vorgang erklärt sich aus der Betonung der Anfangssilbe. Beispiele: valĭdus, aber valdē; extĕrus, aber extrā; prōvĭdēns > prōvdēns > prūdēns; perrĕgō > pergō.

4. Vokalkürzung

Ein langer Vokal wird kurz:

a) vor folgendem Vokal; z. B. dēl**ē**re, aber dēl**ĕ**ō; fīn**ī**re, aber fīn**ĭ**ō; r**ē**s, aber r**ĕ**ī.

b) in allen Endsilben vor auslautendem Konsonant außer s; z. B. r**ē**s, aber r**ĕ**m; hon**ō**rī, aber hon**ŏ**r; laud**ā**s, aber laud**ă**t.

c) In Wörtern, die ursprünglich eine jambische Silbenfolge (⏑–) bildeten und den Ton auf der Kürze tragen (⏑́–), wurde die zweite Silbe kurz *(Jambenkürzung)*; z. B.:

clārē,	aber bĕnĕ, mălĕ	ambō,	aber dŭŏ
sī,	aber nĭsĭ, quăsĭ	rārō,	aber mŏdŏ u. a.

5. Vokaldehnung

Ein kurzer Vokal wird lang:

a) durch Ersatzdehnung für ausgefallenes s; z. B. **ī**dem aus *isdem; dīdūcō aus *dĭsdūcō;

b) in den Perfektpartizipien, deren Wurzel auf eine Media ausging; z. B. āctus zu ăgō; lēctus zu lĕgō; cāsūrus zu cădō; vīsus zu vĭdeō.

6. Vokalkontraktion

Zwei innerhalb eines Wortes zusammenstoßende Vokale werden häufig in einen langen Vokal zusammengezogen; z. B. *cŏ-ŏpia > cōpia; *nĕ-hĕmō > nēmō; nĭ(h)ĭl > nīl; audī(v)isse > audīsse; laudā-(v)isse > laudāsse, *lauda-ō > laudō; *lauda-em > laudem.

7 II. Lautwandel der Konsonanten

1. Der Rhotazismus

Im Deutschen kennen wir *verlieren* neben *Verlust*, *frieren* neben *Frost*, *Werra* neben *Weser*, *waren* neben *gewesen*. Es handelt sich um eine lautliche Entwicklung, nach der *s* zwischen zwei Vokalen zu *r* wurde. Man bezeichnet sie als Rhotazismus (Rho = griechisches Lautzeichen für r).

9 a-(erste)Deklination

	Singular		Plural	
1. Nom.	silv**a**	der (ein) Wald	silv**ae**	(die) Wälder
2. Gen.	silv**ae**	des (eines) Waldes	silv**ā-rum**	der Wälder
3. Dat.	silv**ae**	dem (einem) Wald	silv**īs**	(den) Wäldern
4. Akk.	silv**am**	den (einen) Wald	silv**ās**	(die) Wälder
5. Abl.	silv**ā**	von dem (einem) Wald mit dem (einem) Wald durch den (einen) Wald	silv**īs**	von (den) Wäldern mit (den) Wäldern durch (die) Wälder
6. Vok.	silv**a**	(o) Wald	silv**ae**	(o) Wälder

1. Die Wörter der a-Deklination sind *weiblich*. Nur diejenigen, die Männer, Völker oder Flüsse bezeichnen, sind männlich (vgl. 8, 2). Doch cōpiae, -ārum = die Truppen ist *weiblich*, da diese als Werkzeug in der Hand des Heerführers angesehen werden.

2. **Pluralia tantum**. cōpiae, die Truppen, (eigentlich: die Vorräte); minae, die Drohungen; reliquiae, die Überreste; außerdem folgende, denen im Deutschen **ein Singular** entspricht:

angustiae, -ārum	**der** Engpaß	īnsidiae, -ārum	**der** Hinterhalt
dīvitiae, -ārum	**der** Reichtum	nūptiae, -ārum	**die** Hochzeit
indūtiae, -ārum	**der** Waffenstillstand	tenebrae, -ārum	**die** Finsternis
inimīcitiae, -ārum	**die** Feindschaft		

Besonderheiten der a-Deklination

1. Von familia findet sich noch ein alter Gen. Sg. auf -ās (statt -ae), jedoch nur in den Verbindungen: pater familiās, māter familiās.

2. Merke die Verbindungen: fīliīs fīliābusque, dīs deābusque, in denen Dat. und Abl. Pl. von fīlia und dea auf -ābus gebildet werden.

3. Griechische Namen auf -ās und -ēs, wie Aenēās, Spartiātēs, werden wie die Substantive auf -a dekliniert: Aenēae, Aenēam; Spartiātae, Spartiātārum usw.

10 o-(zweite)Deklination

		St.: horto	St.: puero	St.: agro	St.: viro	St.: dōno
Singular	Nom.	hort**us**	puer	ager	vir	dōn**um**
	Gen.	hort**ī**	puer**ī**	agr**ī**	vir**ī**	dōn**ī**
	Dat.	hort**ō**	puer**ō**	agr**ō**	vir**ō**	dōn**ō**
	Akk.	hort**um**	puer**um**	agr**um**	vir**um**	dōn**um**
	Abl.	hort**ō**	puer**ō**	agr**ō**	vir**ō**	dōn**ō**
	Vok.	hort**e**	puer	ager	vir	dōn**um**
Plural	Nom.	hort**ī**	puer**ī**	agr**ī**	vir**ī**	dōn**a**
	Gen.	hort**ō-rum**	puer**ō-rum**	agr**ō-rum**	vir**ō-rum**	dōn**ō-rum**
	Dat.	hort**īs**	puer**īs**	agr**īs**	vir**īs**	dōn**īs**
	Akk.	hort**ōs**	puer**ōs**	agr**ōs**	vir**ōs**	dōn**a**
	Abl.	hort**īs**	puer**īs**	agr**īs**	vir**īs**	dōn**īs**
	Vok.	hort**ī**	puer**ī**	agr**ī**	vir**ī**	dōn**a**

1. Der ursprüngliche Stammauslaut **o**, nach dem die Deklination benannt wird, wurde später in **u** abgeschwächt; horto-s, horto-m > hortus, hortum (vgl. 6, 2d).

2. Diejenigen Wörter, die vor dem Stammauslaut o ein r hatten, haben im Nom. Sg. das -o- und dann auch das -s verloren. Also: *pueros > *puers > puer.

Ging, wie im St. agro, dem -r- ein Konsonant voraus, so entwickelte sich zur Erleichterung der Aussprache im Nom. Sg. ein e vor dem r. Also: *agros > *agrs > *agers > ager.

3. Wie puer behalten das e vor r in allen Kasus:

gener, -erī	der Schwiegersohn
socer, -erī	der Schwiegervater
vesper, -erī	der Abend
sīgnifer, -erī	der Fahnenträger
līberī, -ōrum	die Kinder
līber, -era, -erum	frei
alter, -era, -erum	der eine, der andere
asper, -era, -erum	rauh
miser, -era, -erum	unglücklich
tener, -era, -erum	zart
frūgifer, -era -erum	fruchtbar
armiger, -era, -erum	waffentragend

Wie ager stoßen außer im Nom. und Vok. Sg. das e vor r aus:

liber, -brī	das Buch
Alexander, -drī	Alexander
magister, -trī	der Lehrer
pulcher, -chra, -chrum	schön
u. a.	

Die meisten Wörter auf -er
verwerfen e stets vor dem r.
Nur puer, socer, vesper, gener,
die Adjektive miser, tener,
nebst alter, asper, līber (frei)
behalten e vor r stets bei;
dazu dann die auf -fer und -ger,
wie frūgifer und armiger.

Zusatz:

Neben socer findet sich auch die ursprüngliche, volle Form socerus, neben prosperus (glücklich) das synkopierte prosper (-era, -erum).

4. Die Substantive der o-Deklination auf -us und -er sind Maskulina, die auf -um Neutra.

Aber:

Aegyptus antīqua	das alte Ägypten
Cyprus amoena	das liebliche Cypern
Corinthus opulenta	das reiche Korinth
humus dūra	der harte Erdboden
pōpulus alta	die hohe Pappel
vīrus malum	das böse Gift
vulgus imperītum	die unerfahrene Menge

Land, Insel, Stadt und Bäum' auf -us
stets weiblich man gebrauchen muß;
als weiblich brauch auch humus,
als sächlich vīrus, vulgus.

5. Bei den Neutra aller Deklinationen lautet der Akkusativ wie der Nominativ; daher auch vīrus, vulgus im Nominativ und Akkusativ.

In allen Deklinationen ferner haben die Neutra im Nom. (Vok.) und Akk. Plur. die Endung -a.

11 Besonderheiten der o-Deklination

1. Tiberius, Gen.: Tiberiī und Tibérī; Vergilius, Gen.: Vergiliī und Vergílī; imperium, Gen.: imperiī und impérī.
Bei Eigennamen auf -ius und Substantiven auf -ium können im Gen. Sg. die beiden zusammentreffenden -iī zu -ī kontrahiert werden (vgl. 6, 6).

2. Appius, Vok.: Appī; Pompēius, Vok.: Pompēī; Gāius, Vok.: Gāī; fīlius, Vok.: fīlī.
Die Eigennamen auf -ius (auch fīlius) kontrahieren im Vokativ ie > ī; meus bildet den Vokativ **mī**.

3. Neben den Pluralformen deī und deīs finden sich die von dī(v)us abgeleiteten (vgl. 7, 4b) Nebenformen diī und dī, diīs und dīs. Der Vokativ von deus heißt wieder deus, also: ō mī deus!

4. Wörter, welche Münze, Maß und Gewicht bezeichnen, verwenden oft den alten Genetiv **-um** statt -ōrum; daher: nummum, sēstertium, modium, iūgerum. Regelmäßig steht dieser Genetiv bei den mit **vir** zusammengesetzten Amtsbezeichnungen wie triumvir, decemvir; also: triumvirum, decemvirum.

5. locus hat zwei Plurale: locī = Stellen (in Büchern) und loca = Orte, Gegend, Gelände.

6. **Pluralia tantum:**

fāstī, -ōrum	der Kalender	castra, -ōrum	das Lager
līberī, -ōrum	die Kinder	hīberna, -ōrum	das Winterlager
arma, -ōrum	die Waffen	spolia, -ōrum	die Waffenbeute

12 Adjektive der o/a-Deklination

Die Maskulina und Neutra sind o-Stämme, die Feminina a-Stämme.

	Singular			Plural		
Nom.	cārus	cāra	cārum	cārī	cārae	cāra
Gen.	cārī	cārae	cārī	cār-ōrum	cār-ārum	cār-ōrum
Dat.	cārō	cārae	cārō	cārīs	cārīs	cārīs
Akk.	cārum	cāram	cārum	cārōs	cārās	cāra
Abl.	cārō	cārā	cārō	cārīs	cārīs	cārīs
Vok.	cāre	cāra	cārum	cārī	cārae	cāra
Nom.	līber	lībera	līberum	līberī	līberae	lībera
Gen.	līberī	līberae	līberī	līber-ōrum	līber-ārum	līber-ōrum
Dat.	līberō	līberae	līberō	līberīs	līberīs	līberīs
Akk.	līberum	līberam	līberum	līberōs	līberās	lībera
Abl.	līberō	līberā	līberō	līberīs	līberīs	līberīs
Vok.	līber	lībera	līberum	līberī	līberae	lībera
Nom.	niger	nigra	nigrum	nigrī	nigrae	nigra
Gen.	nigrī	nigrae	nigrī	nigr-ōrum	nigr-ārum	nigr-ōrum
Dat.	nigrō	nigrae	nigrō	nigrīs	nigrīs	nigrīs
Akk.	nigrum	nigram	nigrum	nigrōs	nigrās	nigra
Abl.	nigrō	nigrā	nigrō	nigrīs	nigrīs	nigrīs
Vok.	niger	nigra	nigrum	nigrī	nigrae	nigra

13 u-(vierte)Deklination

	Sing.	Plur.	Sing.	Plur.	Sing.	Plur.
Nom.	versus	versūs	cornū	cornua	domus	domūs
Gen.	versūs	versu-um	cornūs	cornu-um	domūs	domu-um
Dat.	versuī	versibus	cornū	cornibus	domuī	domibus
Akk.	versum	versūs	cornū	cornua	domum	domōs
Abl.	versū	versibus	cornū	cornibus	domō	domibus
Vok.	versus	versūs	cornū	cornua	domus	domūs

1. Kennzeichnend für die Wörter der vierten Deklination ist der Stammauslaut -ū.
2. Den Abl. Sg. und den Akk. Pl. bildet domus nach dem Muster der o-Stämme.
3. Der Dat. und Abl. Pl. der u-Stämme endigte ursprünglich auf -ubus. Die alte Form hat sich erhalten in tribubus (von tribus = der Bezirk) und arcubus (von arcus = der Bogen).
4. Die Wörter auf -us nach der u-Deklination sind *masculina*, die auf -u *neutra*.

Aber:

domus pulchra	das schöne Haus
manus dextra	die rechte Hand
tribus urbāna	der städtische Bezirk
porticus alta	die hohe Säulenhalle
Īdūs Mārtiae	die Iden des März

Von den Wörtern auf -us, -ūs
man sechs als weiblich merken muß:
acus, domus, manus, tribus,
porticus und Īdūs.

	Sing.	Plur.	Sing.	Plur.
Nom.	**diēs**	**diēs**	**rēs**	**rēs**
Gen.	**diēī**	diē-**rum**	**rĕī**	rē-**rum**
Dat.	**diēī**	**diēbus**	**rĕī**	**rēbus**
Akk.	**diem**	**diēs**	**rem**	**rēs**
Abl.	**diē**	**diēbus**	**rē**	**rēbus**
Vok.	**diēs**	**diēs**	**rēs**	**rēs**

1. Der Stammauslaut der fünften Deklination ist -ē. Wie bei den o- und ū-Stämmen wird der Nom. Sg. durch Anhängung von s gebildet.

2. Unterscheide: diēī, perniciēī, aber rĕī, fíděī. Im Gen. und Dat. Sg. ist der Stammauslaut ē lang (und betont), wenn ein i vorangeht; sonst ist er kurz.

3. rēs pūblica — der Staat
spēs māgna — die große Hoffnung

Aber:

diēs āter — der Unglückstag
merīdiēs calidus — der heiße Mittag
diēs cōnstitūta — der festgesetzte Tag

Der Fünften Wörter auf -es
bezeichnen etwas Weibliches.
Doch diēs und merīdiēs
sind männlich; diēs = „Termin"
gebrauche man als Feminin.

Konsonantische und i-Deklination (dritte Dekl.)

Die dritte Deklination ist eine **Misch-Deklination.** Sie umfaßt 1. die **konsonantischen** Stämme; 2. neben einigen einsilbigen Stämmen auf -u (z. B. sū-s) die **i-Stämme.**

15 1. Die konsonantischen Stämme

	a) Maskulina und Feminina			b) Neutra	
Stamm:	scrīptor-	prīncip-	lēg-	nōmin-	iūr-
Sing.					
Nom.	scrīptor	prīnceps	lēx	nōmen	iūs
Gen.	scrīptōr**is**	prīncip**is**	lēg**is**	nōmin**is**	iūr**is**
Dat.	scrīptōr**ī**	prīncip**ī**	lēg**ī**	nōmin**ī**	iūr**ī**
Akk.	scrīptōr**em**	prīncip**em**	lēg**em**	nōmen	iūs
Abl.	scrīptōr**e**	prīncip**e**	lēg**e**	nōmin**e**	iūr**e**
Vok.	scrīptor	prīnceps	lēx	nōmen	iūs
Plur.					
Nom.	scrīptōr**ēs**	prīncip**ēs**	lēg**ēs**	nōmin**a**	iūr**a**
Gen.	scrīptōr-**um**	prīncip-**um**	lēg-**um**	nōmin-**um**	iūr-**um**
Dat.	scrīptōr**ibus**	prīncip**ibus**	lēg**ibus**	nōmin**ibus**	iūr**ibus**
Akk.	scrīptōr**ēs**	prīncip**ēs**	lēg**ēs**	nōmin**a**	iūr**a**
Abl.	scrīptōr**ibus**	prīncip**ibus**	lēg**ibus**	nōmin**ibus**	iūr**ibus**
Vok.	scrīptōr**ēs**	prīncip**ēs**	lēg**ēs**	nōmin**a**	iūr**a**

1. Die Wörter der konsonantischen Deklination sind bis auf wenige Ausnahmen
   a) **ungleichsilbig**, d. h. sie haben im Gen. Sg. mehr Silben als im Nom.;
   b) ihr Stamm geht auf **nur einen Konsonanten** aus.

2. Stamm und Nom. Sg.

Genetiv:	hiem-um	prīncip-um	duc-um	rēg-um	ped-um
Stamm:	hiem-	prīncip-	duc-	rēg-	ped-
Nominativ:	hiem-s	prīncep-s	dux (x = c + s)	rēx (x = g + s)	pēs (s = d + s)

Wie bei horto-s, versu-s, diē-s wurde auch in der konsonantischen Deklination an die auf m, einen Labial (p, b), Guttural (c, g) oder Dental (t, d) ausgehenden Stämme im Nom. Sg. die Endung -s gehängt. Der dentale Stammauslaut wurde dem s angeglichen; es wurde also *peds > *pess > pēs (vgl. 7,2). Bei den übrigen Maskulina und Feminina der konsonantischen Deklination ist dieses s abgefallen.

Bei den einsilbigen s-Stämmen hat sich das stammauslautende s nur im Nom. Sg. gehalten, in den übrigen Kasus ist es zu r geworden (vgl. 7, 1). Daher mōs, aber mōris; iūs, aber iūris. Bei mehrsilbigen s-Stämmen ist das -r- aus den obliquen Kasus durch die Wirkung der Analogie vielfach auf den Nom. Sg. übertragen worden. So erklärt sich honor neben honōs.

16 Besonderheiten der konsonantischen Deklination

1. requiēs, requiētis *f.* die Ruhe hat neben der regelmäßigen Form requiētem auch den Akkusativ requiem.

2. Iuppiter, aus *Iov-pater, bildet die obliquen Kasus vom St. Iov-: Iovis, Iovī, Iovem, Iove.

3. bōs *m.* und *f.* das Rind, St. bov-, hat nach 7, 4b im Gen. Pl. boum (aus bovum), Dat. und Abl. Plur. bōbus und būbus (aus bovibus); im übrigen regelmäßig: bovis, bovī, bovem, bove, bovēs.

4. vās, vāsis *n.* das Gefäß geht im Plural nach der o-Deklination; daher: vāsa, vāsōrum, vāsīs usw.

5. Von nēmō (aus *ne-hemo) sind nur geläufig der Dativ nēminī und der Akkusativ nēminem. Die übrigen Kasus werden durch die entsprechenden Formen von nūllus ersetzt.

17 2. Die ī-Stämme

	i-Deklination				Gemischte Deklination		
	Gruppe 1 St.: turri-, vī-		Gruppe 2 St.: mari-, animāli-		Gruppe 3 St.: nāvi-, clādi-		Gruppe 4 St.: urbi-
Sing.							
Nom.	turris	vīs	mare	animal	nāvis	clādēs	urbs
Gen.	turris	—	maris	animālis	nāvis	clādis	urbis
Dat.	turrī	—	marī	animālī	nāvī	clādī	urbī
Akk.	turrim	vim	mare	animal	nāvem	clādem	urbem
Abl.	turrī	vī	marī	animālī	nāve	clāde	urbe
Vok.	turris	—	mare	animal	nāvis	clādēs	urbs
Plur.							
Nom.	turrēs	vīrēs	maria	animālia	nāvēs	clādēs	urbēs
Gen.	turri-um	vīri-um	mari-um	animāli-um	nāvi-um	clādi-um	urbi-um
Dat.	turribus	vīribus	maribus	animālibus	nāvibus	clādibus	urbibus
Akk.	turrīs (turrēs)	vīrēs	maria	animālia	nāvēs (nāvīs)	clādēs	urbēs
Abl.	turribus	vīribus	maribus	animālibus	nāvibus	clādibus	urbibus
Vok.	turrēs	vīrēs	maria	animālia	nāvēs	clādēs	urbēs

1. Bei den Wörtern der **Gruppe 1 hat sich das i des Stammes in allen Kasus mit Ausnahme des Nom. Pl. gehalten.** Außer turris und vīs gehören zu dieser Gruppe:

febris, -is *f.*	das **Fieber**	Albis, -is *m.*	die **Elbe**
puppis, -is *f.*	das Hinterdeck	Neāpolis, -is *f.*	**Neapel**
secūris, -is *f.*	das Beil	Tiberis, -is *m.*	der **Tiber**
sitis, -is *f.*	der Durst	Visurgis, -is *m.*	die **Weser**

2. **Zur Gruppe 2 gehören die Neutra auf -e, -al und -ar.** Das i des Stammes ist in mare zu e geworden, in animal, exemplar[1] fortgefallen.

3. **Gruppe 3 bilden die gleichsilbigen Substantive auf -is und -ēs,** z. B. cīvis, Gen.: cīvis; clādēs, Gen.: clādis; **Gruppe 4** die Substantive, die **vor der Genetivendung mehrere Konsonanten haben,** z. B. pars, Gen.: par**t**-is.

Bei den Wörtern der Gruppen 3 und 4 hat eine starke Vermischung der konsonantischen und der i-Deklination stattgefunden. Nur im Gen. Pl. ist der Stammauslaut i erhalten geblieben; daher: cīvi-um, nūbi-um, parti-um; Ausnahmen: sen**um**, patr**um**, mātr**um**, can**um**, iuven**um** und frātr**um**. Senex, pater, māter, canis, iuvenis und frāter sind konsonantische Stämme.

18 Adjektive der dritten Deklination

Die Adjektive der dritten Deklination zerfallen in drei Gruppen:

1. Gruppe: Adjektive **dreier** Endungen: ācer, ācris, ācre (St.: ācri)

2. Gruppe: Adjektive **zweier** Endungen: lēnis, lēnis, lēne (St.: lēni)

3. Gruppe: Adjektive **einer** Endung: prūdēns, prūdēns, prūdēns (St.: prūdenti)

	Singular			Plural		
	Mask.	Fem.	Neutr.	Mask.	Fem.	Neutr.
Nom. (Vok.)	ācer	ācris	ācre	ācrēs	ācrēs	ācr**ia**
Gen.	ācris	ācris	acris	ācr**i-um**	ācr**i-um**	ācr**i-um**
Dat.	ācrī	ācrī	ācrī	ācribus	ācribus	ācribus
Akk.	ācrem	ācrem	ācre	ācrēs	ācrēs	ācr**ia**
Abl.	ācrī	ācrī	ācrī	ācribus	ācribus	ācribus
Nom. (Vok.)	lēnis	lēnis	lēne	lēnēs	lēnēs	lēn**ia**
Gen.	lēnis	lēnis	lēnis	lēn**i-um**	lēn**i-um**	lēn**i-um**
Dat.	lēnī	lēnī	lēnī	lēnibus	lēnibus	lēnibus
Akk.	lēnem	lēnem	lēne	lēnēs	lēnēs	lēn**ia**
Abl.	lēnī	lēnī	lēnī	lēnibus	lēnibus	lēnibus
Nom. (Vok.)	prūdēns	prūdēns	prūdēns	prūdentēs	prūdentēs	prūdent**ia**
Gen.	prūdentis	prūdentis	prūdentis	prūdent**i-um**	prūdent**i-um**	prūdent**i-um**
Dat.	prūdentī	prūdentī	prūdentī	prūdentibus	prūdentibus	prūdentibus
Akk.	prūdentem	prūdentem	prūdēns	prūdentēs	prūdentēs	prūdent**ia**
Abl.	prūdentī	prūdentī	prūdentī	prūdentibus	prūdentibus	prūdentibus

1. Die **Adjektive** der dritten Deklination haben **i-Stämme.** Sie werden dekliniert wie mare, insofern sie den Abl. Sg. auf **-i,** den Gen. Pl. auf **-ium,** den Nom. und Akk. Pl. des Neutrums auf **-ia** bilden.

---

[1] exemplar, -āris, n. Beispiel, Muster, Abschrift.

Nur die vier Adjektive einer Endung vetus, prīnceps, dīves, pauper gehen nach der konsonantischen Deklination. Sie bilden daher:

vetus:	vetere,	vetera,	veter**um**	dīves:	dīvite,	—,	dīvit**um**
prīnceps:	prīncipe,	—,	prīncip**um**	pauper:	paupere,	—,	pauper**um**

2. Folgende Substantive bilden, da sie *ursprünglich Adjektive* waren, den Abl. Sg. und Gen. Pl. nach der i-Deklination:

aequālis (sc. homo)	der Zeitgenosse:	aequālī,	aequāl**ium**
familiāris (sc. homo)	der Freund:	familiārī,	familiār**ium**
Aprīlis (sc. mēnsis)	der April:	Aprīlī	
September (sc. mēnsis)	der September:	Septembrī	

Quirītēs	die Quiriten:	Quirīt**ium**	Samnītēs	die Samniter:	Samnīt**ium**
penātēs	die Hausgötter:	penāt**ium**	optimātēs	die Vornehmen:	optimāt**ium**

3. Wie cōnstāns und prūdens haben auch die **Partizipien** auf -ns im Gen. Pl. -ium, im Nom. und Akk. Pl. des Neutrums -ia. Im Abl. Sg. haben sie die Endung -ī, wenn sie als Adjektive gebraucht werden; z. B. ārdentī studiō, in continentī (terrā). Als eigentliche Partizipien dagegen haben sie -e; z. B.: Insunt magnae vires in homine sibi et deis confidente (Cic.). Nullo resistente nostri in urbem invaserunt (Cäs.).

19 Zusammenfassung

a) **-i, -im, -ium** haben: alle reinen i-Stämme wie turris, puppis usw.

b) **-i, -ia, -ium** haben:

1. die Neutra auf -e, -al und -ar
2. die Adjektive im Positiv: brev**ī**, brev**ia**, brev**ium** (dazu: aequalis, familiaris) — **aber:** vetere, veter**a**, veter**um**; divite, dīvit**um**; paupere, pauper**um**
3. die Partizipien auf -ns — **aber:** ineunte vēre, Rōmulō rēgnante (Abl. Abs.).

c) Den Gen. Pl. auf **-ium** haben:

1. die gleichsilbigen Substantive auf -is und -ēs: cīv**ium**, clād**ium** — **aber:** can**um**, iuven**um** (dazu: sen**um**)
2. die Substantive, die vor dem -is des Gen. Sg. mehrere Konsonanten haben: urb**ium**, mont**ium** — **aber:** patr**um**, mātr**um**, frātr**um**, parent**um** (neben parent**ium**)
3. einige substantivierte Adjektive wie Quirīt**ium**, Samnīt**ium**, penāt**ium**, optimāt**ium**.

20 Bestimmung des grammatischen Geschlechts

Das grammatische Geschlecht der Substantive ist aus dem natürlichen entstanden. Wie die Entwicklung im einzelnen vor sich gegangen ist, ist ungeklärt. Doch ist der *Wort***ausgang**, wie die Motion der Adjektive (vgl. 12) zeigt, in weitem Umfang bestimmend gewesen, indem die Analogie Substantive mit gleichem Wortausgang auch hinsichtlich ihres grammatischen Geschlechts einander anglich.

i-Stämme:

Ein Substantiv auf -ēs und -is / ist feminini generis.
Fehlt das s: -e, -al und -ar / bieten sich als neutra dar.

clādēs, -is; classis, -is — mare, -is; animal, -ālis; calcar, -is (Sporn)

Ausnahmen:

Brauch männlich die auf -nis und -guis / dazu noch folgende auf -is:
collis, fascis, ēnsis / orbis, piscis, mēnsis.

fīnis, -is; anguis, -is (Schlange); ēnsis, -is (Schwert); orbis, -is (Erdkreis)

Konsonantische Stämme:

Femininum, merke es, / ist ein Muta-Stamm plus s;
fehlt das s, so ist gewiß / er neutrius generis.

urbs, -is; stirps, -is (Stamm); lēx, lēgis; pāx, pācis; laus, laudis; gēns, gentis — cor, cordis (Herz); caput, capitis; lac, lactis

Ausnahmen:

Merk: lapis, limes, paries, fōns / grex, vertex, dēns, mōns, pes und pōns.

lapis, -idis; limes, -itis; paries, -tis; fōns, fontis; vertex, verticis (Gipfel); dēns, dentis; mōns, montis; pes, pedis; pōns, pontis

Die andern Stämme sieht man dann / zunächst als masculina an.

sōl, sōlis; odor, -ōris; mōs, mōris; sermō, -ōnis

Ausnahmen:

Brauch weiblich die auf -do und -go / und die Abstrakta auf -io;
doch masculini generis / ist wieder ordo, ordinis.

multitūdō, -inis; imāgō, -inis; legiō, -ōnis

Früchte, Pflanzen auf -er / sind Neutra, ferner verber, vēr
und fulgur, aes, ōs, os und iūs, / cadāver, marmor, aequor, rūs;
-us, -eris, -us, -oris dazu / und -men, -minis, so hast du Ruh'.

aequor, -oris (Meer); iūs, iūris; genus, generis; tempus, temporis; carmen, carminis

Als Besonderheiten sind zu merken:

masculina:	pulvis, -eris; sanguis, sanguinis
feminina:	carō, carnis; hiems, hiemis; nix, nivis; supellex, supellectilis (Hausrat)
neutra:	iter, itineris; rōbur, rōboris (Hartholz, Kraft); vas, vasis; vasa, vasorum

21 Steigerung (Komparation) der Adjektive

1. Bildung des Komparativs und Superlativs

Positiv (Grundstufe)	Gen. Sg.	Komparativ (Steigerungsstufe)		Superlativ (Höchststufe)
clārus	clār-[ī]	clār-**ior**	clār-**ius**	clār-**issimus**
gravis	grav-[is]	grav-ior	grav-ius	grav-issimus
prūdēns	prūdent-[is]	prūdent-ior	prūdent-ius	prūdent-issimus
audāx	audāc-[is]	audāc-ior	audāc-ius	audāc-issimus

Man bildet den Komparativ, indem man -ior (Neut.: -ius), den Superlativ, indem man -issimus, -a, -um an die Stelle des Genetivausgangs (-ī, bzw. -is) setzt.

2. Deklination des Komparativs

	Singular			Plural		
	Mask.	Fem.	Neutr.	Mask.	Fem.	Neutr.
Nom. (Vok.)	clārior	clārior	clārius	clāriōrēs	clāriōrēs	clāriōr**a**
Gen.	clāriōris	clāriōris	clāriōris	clāriōr-**um**	clāriōr-**um**	clāriōr-**um**
Dat.	clāriōrī	clāriōrī	clāriōrī	clāriōribus	clāriōribus	clāriōribus
Akk.	clāriōrem	clāriōrem	clārius	clāriōrēs	clāriōrēs	clāriōr**a**
Abl.	clāriōre	clāriōre	clāriōre	clāriōribus	clāriōribus	clāriōribus

Die **Komparative** sind konsonantische Stämme und haben im Abl. Sg. **-e**, im Gen. Pl. **-um**, im Nom. und Akk. Pl. des Neutrums **-a**.

3. Der Komparativ bedeutet auch: *ziemlich, allzu, zu*; also calidior = ziemlich (allzu, zu) warm.

a) Magis felix ille quam sapiens est. (Sprichw.) b) Felicior ille quam sapientior est.	Er ist mehr glückbegünstigt als klug. (Er hat mehr Glück als Verstand.)

Wenn beim Vergleich zweier Eigenschaften ausgedrückt werden soll, daß die eine in höherem Maße vorhanden ist, so kann das entweder mit Hilfe von magis . . . quam oder so geschehen, daß *beide* Adjektive *im Komparativ* stehen.

Der **Superlativ** hat oft die Bedeutung von „sehr" (Elativus); daher clārissimus = „der berühmteste" und „sehr berühmt".

Cato, vir sapientissimus, oder Cato ille sapientissimus = der weise Cato.

Adjektive, die *Lob* oder *Tadel* ausdrücken, stehen bei der Neigung des Südländers zur Übertreibung meist im Superlativ.

Die Übersetzung von celerrimus durch „blitzschnell", divitissimus durch „steinreich", frigidissimus durch „eiskalt" u. ä. zeugt andererseits von der Vorliebe des Deutschen für plastische Ausdrucksweise gegenüber römischer Nüchternheit.

4. Abweichende Superlativbildung

Positiv		Komparativ		Superlativ
pulcher,	pulchr-[ī]	pulchr-ior	pulchr-ius	pulcher-**rimus**
celer,	celer-[is]	celer-ior	celer-ius	celer-**rimus**
vetus,	veter-[is]	—	—	veter-**rimus**
similis,	simil-[is]	simil-ior,	simil-ius	simil-**limus**
facilis,	facil-[is]	facil-ior	facil-ius	facil-**limus**
humilis,	humil-[is]	humil-ior	humil-ius	humil-**limus**

Die Adjektive auf -er und folgende auf -ilis: facilis, difficilis, similis, dissimilis und humilis bilden den Superlativ mit dem alten -simus (statt -is-simus). Das anlautende s von -simus wurde dem auslautenden r und l der Adjektive angeglichen (vgl. 7, 2). So wurde *pulchersimus zu pulcherrimus, *facilsimus zu facillimus.

5. Besonderheiten der Steigerung

a) benevolus,	wohlwollend,	benevol**entior**,	benevol**entissimus**
maledicus,	schmähsüchtig,	maledīc**entior**,	maledīc**entissimus**
māgnificus,	großartig,	māgnific**entior**,	māgnific**entissimus**

Die mit -volus, -dicus, -ficus zusammengesetzten Adjektive bilden den Komparativ und Superlativ nach älteren partizipialen Formen auf -volēns, -dīcēns und einer nach diesen gebildeten Form -ficēns.

b) dubius,	zweifelhaft,	**magis** dubius,	**māximē** dubius
idōneus,	geeignet,	**magis** idōneus,	**māximē** idōneus
arduus,	steil,	**magis** arduus,	**māximē** arduus

Die Adjektive auf -us mit voraufgehendem Vokal umschreiben den Komparativ mit Hilfe von magis (= mehr), den Superlativ mit Hilfe von māximē (= am meisten).

c) Wie bei „gut, besser, am besten“ oder „viel, mehr, am meisten“ werden die Komparationsformen folgender Adjektive von verschiedenen Stämmen gebildet:

bonus	gut	melior, melius	besser	optimus	der beste
malus	schlecht	pēior pēius	schlechter	pessimus	der schlechteste
māgnus	groß	māior, māius	größer	māximus	der größte
parvus	klein	minor, minus	kleiner	minimus	der kleinste
multī	viele	plūrēs, plūra (Gen.: plūrium)	mehr	plūrimī	die meisten
multum	viel	plūs	mehr	plūrimum	das meiste

6. Unvollständige Komparation

extrā	b. Akk. außerhalb	exterior, -ius	der äußere	extrēmus	der äußerste
intrā	b. Akk. innerhalb	interior, -ius	der innere	intimus	der innerste
suprā	b. Akk. oberhalb	superior, -ius	der obere	suprēmus summus	der oberste
īnfrā	b. Akk. unterhalb	īnferior, -ius	der untere	īnfimus īmus	der unterste
ultrā	b. Akk. jenseits	ulterior, -ius	jenseitig	ultimus	der entfernteste, letzte
citrā	b. Akk. diesseits	citerior, -ius	diesseitig	—	—
prope	b. Akk. nahe bei	propior, -ius	näher	proximus	der nächste
post	b. Akk. hinter	posterior, -ius	der spätere	postrēmus	der hinterste
prae	b. Abl. vor	prior, prius	der frühere	prīmus	der erste
dē	b. Abl. von — herab	dēterior, -ius	der geringere	dēterrimus	der geringste
*potis	mächtig	potior, -ius	wichtiger	potissimus	der wichtigste
senex	alt	senior	der ältere	—	—
iuvenis	jung	iūnior	der jüngere	—	—

22 Umstandswörter (Adverbia)

I. Bildung und Steigerung der Adverbien

Adjektiv		Adverb		
		Positiv	Komparativ	Superlativ
	Gen. Sg.			
lātus	lāt-[ī]	lāt-**ē**	lāt-**ius**	lātissim-**ē**
pulcher	pulchr-[ī]	pulchr-**ē**	pulchr-**ius**	pulcherrim-**ē**
atrōx	atrōc-[is]	atrōc-**iter**	atrōc-**ius**	atrōcissim-**ē**
ācer	ācr-[is]	ācr-**iter**	ācr-**ius**	ācerrim-**ē**
aber:				
cōnstāns	cōnstant-[is]	cōnstan-**ter**	cōnstant-**ius**	cōnstantissim-**ē**
dīligēns	dīligent-[is]	dīligen-**ter**	dīligent-**ius**	dīligentissim-**ē**

1. Man bildet das Adverb, indem man

a) bei den Adjektiven der o/a-Deklination **-ē,**

b) bei den Adjektiven der dritten Deklination **-iter,**

c) bei den Adjektiven auf -āns und -ēns **-ter** an die Stelle des Genetivausgangs setzt; bei letzteren fällt eines der beiden zusammentreffenden t weg.

2. Als Komparativ des Adverbs dient das Neutrum Sing. des Komparativs des Adjektivs; der Superlativ geht auf -ē aus.

II. Besonderheiten

1. bei der Bildung der Adverbien:

bonus	gut;	Adv.: benĕ
malus	schlecht;	Adv.: malĕ
alius	anderer;	Adv.: aliter
audāx	kühn;	Adv.: audācter
difficilis	schwierig;	Adv.: difficulter

2. bei der Steigerung der Adverbien:

diū	lange:	diūtius,	diūtissimē
saepe	oft:	saepius,	saepissimē
māgnopere	sehr:	magis,	māximē
nūper	neulich:	—,	nūperrimē

III. Weitere Bildungsarten des Adverbs

1. Eine große Anzahl von Adverbien ist aus erstarrten Kasusformen von Substantiven und Adjektiven entstanden.

a) Als ursprüngliche *Akkusative* erklären sich:

cēterum	übrigens
dēmum	erst, endlich
iterum	zum zweiten Male, wiederum
nimium	zu sehr
parum	zu wenig
paulum	wenig
plērumque	meistens
plūrimum	am meisten
potissimum	am liebsten, besonders
prīmum	zum ersten Male, erstens
tantum	nur, bloß
saltem	wenigstens
partim	teils
passim	allenthalben
paulātim	allmählich
statim	sofort
prīvātim	als Privatmann, in eigenem Namen, persönlich (Gegensatz pūblicē = im Namen des Staates)
virītim	Mann für Mann
facile	leicht
impūne	ungestraft
repente	plötzlich

b) Als ursprüngliche *Ablative* (Lokative, Instrumentale usw.) erklären sich:

ūnā	zusammen
certō	gewiß
cito	schnell
continuō	sogleich
cōnsultō	absichtlich
crēbrō	häufig
falsō	fälschlich
fortuītō	zufällig
imprōvīsō	unversehens
meritō	verdientermaßen
modo	nur, eben
necessāriō	notgedrungen
omnīnō	gänzlich, überhaupt
perpetuō	fortwährend
postrēmō	zuletzt
prīmō	zuerst
profectō	sicherlich, in der Tat
rārō	selten
sēcrētō	heimlich
sērō	spät, zu spät
subitō	plötzlich
tūtō	gefahrlos
ultrō	noch dazu, von selbst, aus freien Stücken
quotannīs	jährlich
vērō	wahrlich, aber, vollends
māgnopere	sehr
quantopere	wie sehr
tantopere	so sehr
temere	leichtfertig
cottīdiē	täglich
hodiē	heute
postrīdiē	am folgenden Tage
prīdiē	am Tage vorher
noctū	des Nachts
vesperī	am Abend

c) Als Verbindung von *Präpositionen mit Substantiven* (Adjektiven usw.) erklären sich:

extemplō (aus: ex templō)	sofort (vgl.: vom Platze weg)	admodum	sehr (bis zum vollen Maße)	imprīmīs	vor allem, besonders
obviam	(= im Wege) entgegen	dēnuō (aus: dē novō)	von neuem	anteā (aus: ante ea)	vorher
interdiū	bei Tage	sēdulō (aus: sē dolō = ohne Hinterlist)	eifrig, emsig	posteā	nachher
īlicō (aus *in slocō = in locō)	sogleich	adhūc	bis jetzt	intereā	inzwischen
				praetereā	außerdem
				proptereā	deswegen

2. Adverbien, gebildet mit *-per:*

nūper neulich   paulisper allmählich   semper immer

3. Adverbien, gebildet mit *-tus:*

antīquitus	von alters her	penitus	von innen her, ganz und gar
funditus	von Grund aus	rādīcitus	von der Wurzel aus, mit Stumpf und Stiel
intus	drinnen		

Die Fürwörter (Prōnōmina)

23 1. Persönliche Fürwörter (Prōnōmina persōnālia)

	1. Person (die spricht)		2. Person (die angesprochen ist)		3. Person (von der gesprochen wird)		
Sing.					reflexiv		nicht reflexiv
Nom.	ego	ich	tū	du	—	—	is, ea, id
Gen.	meī	meiner	tuī	deiner	suī	seiner, ihrer	er, sie, es vgl. § 25
Dat.	mihĭ	mir	tibĭ	dir	sibĭ	sich	
Akk.	mē	mich	tē	dich	sē	sich	
Abl.	ā mē	von mir	ā tē	von dir	ā sē	von sich	
	mēcum	mit mir	tēcum	mit dir	sēcum	mit sich	
Plur.					reflexiv		nicht reflexiv
Nom.	nōs	wir	vōs	ihr	—	—	iī, eae, ea, sie
Gen.	nostrī	unser	vestrī	euer	suī	ihrer	
	nostrum	von (= unter) uns	vestrum	von (= unter) euch			
Dat.	nōbīs	uns	vōbīs	euch	sibĭ	sich	
Akk.	nōs	uns	vōs	euch	sē	sich	
Abl.	ā nōbīs	von uns	ā vōbīs	von euch	ā sē	von sich	
	nōbīscum	mit uns	vōbīscum	mit euch	sēcum	mit sich	

a) 1. Cōgitō, ergō sum. 2. Sī tū valēs, bene est; equidem (= ego quidem) valeō (Cic.). 3. Prōximus sum egomet mihi (Ter.).

Die Nominative der Personalpronomina werden im Lateinischen meist nicht gesetzt, da sie in der Verbform ausgedrückt sind (1). Sie werden, oft verstärkt durch quidem oder angehängtes -met, nur bei nachdrücklicher Hervorhebung gebraucht, besonders in Gegensätzen (2, 3).

b)

Die Genetive **mei, tui** usw. sind substantivierte Neutra des Possessivpronomens **meum, tuum** usw., bedeuten also etwa „meines, deines usw. Wesens".

c) 1. Nēmō nostrum; pars vestrum. 2. Patria est commūnis omnium nostrum parēns (Cic.). 3. Māgnō vestrī teneor dēsīderiō (Cic.).

Die Genetive nostrum und vestrum (vgl. 11, 4) werden nur als **partitive** Genetive (vgl. 66, 4) verwendet (1); sonst nur in Verbindung mit omnium: omnium nostrum = unser aller (2). In allen übrigen Fällen gebraucht man nostrī, vestrī (3).

d) 1. Puer lūdīs sē dēlectāvit; rogāvit, ut sēcum luderem. 2. Pater **eum** diū exspectāvit.

In Satz 1 bezieht sich das Fürwort der dritten Person auf das Subjekt **desselben** bzw. des übergeordneten Satzes zurück, ist also **reflexiv**. In Satz 2 bezeichnet es eine **andere Person als das Subjekt**, ist daher durch eine Form von is, ea, id wiederzugeben. Über weiteren Gebrauch des Reflexivs vgl. 85, 3b; 88, 3c; 96.

24 2. Besitzanzeigende Fürwörter (Prōnōmina possessīva)

	1. Person	2. Person	3. Person	
			reflexiv	nicht reflexiv
Sing.	meus, -a, -um mein	tuus, -a, -um dein	suus. -a, -um sein, ihr	ersetzt durch:
Plur.	noster, -tra, -trum unser	vester, -tra, -trum euer	suus, -a, -um ihr	ēius, eōrum, eārum

a) 1. Liber meus pulcher est (mein Buch). 2. Id meīs oculīs vīdi (mit eigenen Augen). 3. Lucius amīcum vīsitat (seinen Freund).

Die Possessivpronomina stehen hinter ihrem Substantiv (1); bei stärkerer Betonung vor demselben (2); sie fallen aus, wenn die Beziehung selbstverständlich ist (3).

b) 1. Dominus servōs **suōs** laudat. 2. Nam servī **ēius** sēdulī sunt.

Als Possessivpronomen der 3. Person dienen:

1. **suus**, wenn es sich auf das Subjekt desselben oder des übergeordneten Satzes zurückbezieht, also *reflexiv* ist (1); deutsch: sein, ihr;

2. **ēius, eōrum, eārum,** die nicht auf das Subjekt desselben Satzes, sondern auf ein *vorher genanntes* Substantiv zurückweisen (2); deutsch: sein, ihr = *dessen, deren.*

Zusatz: Plēbēiīs suī magistrātūs erant. (I, 16)

In der nachdrucksvollen Bedeutung „sein (ihr) eigen" kann suus sich auf einen anderen Satzteil als das Subjekt beziehen.

25 3. Hinweisende Fürwörter (Prōnōmina dēmōnstrātīva)

1. hic, haec, hoc dieser hier (dieser mein)
2. ille, illa, illud jener, der dort
3. iste, ista, istud der da (dieser dein)
4. ipse, ipsa, ipsum selbst

5. is, ea, id er, sie, es; der, dieser; derjenige
6. īdem, eadem, idem derselbe, ebenderselbe

	Singular			Plural		
Nom.	ille	illa	illud	illī	illae	illa
Gen.	illīus	illīus	illīus	illōrum	illārum	illōrum
Dat.	illī	illī	illī	illīs	illīs	illīs
Akk.	illum	illam	illud	illōs	illās	illa
Abl.	illō	illā	illō	illīs	illīs	illīs
Nom.	hi-c	hae-c	ho-c	hī	hae	hae-c
Gen.	hūius	hūius	hūius	hōrum	hārum	hōrum
Dat.	huī-c	huī-c	huī-c	hīs	hīs	hīs
Akk.	hun-c	han-c	ho-c	hōs	hās	hae-c
Abl.	hō-c	hā-c	hō-c	hīs	hīs	hīs
Nom.	is	ea	id	iī (eī)	eae	ea
Gen.	ēius	ēius	ēius	eōrum	eārum	eōrum
Dat.	eī	eī	eī	iīs (eīs)	iīs (eīs)	iīs (eīs)
Akk.	eum	eam	id	eōs	eās	ea
Abl.	eō	eā	eō	iīs (eīs)	iīs (eīs)	iīs (eīs)

1. Wie ille werden iste, ista, ist**ud** und ipse, ips**a**, ips**um** dekliniert, also: ist**īus**, **istī** und ips**īus**, ips**ī** usw.

2. hic hängt in *vielen Formen* ein c an den Stamm, das aus ce hervorgegangen ist. *Die hinweisende* Bedeutung dieser Partikel wird in ec-**ce** (= siehe **da**) deutlich, sowie in Bildungen wie hūius-ce, hīs-ce, hōs-ce.

3. hic ist das Demonstrativpronomen der **1. Person**; haec rōstra = diese Rednerbühne hier, auf der ich stehe. Es weist daher auf etwas dem *Redenden* in Raum, Zeit oder Gedanken *Nahes* hin: hic diēs = der heutige Tag, haec causa = die vorliegende Rechtssache.

iste bezeichnet die zweite, die **angeredete** Person und das, was zu ihr in Beziehung steht, ist oft nahezu gleich tuus, vester; istud facinus = die *von dir* geschilderte Tat; ista, quae vōs dīcitis (Cic.). Oft hat es den Nebensinn des Wegwerfenden, Verächtlichen: ut istī volunt (Liv.) = wie diese Leutchen wollen. Vor Gericht bezeichnet es daher den Prozeßgegner.

ille, das Demonstrativ der **3. Person**, bezeichnet das vom Redenden *Entfernte*: illa tempora = die damaligen Zeiten; hic ... ille = der letztere ... der erstere. Oft hat es die Bedeutung „der bekannte", z. B. Socrates ille = der bekannte Sokrates; illud Socratis = das bekannte Wort des Sokrates.

4. Aus is, ea, id und der Partikel -dem (vgl. tan-dem) entstand īdem (aus *isdem), éadem, dem (aus *id-dem); m vor d wurde zu n (vgl. 7, 2b).

	Singular			Plural		
Nom.	īdem	éadem	idem	iídem (īdem)	eaédem	éadem
Gen.		ēiúsdem		eōrúndem	eārúndem	eōrúndem
Dat.		eídem			iísdem (īsdem)	
Akk.	eúndem	eándem	idem	eṓsdem	eā́sdem	éadem
Abl.	eṓdem	eā́dem	eṓdem		iísdem (īsdem)	

26 **4. Bezügliche und fragende Fürwörter**
(Prōnōmina relātīva und interrogātīva)

1. **quī, quae, quod** welcher, welche, welches; der, die, das; wer, was (Relativpronomina);

2. **quis? quid?** wer? was?; **quī? quae? quod?** welcher, welche? welches? (Interrogativpronomina).

	Pronomina relativa						**Pronomina interrogativa**	
	Singular			Plural			Substantivisch	Adjektivisch
Nom.	quī	quae	quod	quī	quae	quae	quis? quid?	quī? quae? quod?
Gen.		cūius		quōrum	quārum	quōrum	cūius?	cūius?
Dat.		cuī			quibus		usw.	usw.
Akk.	quem	quam	quod	quōs	quās	quae		
Abl.	quō	quā	quō		quibus			

1. Dem Relativum und dem Interrogativum liegt dieselbe Wurzel zugrunde; denn der relative Gebrauch hat sich aus dem interrogativen entwickelt. Vgl. das Deutsche: a) *Wer* hat das getan? b) *Wer* das getan hat, möge sich melden!

2. Das Relativum quī und das Interrogativum qui-s bildet seine Kasus teils von einem *i-Stamm:* quem, quibus, teils von einem *o/a-Stamm:* quī, quae, quō, quā, quōrum usw. Der i-Stamm liegt auch noch in einem alten Abl. Sg. quī vor, der sich in der Verbindung quīcum noch bei Cicero findet. Dieses alte quī hat sich auch als Interrogativum erhalten in: quī fit (= wie kommt es?) und in quīn (aus: quī ne = wie nicht, warum denn nicht?).

3. Statt cum quō, cum quā, cum quibus heißt es meistens **quōcum, quācum, quibuscum.**

4. **Verallgemeinernde Relativa**

a) quisquis, quidquid (quicquid) = wer auch immer; jeder, der; alles, was. Es wird meist substantivisch gebraucht; adjektivisch vornehmlich in der Verbindung quōquō modō = auf jede Art und Weise.

b) quīcumque, quaecumque, quodcumque = wer (welcher) auch immer; jeder, der; alles, was. Es wird substantivisch und adjektivisch gebraucht. Quīcumque wird dekliniert wie das Relativum; -cumque bleibt unverändert.

c) quāliscumque, qualecumque = wie beschaffen auch immer; quantuscumque = wie groß auch immer; quotcumque = wie viele auch immer.

27 **5. Unbestimmte Fürwörter (Prōnōmina indēfīnīta)**

1. **quis, aliquis, quisquam, ūllus** = (irgend) jemand, (irgend)einer, (irgend) etwas

Substantivisch	Adjektivisch
a) quis, quid Gen.: cūius usw.	quī, qua (quae), quod Gen.: cūius usw.
Nach sī, nisi, nē, num, cum, Relativen und angelehnt an einen potentialen Konjunktiv	
b) aliquis, aliquid Gen.: alicūius usw.	aliquī, aliqua, aliquod Gen.: alicūius usw.
in bejahten Sätzen	
c) quisquam, quidquam (quicquam) Gen.: cūiusquam usw.	ūllus, -a, -um Gen.: ūllīus usw.
in verneinten Sätzen	

Merke:

sī quis	wenn jemand	neque quicquam	und nichts
nē quis	damit niemand	vix ūlla gēns	kaum irgendein Volk
nē quid	damit nichts	sine ūllā spē	ohne jede Hoffnung
vix quisquam	kaum einer	dīcat quis	es könnte einer sagen
neque quisquam	und niemand		

2. quīdam = ein gewisser

Substantivisch	Adjektivisch
quīdam, quaedam, quiddam Gen.: cūiusdam usw.	quīdam, quaedam, quoddam Gen.: cūiusdam usw.
m vor d wird zu n (vgl. 7, 2b und 25, 4); daher:	
Akk.: quendam, quandam	Gen. Pl.: quōrundam, quārundam

Zum Gebrauch von quīdam:

1. Mittitur ad eōs Iūnius ex Hispānia quīdam (Caes.). 2. Quīdam ex mīlitibus dīxit (Caes.).

quīdam deutet an, daß man die betr. Person oder Sache nicht näher bezeichnen will oder kann.

3. quīvīs, quīlibet = jeder (beliebige); **quisque** = jeder (einzelne)

Substantivisch	Adjektivisch
1. quīvīs, quaevīs, quidvīs Gen.: cūiusvīs usw.	quīvīs, quaevīs, quodvīs Gen.: cūiusvīs usw.
2. quīlibet, quaelibet, quidlibet Gen.: cūiuslibet usw.	quīlibet, quaelibet, quodlibet Gen.: cūiuslibet usw.
3. quisque, —, quidque Gen.: cūiusque usw.	quisque, quaeque, quodque Gen.: cūiusque usw.

Zum Gebrauch von quisque:

1. Sibi quisque māximē cōnsulit (Sprichw.). 2. Suum cuīque (sc. tribue)! 3. Tantum, quantum quisque potest, nītātur (Cic.)! 4. Videndum est, quid quisque sentiat (Cic.). 5. Optimum quidque rārissimum est (Sprichw.). 6. Quintō quōque annō Sicilia cēnsētur (Cic.).

Das enklitische (sich anlehnende) quisque wird gebraucht: a) nach Reflexiven (1, 2); b) nach relativen und interrogativen Pronomina und Adverbien (3, 4); c) nach Superlativen (5) (prūdentissimus quisque = jeder Klügste, alle Klugen, gerade die Klugen); d) nach Ordinalzahlen (6).

28 6. Fürwörter der Wechselbeziehung (Prōnōmina correlātīva) und Pronominaladjektive

demonstrativ	relativ und interrogativ	indefinit
tālis, -e so beschaffen, solch	quālis, -e wie (beschaffen), welch ein	— —
tantus, -a, -um so groß tantum so viel	quantus, -a, -um wie groß quantum wie viel	aliquantus, -a, -um ziemlich groß aliquantum ziemlich viel
tot (indekl. Plural) so viele	quot (indekl. Plural) wie viele	aliquot (indekl. Plural) ziemlich viele

ūnus, -a, -um	einer	Unus, sōlus, tōtus, ūllus,
sōlus, -a, -um	allein	uter, alter, neuter, nūllus,
tōtus, -a, -um	ganz	alius erfordern alle
alius, -a, **-ud**	ein anderer	-īus in dem zweiten Falle;
nūllus, -a, -um	keiner	doch im dritten setze sie
ūllus, -a, -um	irgendeiner	stets mit einem langen -ī.
uter, -tra, -trum	wer (von beiden)	
neuter, -tra, -trum	keiner (von beiden)	
alter, -tera, -terum	der eine, der andere (von beiden)	
utérque, utráque, utrúmque	jeder (von beiden)	

Merke: Der Gen. Sing. von alius heißt: *alterīus*, der Dat. Sing.: *aliī*

29 7. Pronominaladverbien

a) Relativa und Interrogativa

Mit dem -ī des Lokativs (vgl. § 74, 1)			Instrumentalis quā viā (vgl. § 72, 5)
Zu quī (quis): ubi wo	quō wohin	unde woher	quā auf welchem Wege
Zu quīcumque ubicumque wo auch immer	quōcumque wohin auch immer	undecumque woher auch immer	quācumque auf welchem Wege auch immer

b) Demonstrativa

Zu hic: hīc hier	hūc hierhin	hinc von hier	hāc hier, auf diesem Wege
Zu ille: illīc dort	illō dorthin illūc	illinc von dort	illāc dort, auf jenem Wege
Zu iste: istīc dort (wo du bist)	istō dahin istūc	istinc von dort	istāc da, auf jenem Wege
Zu is: ibi da, dort	eō dahin	inde von da	eā daselbst, da
Zu īdem: ibīdem ebenda	eōdem ebendahin	indidem ebendaher	eādem auf demselben Wege

c) Indefinita

Zu aliquis: alicubī irgendwo	aliquō irgendwohin	alicunde irgendwoher	aliquā auf irgendeinem Wege
Zu quisque: ubīque überall		undique von allen Seiten	
Zu alius: alibī anderswo	aliō anderswohin	aliunde anderswoher	

Zahlwörter (Numerālia)

30 1. Grundzahlen (Cardinālia) und Ordnungszahlen (Ordinālia)

	1. Grundzahlen (wie viele? quot?)		2. Ordnungszahlen (der wievielte? quotus?)
I = 1	ūnus, -a, -um	ein	prīmus, -a, -um der erste
II = 2	duo, duae, duo	zwei	secundus (alter) der zweite
III = 3	trēs, trēs, tria	drei	tertius
IV = 4	quattuor	vier	quārtus
V = 5	quīnque	fünf	quīntus
VI = 6	sex	sechs	sextus
VII = 7	septem	sieben	septimus
VIII = 8	octō	acht	octāvus
IX = 9	novem	neun	nōnus
X = 10	decem	zehn	decimus
XI = 11	ūndecim		ūndecimus
XII = 12	duodecim		duodecimus
XIII = 13	trēdecim		tertius decimus
XIV = 14	quattuordecim		quārtus decimus
XV = 15	quīndecim		quīntus decimus
XVI = 16	sēdecim		sextus decimus
XVII = 17	septendecim		septimus decimus
XVIII = 18	**duodē**vīgintī (= 2 von 20)		duodēvīcēsimus
XIX = 19	**ūndē**vīgintī (= 1 von 20)		ūndēvīcēsimus
XX = 20	vī**g**intī		vī**c**ēsimus
XXI = 21	vīgintī ūnus oder ūnus et vīgintī		ūnus et vīcēsimus oder vīcēsimus prīmus
XXII = 22	vīgintī duo oder duo et vīgintī		alter et vīcēsimus oder vīcēsimus alter
XXIII = 23	vīgintī trēs usw.		tertius et vīcēsimus usw.
XXVIII = 28	duodētrīgintā		duodētrīcēsimus
XXIX = 29	ūndētrīgintā		ūndētrīcēsimus
XXX = 30	trī**g**intā		trīcēsimus
XL = 40	quadrāgintā		quadrā**g**ēsimus
L = 50	quīnquāgintā		quīnquāgēsimus
LX = 60	sexāgintā		sexāgēsimus
LXX = 70	septuāgintā		septuāgēsimus
LXXX = 80	octōgintā		octōgēsimus
XC = 90	nōnāgintā		nōnāgēsimus
IC = 99	ūndēcentum		ūndēcentēsimus
C = 100	centum		centēsimus

		1. Grundzahlen (wie viele? quot?)	2. Ordnungszahlen (der wievielte? quotus?)
CC	= 200	ducentī, -ae, -a	ducentēsimus
CCC	= 300	trecentī, -ae, -a	trecentēsimus
CCCC	= 400	quadringentī, -ae, -a	quadringentēsimus
D	= 500	quīngentī, -ae, -a	quīngentēsimus
DC	= 600	sescentī, -ae, -a	sescentēsimus
DCC	= 700	septingentī, -ae, -a	septingentēsimus
DCCC	= 800	octingentī, -ae, -a	octingentēsimus
DCCCC	= 900	nōngentī, -ae, -a	nōngentēsimus
M	= 1000	mīlle	mīllēsimus
MM	= 2000	duo mīlia	bis mīllēsimus
MMM	= 3000	tria mīlia	ter mīllēsimus
$\overline{\text{X}}$	= 10000	decem mīlia	deciēs mīllēsimus
$\overline{\text{C}}$	= 100000	centum mīlia	centiēs mīllēsimus
$\overline{\vert\text{X}\vert}$	= 1000000	deciēs centēna mīlia	deciēs centiēs mīllēsimus

1. Innerhalb der Zahlenreihe von 18 bis 99 *können* diejenigen Zahlen, deren Einer eine 8 oder 9 ist, durch Subtraktion (duodē-, ūndē-) von der nächsthöheren Zehnerzahl gebildet werden; z. B.: duodēnōnāgintā = 88, ūndēoctōgintā = 79.

2. **Dekliniert werden:**

a) alle Ordnungszahlen

b) von den Grundzahlen: ūnus, duo, trēs; ferner die Hunderte außer centum und der Plural mīlia.

Nom.	ūnus,	ūna,	ūnum	duo,	duae,	duo	trēs,	trēs,	tria
Gen.		ūnīus		duōrum,	duārum,	duōrum	trium,	trium,	trium
Dat.		ūnī		duōbus,	duābus,	duōbus	tribus,	tribus,	tribus
Akk.	ūnum,	ūnam,	ūnum	duōs (od. duo),	duās,	duo	trēs,	trēs,	tria
Abl.	ūnō,	ūnā,	ūnō	duōbus,	duābus,	duōbus	tribus,	tribus,	tribus

Merke:

a) mīlle servī; b) tria mīlia servō**rum**; c) tria mīlia ducentī servī.

mīlia wird als ein neutrales Substantiv angesehen. Ein dazugehöriges Substantiv steht daher im Genetiv, wenn es ihm *unmittelbar* folgt. Vgl. „tausend Sklaven“ und „Tausende von Sklaven“.

3 Annō a. u. c. ducentēsimō sexāgēsimō = im Jahre 260 seit Gründung der Stadt.
Annō a. Chr. n. duodēvīcēsimō = im Jahre 18 v. Chr. Geb.
Hōrā tertiā = um die dritte Stunde (= gegen 9 Uhr).

Die *Jahreszahlen* und *Tagesstunden* werden im Lateinischen durch *Ordnungszahlen* ausgedrückt.

31 2. Einteilungszahlen (Distribūtīva) und Zahladverbien

	Einteilungszahlen (Wie viele jedesmal? quot?)		Zahladverbien (Wievielmal? quotiēns?)	
1	singulī, -ae, -a	je ein	semel	einmal
2	bīnī, -ae, -a	je zwei	bis	zweimal
3	ternī, -ae, -a	je drei	ter	dreimal
4	quaternī, -ae, -a	je vier	quater	usw.
5	quīnī, -ae, -a	je fünf	quīnquiēs	
6	sēnī, -ae, -a	je sechs	sexiēs	
7	septēnī, -ae, -a	je sieben	septiēs	
8	octōnī, -ae, -a	je acht	octiēs	
9	novēnī, -ae, -a	je neun	noviēs	
10	dēnī, -ae, -a	je zehn	deciēs	
11	ūndēnī	je elf	ūndeciēs	
12	duodēnī	usw.	duodeciēs	
13	ternī dēnī usw.		ter deciēs usw.	
18	duodēvīcēnī		duodēvīciēs	
19	ūndēvīcēnī		ūndēvīciēs	
20	vīcēnī		vīciēs	
30	trīcēnī		trīciēs	
40	quadrāgēnī		quadrāgiēs	
50	quīnquāgēnī usw.		quīnquāgiēs usw.	
100	centēnī		centiēs	
200	ducēnī		ducentiēs	
300	trecēnī		trecentiēs	
400	quadringēnī usw.		quadringentiēs usw.	
1000	singula mīlia		mīlliēs	
2000	bīna mīlia usw.		bis mīlliēs usw.	

1. Caesar et Ariovistus dēnōs comitēs addūxērunt = Cäsar und Ariovist brachten je zehn (= jeder zehn) Begleiter mit (im ganzen also = zwanzig). **Dagegen:** Caesar et Ariovistus decem comitēs addūxērunt = sie brachten (im ganzen) 10 Begleiter mit.

Der Römer setzt die Distributivzahl, wenn im Deutschen „je" (oder „jeder") zum Zahlwort hinzugefügt werden kann.

2. ūna castra = ein Lager,
bīna castra = zwei Lager,
trīna castra = drei Lager.

Bei Plūrālia tantum, die Singularbedeutung haben, steht anstelle der Kardinalzahl die Distributivzahl; jedoch wird statt singulī stets der Plural von ūnus, statt ternī die Nebenform trīnī gesetzt.

3. bis bīna sunt quattuor. Bei der Multiplikation werden die Distributiva in neutraler Form gebraucht.

Das Zeitwort (Verbum)

32 Vorbemerkungen

1. Wie das Nomen (vgl. S. 16), so wird auch das Verbum durch Anfügung von Endungen an den Verbalstamm flektiert. Diesen findet man, indem man vom Infinitiv Praesens Aktiv die Endung -re, bei den Verben der dritten Konjugation -ere wegnimmt. Nach dem Schlußlaut des Stammes werden die vier Konjugationen des Lateinischen benannt:

erste	oder **a**-Konjugation	(z. B. amā-re = lieben)
zweite	oder **e**-Konjugation	(z. B. dēlē-re = vernichten, zerstören)
vierte	oder **i**-Konjugation	(z. B. audī-re = hören)
dritte	oder **konsonantische** Konjugation	(z. B. reg-e-re = lenken)

2. Durch die Kon-jugation, d. h. die „Verbindung" von Stamm und Endung werden bestimmt:

a) die *Person* (ich, du, er usw.) und *Zahl* (Singular und Plural)

b) die *Zeit*. Das lateinische Verbum hat sechs Zeitformen (Tempora):

das *Präsens* das *Imperfektum* das *Futurum I*	vom Präsens-Stamm (laudā-) gebildet
das *Perfektum* das *Plusquamperfektum* das *Futurum II* oder *Futurum exaktum*	vom aktiven Perfekt-Stamm (laudāv-) bzw. vom Partizip des Perfekts mit den Formen von esse gebildet

c) die *Aussageweisen* (*modī*). Ein Vorgang wird bezeichnet:

α) durch den *Indikativus* als *wirklich, tatsächlich* (z. B. laudat: er lobt)

β) durch den *Konjunktivus* als bloß *vorgestellt*, d. h. als *gedacht, möglich, gewünscht* (z. B. laudet: er lobe, möge loben)

γ) durch den *Imperativus* als *befohlen* (z. B. laudā: lobe!)

d) die *genera verbi*, und zwar die *Tätigkeitsform* (*Aktivum*) und die *Leideform* (*Passivum*).

Auch das ursprachliche *Medium* (vgl. 40 und 76) hat sich im Lateinischen in gewissem Umfange erhalten.

3. Alle diese durch eine Personalendung gekennzeichneten Formen bilden zusammen das *Verbum fīnītum*. Ihnen gegenüber werden die Infinitive, Partizipien, das Gerundium, Gerundivum und Supinum zusammenfassend als *verbum infīnītum* bezeichnet, da sie hinsichtlich der Person *unbestimmt* sind.

Die regelmäßigen

33

I. Verbum finitum:

	a-Konjugation, Stamm: amā-		e-Konjugation, Stamm: dēlē-	
Indikativ	am-**ō**	ich liebe	dēle-**ō**	ich vernichte
	amā-**s**	du liebst	dēlē-**s**	du vernichtest
Präsens	ama-**t**	er (sie, es) liebt	dēle-**t**	usw.
	amā-**mus**	wir lieben	dēlē-**mus**	
	amā-**tis**	ihr liebt	dēlē-**tis**	
	ama-**nt**	sie lieben	dēle-**nt**	
Imperfekt	amā-**ba-m**	ich liebte	dēlē-**ba-m**	ich vernichtete
	amā-**bā-s**	du liebtest	dēlē-**bā-s**	du vernichtetest
	amā-**ba-t**	er (sie, es) liebte	dēlē-**ba-t**	usw.
	amā-**bā-mus**	wir liebten	dēlē-**bā-mus**	
	amā-**bā-tis**	ihr liebtet	dēlē-**bā-tis**	
	amā-**ba-nt**	sie liebten	dēlē-**ba-nt**	
Futur	amā-**b-ō**	ich werde lieben	dēlē-**b-ō**	ich werde vernichten
	amā-**b-i-s**	du wirst lieben	dēlē-**b-i-s**	du wirst vernichten
	amā-**b-i-t**	er wird lieben	dēlē-**b-i-t**	usw.
	amā-**b-i-mus**	wir werden lieben	dēlē-**b-i-mus**	
	amā-**b-i-tis**	ihr werdet lieben	dēlē-**b-i-tis**	
	amā-**b-u-nt**	sie werden lieben	dēlē-**b-u-nt**	
Konjunktiv	am-**e-m**	möge ich lieben	dēle-**a-m**	möge ich vernichten
	am-**ē-s**	mögest du lieben	dēle-**ā-s**	mögest du vernichten
Präsens	am-**e-t**	möge er lieben	dēle-**a-t**	usw.
	am-**ē-mus**	laßt uns wir wollen } lieben	dēle-**ā-mus**	
	am-**ē-tis**	möget ihr lieben	dēle-**ā-tis**	
	am-**e-nt**	mögen sie lieben	dēle-**a-nt**	
Imperfekt	amā-**re-m**	ich würde lieben	dēlē-**re-m**	ich würde vernichten
	amā-**rē-s**	du würdest lieben	dēlē-**rē-s**	du würdest vernichten
	amā-**re-t**	er würde lieben	dēlē-**re-t**	usw.
	amā-**rē-mus**	wir würden lieben	dēlē-**rē-mus**	
	amā-**rē-tis**	ihr würdet lieben	dēlē-**rē-tis**	
	amā-**re-nt**	sie würden lieben	dēlē-**re-nt**	
Imperativ	amā	liebe!	dēlē	vernichte!
I	amā-**te**	liebt!	dēlē-**te**	vernichtet!
II	amā-**tō**	du sollst lieben!	dēlē-**tō**	du sollst vernichten!
	amā-**tō**	er soll lieben!	dēlē-**tō**	usw.
	amā-**tō-te**	ihr sollt lieben!	dēlē-**tō-te**	
	ama-**ntō**	sie sollen lieben!	dēle-**ntō**	

Konjugationssysteme

1. Aktiv des Präsensstammes

i-Konj., Stamm: audī-		Kons. Konj., Stamm: reg-		Gemischte Konj., St.: cap-i-	
audi-ō	ich höre	reg-ō	ich lenke	capi-ō	ich fange
audī-s	du hörst	reg-i-s	du lenkst	cap-i-s	du fängst
audi-t	usw.	reg-i-t	usw.	cap-i-t	usw.
audī-mus		reg-i-mus		cap-i-mus	
audī-tis		reg-i-tis		cap-i-tis	
audi-u-nt		reg-u-nt		capi-u-nt	
audi-ē-ba-m	ich hörte	reg-ē-ba-m	ich lenkte	capi-ē-ba-m	ich fing
audi-ē-bā-s	du hörtest	reg-ē-bā-s	du lenktest	capi-ē-bā-s	du fingst
audi-ē-ba-t	usw.	reg-ē-ba-t	usw.	capi-ē-ba-t	usw.
audi-ē-bā-mus		reg-ē-bā-mus		capi-ē-bā-mus	
audi-ē-bā-tis		reg-ē-bā-tis		capi-ē-bā-tis	
audi-ē-ba-nt		reg-ē-ba-nt		capi-ē-ba-nt	
audi-a-m	ich werde hören	reg-a-m	ich werde lenken	capi-a-m	ich werde fangen
audi-ē-s	du wirst hören	reg-ē-s	usw.	capi-ē-s	usw.
audi-e-t	usw.	reg-e-t		capi-e-t	
audi-ē-mus		reg-ē-mus		capi-ē-mus	
audi-ē-tis		reg-ē-tis		capi-ē-tis	
audi-e-nt		reg-e-nt		capi-e-nt	
audi-a-m	möge ich hören	reg-a-m	möge ich lenken	capi-a-m	möge ich fangen
audi-ā-s	mögest du hören	reg-ā-s	usw.	capi-ā-s	usw.
audi-a-t	usw.	reg-a-t		capi-a-t	
audi-ā-mus		reg-ā-mus		capi-ā-mus	
audi-ā-tis		reg-ā-tis		capi-ā-tis	
audi-a-nt		reg-a-nt		capi-a-nt	
audī-re-m	ich würde hören	reg-e-re-m	ich würde lenken	cap-e-re-m	ich würde fangen
audī-rē-s	du würdest hören	reg-e-rē-s	usw.	cap-e-rē-s	usw.
audī-re-t	usw.	reg-e-re-t		cap-e-re-t	
audī-rē-mus		reg-e-rē-mus		cap-e-rē-mus	
audī-rē-tis		reg-e-rē-tis		cap-e-rē-tis	
audī-re-nt		reg-e-re-nt		cap-e-re-nt	
audī	höre!	reg-e	lenke!	cap-e	fange!
audī-te	hört!	reg-i-te	lenkt!	cap-i-te	fangt!
audī-tō	du sollst hören!	reg-i-tō	du sollst lenken!	cap-i-tō	du sollst fangen!
audī-tō	usw.	reg-i-tō	usw.	cap-i-tō	usw.
audī-tō-te		reg-i-tō-te		cap-i-tō-te	
audi-u-ntō		reg-u-ntō		capi-u-ntō	

	Stamm: amā-		Stamm: dēlē-	
Indikativ	am-**or**[1]	ich werde geliebt	dēle-**or**	ich werde vernichtet
Präsens	amā-**ris**	du wirst geliebt	dēlē-**ris**	du wirst vernichtet
	amā-**tur**	er wird geliebt	dēlē-**tur**	usw.
	amā-**mur**	wir werden geliebt	dēlē-**mur**	
	amā-**mini**	ihr werdet geliebt	dēlē-**minī**	
	ama-**ntur**	sie werden geliebt	dēle-**ntur**	
Imperfekt	amā-**ba-r**	ich wurde geliebt	dēlē-**ba-r**	ich wurde vernichtet
	amā-**bā-ris**	du wurdest geliebt	dēlē-**bā-ris**	du wurdest vernichtet
	amā-**bā-tur**	er wurde geliebt	dēlē-**bā-tur**	usw.
	amā-**bā-mur**	wir wurden geliebt	dēlē-**bā-mur**	
	amā-**bā-minī**	ihr wurdet geliebt	dēlē-**bā-minī**	
	amā-**ba-ntur**	sie wurden geliebt	dēlē-**ba-ntur**	
Futur	amā-**b-o-r**	ich werde geliebt werden	dēlē-**b-o-r**	ich werde vern. werden
	amā-**b-e-ris**	du wirst geliebt werden	dēlē-**b-e-ris**	du wirst vern. werden
	amā-**b-i-tur**	er wird geliebt werden	dēlē-**b-i-tur**	usw.
	amā-**b-i-mur**	wir werden gel. werden	dēlē-**b-i-mur**	
	amā-**b-i-minī**	ihr werdet gel. werden	dēlē-**b-i-minī**	
	amā-**b-u-ntur**	sie werden gel. werden	dēlē-**b-u-ntur**	
Konjunktiv	am-**e-r**[2]	möge ich geliebt werden	dēle-**a-r**	möge ich vern. werden
Präsens	am-**ē-ris**	mögest du geliebt werden	dēle-**ā-ris**	mögest du vern. werden
	am-**ē-tur**	möge er geliebt werden	dēle-**ā-tur**	usw.
	am-**ē-mur**	mögen wir gel. werden	dēle-**ā-mur**	
	am-**ē-minī**	möget ihr geliebt werden	dēle-**ā-minī**	
	am-**e-ntur**	mögen sie geliebt werden	dēle-**a-ntur**	
Imperfekt	amā-**re-r**	ich würde geliebt werden	dēlē-**re-r**	ich würde vern. werden
	amā-**rē-ris**	du würdest gel. werden	dēlē-**rē-ris**	du würdest vern. werden
	amā-**rē-tur**	er würde geliebt werden	dēlē-**rē-tur**	usw.
	amā-**rē-mur**	wir würden gel. werden	dēlē-**rē-mur**	
	amā-**rē-minī**	ihr würdet gel. werden	dēlē-**rē-minī**	
	amā-**re-ntur**	sie würden gel. werden	dēlē-**re-ntur**	

[1] aus *ama-or. [2] aus *ama-e-r.

2. Passiv des Präsensstammes

Stamm: audī-		Stamm: reg-		Stamm: cap-i-	
audi-or	ich werde gehört	reg-or	ich werde gelenkt	capi-or	ich werde gefangen
audī-ris	du wirst gehört	reg-e-ris	du wirst gelenkt	cap-e-ris	du wirst gefangen
audī-tur	usw.	reg-i-tur	usw.	cap-i-tur	usw.
audī-mur		reg-i-mur		cap-i-mur	
audī-minī		reg-i-minī		cap-i-minī	
audi-u-ntur		reg-u-ntur		capi-u-ntur	
audi-ē-ba-r	ich wurde gehört	reg-ē-ba-r	ich wurde gelenkt	capi-ē-ba-r	ich wurde gefangen
audi-ē-bā-ris	du wurdest gehört	reg-ē-bā-ris	du wurdest gelenkt	capi-ē-bā-ris	du wurdest gefangen
audi-ē-bā-tur	usw.	reg-ē-bā-tur	usw.	capi-ē-bā-tur	usw.
audi-ē-bā-mur		reg-ē-bā-mur		capi-ē-bā-mur	
audi-ē-bā-minī		reg-ē-bā-minī		capi-ē-bā-minī	
audi-ē-ba-ntur		reg-ē-ba-ntur		capi-ē-ba-ntur	
audi-a-r	ich werde gehört werden	reg-a-r	ich werde gelenkt werden	capi-a-r	ich werde gefang. werden
audi-ē-ris	du wirst gehört werden	reg-ē-ris	du wirst gelenkt werden	capi-ē-ris	du wirst gefangen werden
audi-ē-tur	usw.	reg-ē-tur	usw.	capi-ē-tur	usw.
audi-ē-mur		reg-ē-mur		capi-ē-mur	
audi-ē-minī		reg-ē-minī		capi-ē-minī	
audi-e-ntur		reg-e-ntur		capi-e-ntur	
audi-a-r	möge ich gehört werden	reg-a-r	möge ich gelenkt werden	capi-a-r	möge ich gefangen werden
audi-ā-ris	mögest du gehört werden	reg-ā-ris	mögest du gelenkt werden	capi-ā-ris	mögest du gefang. werden
audi-ā-tur	usw.	reg-ā-tur	usw.	capi-ā-tur	usw.
audi-ā-mur		reg-ā-mur		capi-ā-mur	
audi-ā-minī		reg-ā-minī		capi-ā-minī	
audi-a-ntur		reg-a-ntur		capi-a-ntur	
audī-re-r	ich würde gehört werden	reg-e-re-r	ich würde gelenkt werden	cap-e-re-r	ich würde gefang. werden
audī-rē-ris	du würdest gehört werden	reg-e-rē-ris	du würdest gelenkt werden	cap-e-rē-ris	du würdest gefang. werden
audī-rē-tur	usw.	reg-e-rē-tur	usw.	cap-e-rē-tur	usw.
audī-rē-mur		reg-e-rē-mur		cap-e-rē-mur	
audī-rē-minī		reg-e-rē-minī		cap-e-rē-minī	
audī-re-ntur		reg-e-re-ntur		cap-e-re-ntur	

	Stamm: amāv-		a) Stamm: dēlēv-		b) St.: monu-
Indikativ Perfekt	amāv-**ī**	ich habe geliebt	dēlēv-**ī**	ich habe vernichtet	monu-**ī** ich habe ermahnt
	amāv-**is-tī**	du hast geliebt	dēlēv-**istī**	du hast vernichtet	monu-**istī**
	amāv-**it**	er hat geliebt	dēlēv-**it**	usw.	monu-**it**
	amāv-**i-mus**	wir haben geliebt	dēlēv-**imus**		monu-**imus**
	amāv-**is-tis**	ihr habt geliebt	dēlēv-**istis**		monu-**istis**
	amāv-**ēr-u-nt**	sie haben geliebt	dēlēv-**ērunt**		monu-**ērunt**
Plusquamperfekt	amāv-**er-a-m**	ich hatte geliebt	dēlēv-**eram**	ich hatte vernichtet	monu-**eram**
	amāv-**er-ā-s**	du hattest geliebt	dēlēv-**erās**	du hattest vernichtet	monu-**erās**
	amāv-**er-a-t**	er hatte geliebt	dēlēv-**erat**	usw.	monu-**erat**
	amāv-**er-ā-mus**	wir hatten geliebt	dēlēv-**erāmus**		monu-**erāmus**
	amāv-**er-ā-tis**	ihr hattet geliebt	dēlēv-**erātis**		monu-**erātis**
	amāv-**er-a-nt**	sie hatten geliebt	dēlēv-**erant**		monu-**erant**
Futur exakt	amāv-**er-ō**	ich werde geliebt haben	dēlēv-**erō**	ich werde vernichtet haben	monu-**erō**
	amāv-**er-i-s**	du wirst geliebt haben	dēlēv-**eris**	du wirst vernichtet haben	monu-**eris**
	amāv-**er-i-t**	er wird gel. hab.	dēlēv-**erit**	usw.	monu-**erit**
	amāv-**er-i-mus**	wir werd. gel. h.	dēlēv-**erimus**		monu-**erimus**
	amāv-**er-i-tis**	ihr werdet g. h.	dēlēv-**eritis**		monu-**eritis**
	amāv-**er-i-nt**	sie werden g. h.	dēlēv-**erint**		monu-**erint**
Konjunktiv Perfekt	amāv-**er-i-m**	möge ich geliebt haben	dēlēv-**erim**	möge ich vernichtet haben	monu-**erim**
	amāv-**er-i-s**	mögest du geliebt haben	dēlēv-**eris**	mögest du vernichtet haben	monu-**eris**
	amāv-**er-i-t**	möge er gel. h.	dēlēv-**erit**	usw.	monu-**erit**
	amāv-**er-i-mus**	mögen wir g. h.	dēlēv-**erimus**		monu-**erimus**
	amāv-**er-i-tis**	möget ihr g. h.	dēlēv-**eritis**		monu-**eritis**
	amāv-**er-i-nt**	mögen sie g. h.	dēlēv-**erint**		monu-**erint**
Plusquamperfekt	amāv-**is-se-m**	ich hätte geliebt	dēlēv-**issem**	ich hätte vernichtet	monu-**issem**
	amāv-**is-sē-s**	du hättest geliebt	dēlēv-**issēs**	du hättest vernichtet	monu-**issēs**
	amāv-**is-se-t**	er hätte geliebt	dēlēv-**isset**	usw.	monu-**isset**
	amāv-**is-sē-mus**	wir hätten geliebt	dēlēv-**issēmus**		monu-**issēmus**
	amāv-**is-sē-tis**	ihr hättet geliebt	dēlēv-**issētis**		monu-**issētis**
	amāv-**is-se-nt**	sie hätten geliebt	dēlēv-**issent**		monu-**issent**

3. Perfektgruppe des Aktivs

Stamm: audīv-		Stamm: rēx-		Stamm: cēp-	
audīv-**ī**	ich habe gehört	rēx-**ī**	ich habe gelenkt	cēp-**ī**	ich habe gefangen
audīv-**istī**	du hast gehört	rēx-**istī**	du hast gelenkt	cēp-**istī**	du hast gefangen
audīv-**it**	usw.	rēx-**it**	usw.	cēp-**it**	usw.
audīv-**imus**		rēx-**imus**		cēp-**imus**	
audīv-**istis**		rēx-**istis**		cēp-**istis**	
audīv-**ērunt**		rēx-**ērunt**		cēp-**ērunt**	
audīv-**eram**	ich hatte gehört	rēx-**eram**	ich hatte gelenkt	cēp-**eram**	ich hatte gefangen
audīv-**erās**	du hattest gehört	rēx-**erās**	du hattest gelenkt	cēp-**erās**	du hattest gefangen
audīv-**erat**	usw.	rēx-**erat**	usw.	cēp-**erat**	usw.
audīv-**erāmus**		rēx-**erāmus**		cēp-**erāmus**	
audīv-**erātis**		rēx-**erātis**		cēp-**erātis**	
audīv-**erant**		rēx-**erant**		cēp-**erant**	
audīv-**erō**	ich werde gehört haben	rēx-**erō**	ich werde gelenkt haben	cēp-**erō**	ich werde gefangen haben
audīv-**eris**	du wirst gehört haben	rēx-**eris**	du wirst gelenkt haben	cēp-**eris**	du wirst gefangen haben
audīv-**erit**	usw.	rēx-**erit**	usw.	cēp-**erit**	usw.
audīv-**erimus**		rēx-**erimus**		cēp-**erimus**	
audīv-**eritis**		rēx-**eritis**		cēp-**eritis**	
audīv-**erint**		rēx-**erint**		cēp-**erint**	
audīv-**erim**	möge ich gehört haben	rēx-**erim**	möge ich gelenkt haben	cēp-**erim**	möge ich gefangen haben
audīv-**eris**	mögest du gehört haben	rēx-**eris**	mögest du gelenkt haben	cēp-**eris**	mögest du gefangen haben
audīv-**erit**	usw.	rēx-**erit**	usw.	cēp-**erit**	usw.
audīv-**erimus**		rēx-**erimus**		cēp-**erimus**	
audīv-**eritis**		rēx-**eritis**		cēp-**eritis**	
audīv-**erint**		rēx-**erint**		cēp-**erint**	
audīv-**issem**	ich hätte gehört	rēx-**issem**	ich hätte gelenkt	cēp-**issem**	ich hätte gefangen
audīv-**issēs**	du hättest gehört	rēx-**issēs**	du hättest gelenkt	cēp-**issēs**	du hättest gefangen
audīv-**isset**	usw.	rēx-**isset**	usw.	cēp-**isset**	usw.
audīv-**issēmus**		rēx-**issēmus**		cēp-**issēmus**	
audīv-**issētis**		rēx-**issētis**		cēp-**issētis**	
audīv-**issent**		rēx-**issent**		cēp-**issent**	

	amā-tus			a) dēlē-tus		b) moni-tus	
Indikativ	amā-**tus**	**sum**	Ich bin geliebt worden	dēlē-**tus**	**sum** ich	moni-**tus**	**sum** Ich
	(-a, -um)			bin vernichtet worden		bin ermahnt worden	
Perfekt	„	**es**	du bist geliebt worden	dēlē-tus	**es**	moni-tus	**es**
	„	**est**	er ist geliebt worden	„	**est**	„	**est**
	amā-**tī**	**sumus**	wir sind geliebt wor-	dēlē-**tī**	**sumus**	moni-**tī**	**sumus**
	(-ae, -a)		den				
	„	**estis**	ihr seid gel. worden	„	**estis**	„	**estis**
	„	**sunt**	sie sind gel. worden	„	**sunt**	„	**sunt**
Plus-quam-perfekt	amā-**tus**	**eram**	ich war geliebt wor-	dēlē-**tus**	**eram** ich	moni-**tus**	**eram**
	(-a, -um)		den	war vern. worden			
	„	**erās**	du warst gel. worden	dēlē-tus	**erās**	„	**erās**
	„	**erat**	er war gel. worden	„	**erat**	„	**erat**
	amā-**tī**	**erāmus**	wir waren geliebt	dēlē-**tī**	**erāmus**	moni-**tī**	**erāmus**
	(-ae, -a)		worden				
	„	**erātis**	ihr waret gel. worden	„	**erātis**	„	**erātis**
	„	**erant**	sie waren gel. worden	„	**erant**	„	**erant**
Futur exakt	amā-**tus**	**erō**	ich werde gel. worden	dēlē-**tus**	**erō** ich	moni-**tus**	**erō**
	(-a, -um)		sein	werde vern. worden s.			
	„	**eris**	du wirst g. word. sein	dēlē-**tus**	**eris**	„	**eris**
	„	**erit**	er wird g. worden sein	„	**erit**	„	**erit**
	amā-**tī**	**erimus**	wir werden geliebt	dēlē-**tī**	**erimus**	moni-**tī**	**erimus**
	(-ae, -a)		worden sein				
	„	**eritis**	ihr werdet g. word. s.	„	**eritis**	„	**eritis**
	„	**erunt**	sie werden g. word. s.	„	**erunt**	„	**erunt**
Konjunktiv	amā-**tus**	**sim**	möge ich gel. worden	dēlē-**tus**	**sim** möge	moni-**tus**	**sim**
	(-a, -um)		sein	ich vern. worden sein			
	„	**sīs**	mögest du g. word. s.	dēlē-tus	**sīs**	„	**sīs**
Perfekt	„	**sit**	möge er g. word. sein	„	**sit**	„	**sit**
	amā-**tī**	**sīmus**	mögen wir geliebt	dēlē-**tī**	**sīmus**	moni-**tī**	**sīmus**
	(-ae, -a)		worden sein				
	„	**sītis**	möget ihr g. word. s.	„	**sītis**	„	**sītis**
	„	**sint**	mögen sie g. word. s.	„	**sint**	„	**sint**
Plus-quam-perfekt	amā-**tus**	**essem**	ich wäre geliebt wor-	dēlē-**tus**	**essem** ich	moni-**tus**	**essem**
	(-a, -um)		den	wäre vern. worden			
	„	**essēs**	du wärest gel. worden	dēlē-tus	**essēs**	„	**essēs**
	„	**esset**	er wäre gel. worden	„	**esset**	„	**esset**
	amā-**tī**	**essēmus**	wir wären gel. wor-	dēlē-**tī**	**essēmus**	moni-**tī**	**essēmus**
	(-ae, -a)		den				
	„	**essētis**	ihr wäret gel. worden	„	**essētis**	„	**essētis**
	„	**essent**	sie wären gel. worden	„	**essent**	„	**essent**

4. Perfektgruppe des Passivs

audī-tus		rēc-tus	cap-tus
audītus sum (-a, -um)	ich bin gehört worden	rēc-**tus sum** ich bin gelenkt worden	cap-**tus sum** ich bin gefangen worden
„ **es**	du bist gehört worden	rēc-tus **es**	cap-tus **es**
„ **est**	usw.	„ **est**	„ **est**
audī-**tī sumus** (-ae, -a)		rēc-**tī sumus**	cap-**tī sumus**
„ **estis**		„ **estis**	„ **estis**
„ **sunt**		„ **sunt**	„ **sunt**
audī-**tus eram** (-a, -um)	ich war gehört worden	rēc-**tus eram** ich war gelenkt worden	cap-**tus eram** ich war gefangen worden
„ **erās**	du warst gehört worden	rēc-tus **erās**	cap-tus **erās**
„ **erat**	usw.	„ **erat**	„ **erat**
audī-**tī erāmus** (-ae, -a)		rēc-**tī erāmus**	cap-**tī erāmus**
„ **erātis**		„ **erātis**	„ **erātis**
„ **erant**		„ **erant**	„ **erant**
audī-**tus erō** (-a, -um)	ich werde gehört worden sein	rēc-**tus erō** ich werde gelenkt worden sein	cap-**tus erō** ich werde gefangen worden sein
„ **eris**	du wirst gehört worden sein	rēc-tus **eris**	cap-tus **eris**
„ **erit**	usw.	„ **erit**	„ **erit**
audī-**tī erimus** (-ae, -a)		rēc-**tī erimus**	cap-**tī erimus**
„ **eritis**		„ **eritis**	„ **eritis**
„ **erunt**		„ **erunt**	„ **erunt**
audī-**tus sim** (-a, -um)	möge ich gehört worden sein	rēc-**tus sim** möge ich gelenkt worden sein	cap-**tus sim** möge ich gefangen worden sein
„ **sīs**	mögest du gehört word. sein	rēc-tus **sīs**	cap-tus **sīs**
„ **sit**	usw.	„ **sit**	„ **sit**
audī-**tī sīmus** (-ae, -a)		rēc-**tī sīmus**	cap-**tī sīmus**
„ **sītis**		„ **sītis**	„ **sītis**
„ **sint**		„ **sint**	„ **sint**
audī-**tus essem** (-a, -um)	ich wäre gehört worden	rēc-**tus essem** ich wäre gelenkt worden	cap-**tus essem** ich wäre gefangen worden
„ **essēs**	du wärest gehört worden	rēc-tus **essēs**	cap-tus **essēs**
„ **esset**	usw.	„ **esset**	„ **esset**
audī-**tī essēmus** (-ae, -a)		rēc-**tī essēmus**	cap-**tī essēmus**
„ **essētis**		„ **essētis**	„ **essētis**
„ **essent**		„ **essent**	„ **essent**

Infinitive	**Aktiv** Präs.	amā-**re** (zu) lieben	dēlē-**re** (monē-re)	audī-**re**	reg-e-**re**	cap-e-**re**
	Perf.	amāv-**is-se** geliebt (zu) haben	dēlēv-**is-se** (monu-**isse**)	audīv-**is-se**	rēx-**is-se**	cēp-**is-se**
	Fut.	amā-**tūrum** (-am, -um) **esse** lieben wollen	dēlē-**tūrum** (moni-tūrum) (-am, -um) **esse**	audī-**tūrum** (-am, -um) **esse**	rēc-**tūrum** (-am, -um) **esse**	cap-**tūrum** (-am, -um) **esse**
	Pass. Präs.	amā-**rī** geliebt (zu) werden	dēlē-**rī** (monē-rī)	audī-rī	reg-ī	cap-ī
	Perf.	amā-**tum** (-am, -um) **esse** gel. word. sein	dēlē-**tum** (moni-tum) (-am, -um) **esse**	audī-**tum** (-am, -um) **esse**	rēc-**tum** (-am, -um) **esse**	cap-**tum** (-am, -um) **esse**
	Fut.	amā-**tum īrī** künftig geliebt werden	dēlē-**tum** (moni-tum) **īrī**	audī-**tum īrī**	rēc-**tum īrī**	cap-**tum īrī**
Partizipien	**Aktiv** Präs.	amā-**ns,** -ntis liebend	dēlē-**ns,** -ntis (monē-ns, -ntis)	audi-**ēns,** -ntis	reg-**ēns,** -ntis	capi-**ēns,** -ntis
	Fut.	amā-**tūrus** (-a, -um) im Begriff zu lieben	dēlē-**tūrus** (moni-tūrus) (-a, -um)	audī-**tūrus** (-a, -um)	rēc-**tūrus** (-a, -um)	cap-**tūrus** (-a, -um)
	Pass. Perf.	amā-**tus** (-a, -um) geliebt	dēlē-**tus** (moni-tus) (-a, -um)	audī-**tus** (-a, -um)	rēc-**tus** (-a, -um)	cap-**tus** (-a, -um)
Gerundium		(amā-re das Lieben) ama-**ndī** des Liebens ama-**ndō** (ad) ama-**ndum** ama-**ndō**	(dēlē-re) (monē-re) dēle-**ndī** (mone-ndī) dēle-**ndō** (ad) dēle-**ndum** dēle-**ndō**	(audī-re) audi-**endī** audi-**endō** (ad) audi-**endum** audi-**endō**	(reg-ere) reg-**endī** reg-**endō** (ad) reg-**endum** reg-**endō**	(cap-ere) capi-**endī** capi-**endō** (ad) capi-**endum** capi-**endō**
Gerundiv.		ama-**ndus** (-a, -um) ein zu liebender	dēle-**ndus** (mone-ndus) (-a, -um)	audi-**endus** (-a, -um)	reg-**endus** (-a, -um)	capi-**endus** (-a, -um)
Supinum		amā-**tum** um zu lieben amā-**tū** zu lieben	dēlē-**tum** (moni-tum) dēlē-**tū** (moni-tū)	audī-**tum** audī-**tū**	rēc-**tum** rēc-**tū**	cap-**tum** cap-**tū**

1. Zur Bezeichnung der Person dienen folgende Personalendungen:

Aktiv		Passiv	
1. Pers. Sg.: **-ō, -m**	Pl.: **-mus**	1. Pers. Sg.: **-or, -r**	Pl.: **-mur**
2. Pers. Sg.: **-s**	Pl.: **-tis**	2. Pers. Sg.: **-ris**	Pl.: **-minī**
3. Pers. Sg.: **-t**	Pl.: **-nt**	3. Pers. Sg.: **-tur**	Pl.: **-ntur**

Diese Personalendungen sind bei allen Tempora und Modi gleich. Nur das Perf. Ind. Aktiv hat eigene Wortausgänge: **-ī, -istī, -it, -imus, -istis, -ērunt.**

2. Zwischen Stamm und Personalendung tritt in amā-ba-m ein -ba-, in amā-b-ō ein -b-. Dieses Bildungselement ist aus derselben idg. Wurzel hervorgegangen wie das deutsche „bin" (lat. fu-); laudā-ba-m heißt daher: ich war beim Loben (oder: lobend).

3. Der Konj. Imperf. ist durch das Suffix -re- gekennzeichnet. Dieses ist durch Rhotazismus (vgl. 7, 1) aus jenem -se- entstanden, das auch in es-se-m auftritt.

4. **Zur a-Konjugation:**

a) laudō ist kontrahiert (vgl. 6, 6) aus *lauda-o, laude-m aus *lauda-e-m;

b) Zur Kürzung des Stammvokals **ā** in laudă-t, laudă-nt (entsprechend monĕ-t, monĕ-nt, audĭ-t) vgl. 6, 4b.

5. **Zur e-Konjugation:**

a) Die e-Konjugation umfaßt zwei Gruppen von Verben:

I. Gruppe:	dēlēre,	dēleō,	dēlē**v-ī**,	dēl**ē-tus**
II. Gruppe:	monēre,	moneō,	mon**u-ī**,	mon**i-tus**

b) Das lange ē des Stammes wurde vor o und a gekürzt (vgl. 6, 4a); daher: dēlĕ-ō, dēlĕ-am.

6. **Zur i-Konjugation:**

a) Ein Futurum gab es ursprünglich im Lateinischen nicht; daher übernahm der Konjunktiv die Rolle des Futurs. „Ich werde hören" ist ja dem Sinne nach einem „ich will (möchte) hören" verwandt. So gehen die Future audi-**a**-m, audi-ē-s auf alte Konjunktivformen zurück, die teils mit -a- (dē-le-**ā**-s), teils mit -e- (laud-ē-s) gebildet waren.

b) In audi-u-nt, audi-u-ntur, audi-u-ntō ist zwischen Stamm und Personalendung der Bildevokal -u- getreten.

c) Zur Kürzung des ī vor Vokal siehe 6, 4a.

7. **Zur konsonantischen Konjugation:**

a) reg-ĕ-re, reg-ĕ-rem, reg-ĕ-rer, reg-ĕ-ris
reg-**i**-s, reg-**i**-te, reg-**i**-mus, reg-**i**-tur
reg-**u**-nt, reg-**u**-ntur, reg-**u**-ntō.

Zwischen konsonantisch auslautenden Stämmen und konsonantisch anlautenden Endungen tritt im Ind. Präs. und im Konj. Imperf. des Aktivs und Passivs ein Bildevokal auf, und zwar ein e vor r, ein i vor s, t, m, ein u vor nt.

b) **capere, cap-i-ō; cupere, cup-i-ō; facere, fac-i-ō**

Zur konsonantischen Konjugation werden noch 12 Verben gezählt, deren Präsensstamm in einer Reihe von Formen um ein -i- erweitert wird (vgl. 48, Nr. 239—250). Diese i-Erweiterung tritt überall da ein, wo *bei audire der Stammauslaut vor einem Vokal* (a, o, u, ē) *steht.* Die übrigen Formen werden nach regere gebildet.

Also:					
audi-ō	:	**capi**-ō	audi-ēbam	:	**capi**-ēbam
audi-unt	:	**capi**-unt	audi-ēns	:	**capi**-ēns
audi-am	:	**capi**-am	audi-ēris	:	**capi**-ēris
Dagegen:					
audī-s	:	**cap**-is	audī-re	:	**cap**-ere
audī-mus	:	**cap**-imus	audī-rem	:	**cap**-erem
audī-ris	:	**cap**-eris	audī	:	**cap**-e
audī-tur	:	**cap**-itur			

c) Zur **konsonantischen** Konjugation werden auch eine Anzahl Verben mit dem **Stammauslaut -u (-v)** gerechnet, wie tribu-ere, solv-ere (vgl. 48, Nr. 251—263). In der Flexion gehen sie wie regere; also: tribu-ō, tribu-is, tribu-it usw.; tribu-am, tribu-ēbam, tribu-erem usw.

39 Doppelte Konjugationsformen

1. Statt der Endung -ris (2. Pers. Sg. Pass.) erscheint oft die Endung -re, nur nicht im Ind. Präs. Also: laudēre statt laudēris, monēbere statt monēberis, audiēbāre statt audiēbāris, regerēre statt regerēris, usw.

2. In der 3. Pers. Pl. Perf. Ind. Akt. wird statt -ērunt auch die Form -ēre gebraucht. Also: laudāvēre statt laudāvērunt; ebenso: monuēre, rēxēre, audīvēre.

3. Das Gerundivum der dritten und vierten Konjugation zeigt seit ältester Zeit, besonders in alten Formeln, -undus statt -endus; z. B. dē repetundīs[1], oriundus, decemvirī lēgibus scrībundīs.

4. In den Formen des aktiven Perfektstammes wird -vi- oder -ve-, besonders im Vulgärlatein, oft ausgestoßen. So ergeben sich Formen wie: laudāsti für laudāvistī, laudāssem für laudāvissem, laudārunt für laudāvērunt, cōnsuēram für cōnsuēveram, cōnsuēssem für cōnsuēvissem, nōstī für nōvistī, audīsse für audīvisse (vgl. 6, 6).

In den Perfekten auf -īvī und den davon abgeleiteten Zeiten kann das v fast überall ausgestoßen werden; also: audiērunt, audierint, audierō usw. (vgl. 7, 4).

Aus Formen dieser Art hat sich das französische passé défini und das impf. subj. entwickelt, also Formen wie: louai, louas, louèrent, louasse usw.

5. Alte Formen sind:

a) ein Konjunktiv mit i statt a, e, wie duint (= dent); vgl. sim (49);

b) ein Konj. Perf. Akt. auf -sim und ein Fut. II auf -sō, wie faxim (= fēcerim), ausim (= ausus sim); faxō (= fēcerō), capsō (= cēperō);

c) ein Inf. Pass. auf -rier und -ier, wie laudārier, vidērier, dīcier.

---

[1] dē repetundīs (pecūniīs accūsāre) wegen Erpressung anklagen.

Verba dēpōnentia

40 Geschichtliches

I. 1. Tempora mūtantur, nōs et mūtamur in illīs (Sprichw.). 2. Parēs cum paribus facillimē congregantur (Sprichw.).

Mūtor heißt: 1. ich werde geändert, 2. ich *ändere mich.*

Ebenso kann bedeuten:

congregārī:	1. versammelt werden,	2. *sich versammeln*
lavārī:	1. gewaschen werden,	2. *sich waschen*
exercērī:	1. geübt werden,	2. *sich üben*
fallī:	1. getäuscht werden,	2. *sich täuschen*

Die bei 2. genannten Bedeutungen nennt man **mediale** (mittlere) Bedeutungen, das gesamte Konjugationssystem der passiven Formen mit medialer Bedeutung das **Medium**, da es eine Mittelstellung zwischen Aktiv und Passiv einnimmt (vgl. 32).

II. 3. a) Rūsticus uxōrem plaustrō vehit (Tib.). b) Rūsticus plaustrō in urbem veh**itur.** 4. Memoria minu**itur,** nisi eam exerceās (Cic.). 5. Nostrīs animus aug**ētur** (Cäs.).

Manche lateinische Verben haben im Passiv neben der gewöhnlichen passiven von jeher auch eine intransitive Bedeutung, z. B. vehitur (3b) = er fährt, minuitur (4) = es nimmt ab, augētur (5) = er wächst.

III. Dieser in I und II dargestellte Sprachgebrauch hat im Laufe der weiteren Entwicklung eine besondere Gruppe von Verben entstehen lassen, die *kein Aktivum bilden,* sondern fast *nur in den Passivformen auftreten.* Man nennt sie **Deponentien** (von dēpōnere = ablegen), als ob sie die aktiven Formen abgelegt hätten. Schließlich sind sogar *transitive Verben* zu den Deponentien übergegangen, z. B.: hort**or** amīc**um.**

I. Verbum finitum: a) Die

	Stamm: hortā-		Stamm: verē-	
Indikativ Präsens	hort**or** hortā**ris** hortā**tur** hortā**mur** hortā**minī** hort**antur**	ich ermahne du ermahnst er ermahnt wir ermahnen ihr ermahnt sie ermahnen	vere**or** verē**ris** verē**tur** verē**mur** verē**minī** ver**entur**	ich fürchte du fürchtest er fürchtet wir fürchten ihr fürchtet sie fürchten
Imperfekt	hortā**bar** hortā**bāris**	ich ermahnte du ermahntest	verē**bar** verē**bāris**	ich fürchtete du fürchtetest
Futur I	hortā**bor** hortā**beris**	ich werde ermahnen du wirst ermahnen	verē**bor** verē**beris**	ich werde fürchten du wirst fürchten
Konjunktiv Präsens	hort**er** hort**ēris**	möge ich ermahnen mögest du ermahnen	vere**ar** vere**āris**	möge ich fürchten mögest du fürchten
Imperfekt	hortā**rer** hortā**rēris**	ich würde ermahnen du würdest ermahnen	verē**rer** verē**rēris**	ich würde fürchten du würdest fürchten
Imperativ I II	hortā**re** hortā**minī** hortā**to(r)** hortā**to(r)** hort**anto(r)**	ermahne! ermahnt! du sollst ermahnen! er soll ermahnen! sie sollen ermahnen!	verē**re** verē**minī** verē**to(r)** verē**to(r)** ver**ento(r)**	fürchte! fürchtet! du sollst fürchten! er soll fürchten! sie sollen fürchten!

b) Die Formen

Indikativ Perfekt	hortā**tus** (-a, -um) **sum** hortā**tī** (-ae, -a) **sumus**	ich habe ermahnt wir haben ermahnt	veri**tus** (-a, -um) **sum** veri**tī** (-ae, -a) **sumus**	ich habe gefürchtet wir haben gefürchtet
Plusquamperfekt	hortā**tus** (-a, -um) **eram**	ich hatte ermahnt	veri**tus** (-a, -um) **eram**	ich hatte gefürchtet
Futur II	hortā**tus** (-a, -um) **erō**	ich werde ermahnt haben	veri**tus** (-a, -um) **erō**	ich werde gefürchtet haben
Konjunktiv Perfekt	hortā**tus** (-a, -um) **sim**	möge ich ermahnt haben	veri**tus** (-a, -um) **sim**	möge ich gefürchtet haben
Plusquamperfekt	hortā**tus** (-a, -um) **essem**	ich hätte ermahnt	veri**tus** (-a, -um) **essem**	ich hätte gefürchtet

der Deponentien

Formen des Präsensstammes

Stamm: partī-		Stamm: ūt-		Stamm: pat-i-	
partior	ich teile	ūtor	ich gebrauche	patior	ich leide
partīris	du teilst	ūteris	du gebrauchst	pateris	du leidest
partītur	er teilt	ūtitur	er gebraucht	patitur	er leidet
partīmur	wir teilen	ūtimur	wir gebrauchen	patimur	wir leiden
partīminī	ihr teilt	ūtiminī	ihr gebraucht	patiminī	ihr leidet
partiuntur	sie teilen	ūtuntur	sie gebrauchen	patiuntur	sie leiden
partiēbar	ich teilte	ūtēbar	ich gebrauchte	patiēbar	ich litt
partiēbāris		ūtēbāris		patiēbāris	
partiar	ich werde teilen	ūtar	ich werde ge-	patiar	ich werde leiden
partiēris		ūtēris	brauchen	patiēris	
partiar	möge ich teilen	ūtar	möge ich ge-	patiar	möge ich leiden
partiāris		ūtāris	brauchen	patiāris	
partīrer	ich würde teilen	ūterer	ich würde ge-	paterer	ich würde leiden
partīrēris		ūterēris	brauchen	paterēris	
partīre	teile!	ūtere	gebrauche!	patere	leide!
partīminī	teilt!	ūtiminī	gebraucht!	patiminī	leidet!
partīto(r)	du sollst teilen!	ūtito(r)	du sollst ge-	patito(r)	du sollst leiden!
partīto(r)		ūtito(r)	brauchen!	patito(r)	
partiunto(r)		ūtunto(r)		patiunto(r)	

des Perfektstammes

partītus (-a, -um) sum	ich habe geteilt	ūsus (-a, -um) sum	ich habe gebraucht	passus (-a, -um) sum	ich habe gelitten
partītus (-a, -um) eram	ich hatte geteilt	ūsus (-a, -um) eram	ich hatte gebraucht	passus (-a, -um) eram	ich hatte gelitten
partītus (-a, -um) erō	ich werde geteilt haben	ūsus (-a, -um) erō	ich werde gebr. hab.	passus (-a, -um) erō	ich werde gelitten haben
partītus (-a, -um) sim	möge ich geteilt haben	ūsus (-a, -um) sim	möge ich gebr. hab.	passus (-a, -um) sim	möge ich gelitten haben
partītus (-a, -um) essem	ich hätte geteilt	ūsus (-a, -um) essem	ich hätte gebraucht	passus (-a, -um) essem	ich hätte gelitten

II. Verbum infinitum

Infinitive	Präs.	hortā-**rī** (zu) ermahnen	verē-**rī** (zu) fürchten	partī-**rī** (zu) teilen	ūt-**ī** (zu) gebrauchen	pat-**ī** (zu) erdulden
	Perf.	hortā-**tum** (-am, -um) **esse** ermahnt (zu) haben	veri-**tum** (-am, -um) **esse** gefürchtet (zu) haben	partī-**tum** (-am, -um) **esse** geteilt (zu) haben	ū-**sum** (-am, -um) **esse** gebraucht (zu) haben	pas-**sum** (-am, -um) **esse** erduldet (zu) haben
	Fut.	hortā-**tūrum** (-am, -um) **esse** ermahnen wollen	veri-**tūrum** (-am, -um) **esse** fürchten wollen	partī-**tūrum** (-am, -um) **esse** teilen wollen	ū-**sūrum** (-am, -um) **esse** gebrauchen wollen	pas-**sūrum** (-am, -um) **esse** erdulden wollen
Partizipien	Präs.	hortā-**ns**, **-ntis** ermahnend	verē-**ns**, **-ntis** fürchtend	parti-ē-**ns**, **-ntis** teilend	ūt-ē-**ns**, **-ntis** gebrauchend	pati-ē-**ns**, **-ntis** erduldend
	Perf.	hortā-**tus** (-a, -um) einer, der ermahnt hat	veri-**tus** (-a, -um) einer, der gefürchtet hat	partī-**tus** (-a, -um) einer, der geteilt hat	ū-**sus** (-a, -um) einer, der gebraucht hat	pas-**sus** (-a, -um) einer, der erduldet hat
	Fut.	hortā-**tūrus** (-a, -um) einer, der ermahnen wird	veri-**tūrus** (-a, -um) einer, der fürchten wird	partī-**tūrus** (-a, -um) einer, der teilen wird	ū-**sūrus** (-a, -um) einer, der gebrauchen wird	pas-**sūrus** (-a, -um) einer, der erdulden wird
Gerundium		(hortā-rī = das Ermahnen) horta-**ndī** des Ermahnens usw.	(verē-rī = das Fürchten) vere-**ndī** des Fürchtens usw.	(partī-rī = das Teilen) parti-**endī** des Teilens usw.	(ūt-ī = das Gebrauchen) ūt-e-**ndī** des Gebrauchens usw.	(pat-ī = das Erdulden) pati-e-**ndī** des Erduldens usw.
Gerundivum		horta-**ndus** (-a, -um) einer, der ermahnt werden muß	vere-**ndus** (-a, -um) einer, der gefürchtet werden muß	parti-e-**ndus** (-a, -um) einer, der geteilt werden muß	ūt-e-**ndus** (-a, -um) einer, der gebraucht werden muß	pati-e-**ndus** (-a, -um) einer, der erduldet werden muß
Supinum		hortā-**tum** um zu ermahnen hortā-**tū** zu ermahnen	veri-**tum** um zu fürchten veri-**tū** zu fürchten	partī-**tum** um zu teilen partī-**tū** zu teilen	ū-**sum** um zu gebrauchen ū-**sū** zu gebrauchen	pas-**sum** um zu erdulden pas-**sū** zu erdulden

42 Bemerkungen zu den Formen des Deponens

1. Das Deponens übernimmt aus dem Aktivum folgende Formen:
a) das Part. Präs.: hortāns, -ntis
b) das Part. Fut.: hortātūrus und die mit diesem zusammengesetzten Formen
c) das Gerundium: hortandī usw.
d) das Supinum: hortātum, hortātū

2. Beachte, daß das Gerundivum seine passive Bedeutung beibehalten hat!
hortandus = ein zu Ermahnender; einer, der ermahnt werden muß.

3. Die Part. Perf. einiger Deponentien haben bisweilen neben der aktiven auch noch eine passive Bedeutung, z. B.: comitātus = einer, der begleitet hat, und = einer, der **begleitet ist**; partītus auch = **geteilt**; mēnsus auch = **gemessen**; populātus und dēpopulātus auch = **verwüstet** u. a.

4. Einige lateinische Verben bilden die Formen des Präsensstammes aktivisch, die des Perfektstammes passivisch. Man nennt sie daher Halbdeponentien (sēmidēpōnentia); z. B.: solēre, soleō, solitus sum = pflegen.

43 Periphrastische Konjugation

Die Verbindung eines Partizips oder Gerundivums mit den Formen von esse wird periphrastische (= umschreibende)[1] Konjugation genannt.

Die coniugātiō periphrastica āctīva, gebildet mit dem **Part. Fut. Akt. und Formen von esse**, drückt die **nahe Zukunft** aus; z. B.: scrīptūrus sum = ich *bin im Begriff*, (*beabsichtige, gedenke*) zu schreiben, ich *will* schreiben.

Die coniugātiō periphrastica passīva, die Verbindung eines **Gerundivums mit Formen von esse,** bezeichnet eine **notwendige Handlung**; z. B.: epistula scrībenda est = der Brief **muß** geschrieben werden.

I. Coniugātiō periphrastica āctīva

	Indikativ	Konjunktiv
Präsens	laudātūrus (-a, -um) sum ich will loben	cum laudātūrus (-a, -um) sim da ich loben will
Imperfekt	laudātūrus (-a, -um) eram ich wollte loben	cum laudātūrus (-a, -um) essem da ich loben wollte
Futur	laudātūrus (-a, -um) erō ich werde loben wollen	— —
Perfekt	laudātūrus (-a, -um) fuī ich habe loben wollen	cum laudātūrus (-a, -um) fuerim da ich habe loben wollen
	usw.	usw.

[1] Von griech. περιφράζειν (periphrazein) umschreiben.

II. Coniugātiō periphrastica passīva

	Indikativ	Konjunktiv
Präsens	laudandus (-a, -um) sum ich muß gelobt werden	cum laudandus (-a, -um) sim da ich gelobt werden muß
Imperfekt	laudandus (-a, -um) eram ich mußte gelobt werden	cum laudandus (-a, -um) essem da ich gelobt werden mußte
Futur	laudandus (-a, -um) erō ich werde gelobt werden müssen	— —
Perfekt	laudandus (-a, -um) fuī ich habe gelobt werden müssen	cum laudandus (-a, -um) fuerim da ich habe gelobt werd. müssen
	usw.	usw.

Die Stammformen

44 Zur Bildung der Stammformen

1. Der Präsensstamm

Bei den Verben mit konsonantischem Stammauslaut weist der Präsensstamm gegenüber dem Verbalstamm häufig eine *Erweiterung* auf, und zwar:

1. Die Erweiterung mit **n**.

Ein n wird entweder der Wurzel angehängt, wie in sper-**n**-ere, cer-**n**-ere, tem-**n**-ere-si-**n**-ere,

oder in die Wurzel eingefügt, wie in vi-**n**-c-ere (vic-tor), iu-**n**-g-ere (iug-um), pi-**n**-g-ere (pic-tor), ru-**m**-p-ere (ir-rup-tiō); bei ru-m-pere wurde n vor p zu m.

(Vgl. deutsches bri-**n**-ge zu brach-te, de-**n**-ke zu dach-te.)

2. Die Erweiterung mit **t**, wie flec-**t**-ere, nec-**t**-ere.

3. Die Erweiterung mit **sc**, wie in nō-**sc**-ere (vgl. nōtus), quiē-**sc**-ere (vgl. quiē-tus).

4. Die Bildung mit *Reduplikation* (Präsensreduplikation), wie in **gi**-gn-ere, **si**-st-ere, **bi**-b-ere.

2. Der Perfektstamm

Die Bildungsarten des aktiven Perfektstammes sind mannigfach:

1. Perfekte auf **-vī** und **-uī**. Perfekte auf -vī treten bei den meisten Verben der a-, e- und i-Konjugation auf. Auch Perfekte wie monuī und domuī gingen ursprünglich auf -vī aus und haben Bildungen wie *mon(ĕ)vī und *dom(ă)vī zur Voraussetzung.

Die Perfektbildung auf -vī hat sich auch auf einige Verben der konsonantischen Konjugation ausgedehnt, wie pet-ī-vī, sprē-vī, sī-vī; desgleichen Bildungen auf -uī, wie al-uī, col-uī usw.

2. Perfekte auf **-sī**. Aus dem Zusammentreffen mit s ergeben sich verschiedene lautgesetzliche Veränderungen des Stammauslauts:

a) Labialstämme: scrīp-sī : scrīb-ere; nūp-sī : nūb-ere (vgl. 7, 2b)

b) Dentalstämme: clau-sī : claud-ere; mīsī : mittere (vgl. 7, 2a)

c) Gutturalstämme: dīx-ī : dīc-ere; rēxī : reg-ere; trāxī : trah-ere; distīnxī : distingu-ere; flūxī : flu-ere (Wurzel: flugv-) (vgl. 7, 2b)

Mehrere Gutturalstämme stoßen den Guttural nach voraufgehendem l oder r aus; z. B.: mer-sī : merg-ere; tor-sī : torqu-ēre (vgl. 7, 4c).

d) Bei den auf m auslautenden Stämmen wird vor dem s des Perfekts ein p eingeschoben; z. B.: sūmp-sī : sūm-ere (vgl. 7, 5a).

3. Perfekte mit **Reduplikation.** Bereits der indogermanischen Ursprache war eine Perfektbildung eigen, bei der der anlautende Konsonant mit e vor die Wurzel gestellt wurde, z. B.: **te**-tendī : tendō, **ce**-cinī : canō. Das e der Vorsilbe hat dann vielfach die Färbung des Wurzelvokals angenommen, z. B.: **po**-pōscī (aus pe-pōscī) : pōscō.

Die **Komposita verlieren** meist die Reduplikation; z. B.: con-currī, Perf. zu con-currere; oc-cidī, Perf. zu oc-cidere.

Spuren früherer Reduplikation zeigen noch Formen wie: reppulī aus *ré-pepulī; repperī aus *ré-peperī; rettulī aus *ré-tetulī (vgl. 6, 3).

4. Wurzelperfekte **mit Dehnung** des Stammvokals: vīdī : vĭd-ēre; lēg-ī : lĕg-ere; vēn-ī : vĕnī-re; fēc-ī : făc-ere; vīc-ī : vĭ-n-c-ere.

5. Wurzelperfekte **ohne Dehnung** des Stammvokals: vert-ī : vert-ere; solv-ī : sol-vere; statu-ī : statu-ere.

3. Der PPP-Stamm

1. Das Part. Perf. Pass. (PPP) wird gebildet mit Hilfe von -tus (-a, -um), z. B.: audī-tus.

2. In Formen wie scrīp-tus (von scrīb-ere), lēc-tus (von lĕg-ere) wurde die auslautende Media des Stammes (b, g) der folgenden Tenuis (t) angeglichen (vgl. 7, 2b).

In solchen Fällen ist der Vokal gelängt worden. Daher: lēctus : lĕgere; āctus: ăgere; rēctus : rĕgere (vgl. 6, 5b).

3. claud-ere, PPP: clau-sus; vert-ere, PPP: ver-sus.

Bei den auf einen Dental ausgehenden Stämmen hat sich dieses -tus lautgesetzlich in -sus verwandelt (vgl. 7, 5b).

Dieses -sus ist durch Analogiebildung dann auch auf Wurzeln übertragen worden, die nicht auf einen Dental ausgehen, z. B.: fīxus : fīg-ere; pul-sus : pell-ere; mer-sus : merg-ere.

4. Simplex und Kompositum

Aus der Verbindung des einfachen Verbums (Simplex) mit Vorsilben (meistens einer Präposition) ist das **Kompositum** entstanden. Der Vokal des Simplex hat dabei infolge der in alter Zeit üblichen starken Betonung der Anfangssilbe oft eine Schwächung erfahren (vgl. 6, 2), zusammentreffende Konsonanten wurden einander angeglichen (vgl. 7, 2).

a) Zusammensetzung mit Präpositionen

ab-, ā-, abs-	**ab-, weg-, fort-**	ab-errāre ab-igere ā-movēre abs-cēdere as-portāre (aus *abs-portāre)	abirren wegtreiben wegschaffen fortgehen fortschaffen

ad-	**dabei-,** **hinzu-,** **herbei-,** **an-**	ad-esse (as-sum, af-fuī) ad-icere ap-portāre al-loquī	dabei sein hinzufügen herbeitragen anreden
ante-	**voran-,** **vor-**	ante-īre ante-pōnere	vorangehen vorziehen
circum-	**(rings)herum-,** **um-**	circum-dūcere circum-dare	herumführen umgeben
com-, **con-,** **co-** (vor Vokal) (aus cum-)	1. **zusammen-** 2. verstärkend	1. com-pellere con-cidere co-īre 2. cōn-fīrmāre cōn-servāre	zusammentreiben zusammenfallen zusammengehen befestigen unversehrt erhalten
dē-	1. **herab-,** **hinab-,** **weg-** 2. verstärkend (vom Ausgangs- punkt an =) **völ-** **lig, gänzlich**	1. dē-currere dē-mergere dē-cēdere 2. dē-vincere dē-certāre dē-fatīgāre dē-relinquere	herablaufen hinabsenken weggehen völlig besiegen bis zur Entscheidung kämpfen ganz ermüden gänzlich verlassen
ex-, **ē-**	1. **heraus-,** **aus-,** **ent-** 2. verstärkend (= v. Grund aus) **völlig**	1. ex-portāre ex-quīrere ef-fugere 2. ē-vertere ē-vincere ex-ūrere	heraustragen aussuchen entfliehen von Grund aus zerstören völlig besiegen ganz verbrennen
in-	**ein-,** **hinein-**	in-clūdere ir-rumpere in-īre	einschließen einbrechen hineingehen
inter-	**dazwischen-,** **unter-**	inter-venīre intel-legere inter-dīcere	dazwischenkommen (dazwischen wählen, unter- scheiden) einsehen (dazwischenreden) untersag.
ob-, **obs-** (vor t)	**entgegen-**	ob-icere oc-currere os-tendere (aus obs-tendere)	entgegenwerfen entgegenlaufen entgegenstrecken, zeigen
per-	1. (bis zum Ende) **hindurch-** 2. verstärkend: **völlig, sehr**	1. per-vādere per-ficere 2. per-turbāre per-terrēre	hindurchgehen zu Ende führen ganz verwirren sehr erschrecken
post-	**nach-, hintan-**	post-pōnere	hintansetzen

prae-	**vorher-,** **voraus-,** **vor-**	prae-cēdere prae-mittere prae-pōnere	vorhergehen vorausschicken vorsetzen, vorziehen
praeter-	**vorbei-**	praeter-vehī	vorbeifahren
prō-, **prōd-** (vor Vokal)	**hervor-,** **vor-,** **vorn**	prō-rumpere prō-tendere prōd-īre prō-tegere	hervorbrechen vorstrecken vorrücken vorn decken
sub- (zu sub-s vgl. ab-s)	**darunter-,** **unter-,** **heimlich**	sub-esse sub-igere suc-cēdere sus-tinēre sub-dūcere	darunter sein unterwerfen daruntertreten, nachfolgen von unten her halten, aushalten heimlich wegführen
super-	**darüber-,** **über-,**	super-fundere super-fluere	darübergießen überströmen
trāns-, **trā-**	**hinüber-,** **über-**	trāns-gredī trā-icere	hinüberschreiten übersetzen

b) Zusammensetzung mit anderen Vorsilben

amb- (vor Vokal) **am-** } vor **(an-)** } Kons. vgl. ambō	**ringsum,** **um-**	amb-ūrere am-plectī	ringsum versengen umschlingen
dis-	**auseinander-,** **weg-,** **miß-**	dis-tendere dir-imere dis-cēdere dis-plicēre	auseinanderspannen auseinandernehmen weggehen mißfallen
intrō-	**hinein-**	intrō-mittere	hineinschicken
ne-, **nec-**	**nicht**	ne-scīre neg-legere	nicht wissen sich nicht kümmern
por (aus pro)	**hin-, dar-**	por-rigere	hinstrecken, darreichen
re-, **red-** (vor Vokal)	**zurück-,** **wieder-,** **wider-,** **in den gehörigen Stand**	re-cēdere red-īre re-surgere re-sistere red-igere (z. B.: in ōrdinem, in fōrmam prōvinciae)	zurückweichen zurückkehren wieder aufstehen sich widersetzen bringen, versetzen
sē-	**beiseite-,** **weg-,** **ab-**	sē-vocāre sē-vehī sē-iungere	beiseite rufen wegfahren absondern

45 a-Konjugation

I. Aktive Verben

1. Perfekte auf -vī

1.	**laudāre**	**laudō**	**laudāvī**	**laudātus**	loben[1]
	ebenso die meisten Verben der a-Konjugation				
2.	**lavāre**	**lavō**	**lāvī**	**lautus**	waschen, baden[2]
3.	**iuvāre**	**iuvō**	**iūvī**	**iūtus** (iuvātūrus)	helfen, unterstützen (m. Akk. z. B. amīcum)
	adiuvāre	adiuvō	adiūvī	adiūtus (adiūtūrus)	helfen, unterstützen[3] (m. Akk.)

2. Perfekte auf -uī

4.	**crepāre**	**crepō**	**crepuī**	**crepitum**	knarren, krachen[4]
	increpāre	increpō	increpuī	increpitus	schelten
5.	**cubāre**	**cubō**	**cubuī**	**cubitum**	liegen
	cu-m-bere 138				(um zu ruhen)
	excubāre	excubō	excubuī	excubitum	draußen liegen, Wache halten
6.	**domāre**	**domō**	**domuī**	**domitus**	*zähmen*, bändigen, bezwingen[5]
7.	**vetāre**	**vetō**	**vetuī**	**vetitus**	verbieten (m. Akk.)[6]
	veto **te** abire	ich verbiete **dir** wegzugehen			
8.	**secāre**	**secō**	**secuī**	**sectus**	schneiden[7]
	secūris (das Beil), sīgnum (urspr.: Kerbe)				
	īnsecāre	īnsecō	īnsecuī	īnsectus	einschneiden[8]
9.	**sonāre**	**sonō**	**sonuī**	—	tönen, ertönen[9]
	sonus				
10.	**tonāre**	**tonō**	**tonuī**	—	*donnern*[10]
11.	**micāre**	**micō**	**micuī**	—	zucken, schimmern
	aber:				
	dīmicāre	dīmicō	dīmicāvī	dīmicātum	kämpfen
12.	**explicāre**	**explicō**	**explicuī** oder: explicāvī	**explicitus** explicātus	auseinanderfalten, entwickeln[11]
	implicāre	implicō	implicuī oder: implicāvī	implicitus implicātus	verwickeln

3. Perfekte mit Reduplikation

13.	**dăre**	**dō**	**dedī**	**dătus**	geben[12]
	dōnum; dōs, dōtis die Mitgift				
	das a des Stammes ist kurz außer in dās, dā und dāns (dăntis)				
	circúmdăre	circúmdō	circúmdedī	circúmdătus	umgeben
	die übrigen Komposita sind in die konsonantische Konjugation übergegangen (s. 198)				

[1] F louer. [2] F laver, E lavatory. [3] Adjutant; F aider, E to aid. [4] krepieren; F crever, E crevice. [5] Dompteur; F dompter. [6] Veto (einlegen). [7] *Säge*, *Sichel*, Sektor, sezieren; F scier. [8] Insekt. [9] Konsonant, Resonanz, Sonate; F sonner, E to sound. [10] *Ton*, *Donar*, *Donner*; F étonner. [11] F expliquer; E to explicate. [12] Datum, Dativ; E date.

14. **stāre**	**stō**	**stetī**	**<stātūrus>**	*stehen*[1]
stătim, stătiō, stătua, stăbulum (Stall), stăgnum (Sumpf)				
circúmstāre	circúmstō	circúmstetī	—	umstehen, umlagern
cōnstāre	cōnstō	cōnstitī	—	bestehen aus, *kosten*[2]
īnstāre	īnstō	īnstitī	—	nahe bevorstehen, hart bedrängen (m. Dat. z. B. hostibus)
obstāre	obstō	obstitī	—	entgegenstehen[3]
perstāre	perstō	perstitī	—	beharren
praestāre	praestō	praestitī	<praestātūrus>	voranstehen, übertreffen (m. Dat. z. B. cēterīs), leisten (m. Akk. z. B. officium)
restāre	restō	restitī	—	übrig sein[4]
distāre	distō	—	—	auseinanderstehen, entfernt sein[5]
exstāre	exstō	—	—	vorhanden sein[6]

II. Deponentien

15. **hortārī**	**hortor**	**hortātus sum**	ermahnen

ebenso sonstige Deponentien der a-Konjugation:

adūlārī (m. Akk.)	schmeicheln
adversārī adversus	entgegensein
aemulārī (m. Akk.)	nacheifern
arbitrārī	meinen, glauben
aspernārī	verschmähen
auxiliārī auxilium	helfen
comitārī comes	begleiten
cōnārī	versuchen, wagen
cōnsectārī sequī	verfolgen
cōnsōlārī	trösten[7]
cōnspicārī cōnspicere	erblicken
contemplārī templum	betrachten[8]
cūnctārī	zögern
dominārī dominus	herrschen[9]
glōriārī glōria	sich rühmen
grassārī gradī 284	herumschweifen, wüten[10]
grātulārī	Glück wünschen[11]
imitārī (m. Akk.)	nachahmen[12]
indīgnārī indīgnus	unwillig sein[13]
īnsidiārī īnsidiae	nachstellen
iocārī	scherzen[14]
laetārī laetus	sich freuen
lamentārī	jammern[15]
meditārī	nachdenken[16]
minārī minae	drohen[17]
mīrārī	sich wundern, bewundern
admīrārī mīrus, admīrātio	bewundern[18]
moderārī modus	mäßigen, lenken[19]

[1] Station, Stativ, stabil; E to stand. [2] F coûter. [3] F E obstacle. [4] *Rest*; F rester, E to rest. [5] Distanz; F E distance. [6] E extant. [7] F consoler; E to console. [8] F contempler; E to contemplate. [9] Dominante; F dominer; E to domineer. [10] grassieren. [11] gratulieren; E to con-gratulate. [12] imitieren, Imitation; F imiter; E to imitate. [13] indigniert; F indigner. [14] Jux; F jouer; E to joke. [15] lamentieren; F lamenter. [16] F méditer. [17] F menacer. [18] F admirer. [19] F modérer.

morārī	sich aufhalten[1]	suspicārī	argwöhnen, vermuten
mora		suspicere	
opinari	vermuten	tēstārī	als Zeugen anrufen, bezeugen
ōsculārī	küssen	tēstis	
ōs, ōr-is		tūtārī	schützen
populārī	verwüsten	tūtus	
populus		vagārī	umherschweifen[3]
precārī	bitten, beten[2]	vēnārī	jagen
precēs		vēnator	
proeliārī	kämpfen	venerārī	verehren
proelium		Venus	
recordārī	sich erinnern	versārī	sich aufhalten
cor, -dis (Herz)		vertere	

46 e-Konjugation

I. Aktive Verben

1. Perfekte auf -vī

16.	**dēlēre**	**dēleō**	**dēlēvī**	**dēlētus**	zerstören
17.	**flēre**	**fleō**	**flēvī**	**flētum**	weinen
	dēflēre	dēfleō	dēflēvī	dēflētus	beweinen
18.	**complēre**	**compleō**	**complēvī**	**complētus**	anfüllen[4]
	plēnus, plēbs, plērīque	die meisten			
	implēre	impleō	implēvī	implētus	anfüllen[5]
	explēre	expleō	explēvī	explētus	ausfüllen
	supplēre	suppleō	supplēvī	supplētus	ergänzen[6]
19.	**ciēre**	**cieō**	**cīvī**	**citus**	in Bewegung setzen, erregen
	cito				

2. Perfekte auf -uī

20.	**habēre**	**habeō**	**habuī**	**habitus**	*haben*, halten[7]
	adhibēre	adhibeō	adhibuī	adhibitus	anwenden, hinzuziehen[8]
	cohibēre	cohibeō	cohibuī	cohibitus	zusammenhalten
	prohibēre	prohibeō	prohibuī	prohibitus	fernhalten, hindern[9]
	exhibēre	exhibeō	exhibuī	exhibitus	herausholen, darbieten
	dēbēre	dēbeō	dēbuī	dēbitus	schulden, müssen, verdanken[10]
	praebēre	praebeō	praebuī	praebitus	vorhalten, gewähren

dasselbe Perf. Akt. und PPP haben:

21.	**monēre**	**moneō**	**monuī**	**monitus**	er*mahnen*
	admonēre	admoneō	admonuī	admonitus	er*mahnen*, erinnern
	commonēre	commoneō	commonuī	commonitus	er*mahnen*, erinnern
22.	**merēre**	**mereō**	**meruī**	**meritus**	verdienen[11]

---

[1] Moratorium. [2] F prier; E to pray. [3] Vagabund. [4] Komplement, komplett; E to complete. [5] F emplir, E implement. [6] Supplement; E to supply. [7] F avoir, E to have. [8] E to adhibit, adhibition. [9] E to prohibit, prohibition. [10] Debet; F devoir, E debt, debtor. [11] F le mérite, E to merit.

23. **nocēre**	**noceō**	**nocuī**	**nocitum**	schaden[1]
24. **tacēre**	**taceō**	**tacuī**	**tacitum**	schweigen, verschweigen[2]
tacitus				
25. **placēre**	**placeō**	**placuī**	**placitum**	gefallen[3]
displicēre	displiceō	displicuī	displicitum	mißfallen[4]
26. **terrēre**	**terreō**	**terruī**	**territus**	jmd. erschrecken
perterrēre	perterreō	perterruī	perterritus	jmd. sehr erschrecken
dēterrēre	dēterreō	dēterruī	dēterritus	jmd. abschrecken, hindern[5]
Das PPP fehlt bei:				
27. **decēre**	**decet**	**decuit**	—	es ziemt sich (unpersönlich)[6]
decus, dīgnus				
decet **mē**				es ziemt sich für mich
dēdecet **mē**				es ziemt sich nicht für mich
28. **libēre**	**libet**	**libuit**	—	es beliebt, gefällt
29. **licēre**	**licet**	**licuit**	—	es ist erlaubt[7]
30. **oportēre**	**oportet**	**oportuit**	—	es ist in der Ordnung, es ist nötig
31. **arcēre**	**arceō**	**arcuī**	—	abwehren, fernhalten
arx				
aber:				
coercēre	coerceō	coercuī	coercitus	in Schranken halten, zügeln
exercēre	exerceō	exercuī	<exercitātus>	üben[8]
32. **carēre**	**careō**	**caruī**	—	nicht haben, entbehren (m. Abl.)
carēre febrī				kein Fieber haben
33. **egēre**	**egeō**	**eguī**	—	nötig haben, entbehren (m. Abl.)
pecūniā egēre				Geld nötig haben
indigēre	indigeō	indiguī	—	nötig haben, entbehren (m. Abl.)
34. **dolēre**	**doleō**	**doluī**	—	Schmerz empfinden[9]
dolor				
35. **ēminēre**	**ēmineō**	**ēminuī**	—	hervorragen[10]
imminēre	immineō	imminuī	—	über etw. emporragen, über jmds. Haupt schweben, bedrohen
36. **flōrēre**	**flōreō**	**flōruī**	—	blühen[11]
flōs				
37. **horrēre**	**horreō**	**horruī**	—	schaudern, sich entsetzen
horror, horridus				
38. **iacēre**	**iaceō**	**iacuī**	—	liegen

---

1 F nuire, F E innocent, E noxious. 2 F se taire. 3 F plaire, E please. 4 E displease, displeasure. 5 E to deter from. 6 dezent. 7 Lizenz. 8 exerzieren; E to exercise. 9 kondolieren; E to condole. 10 Eminenz; E eminent. 11 Flora; F fleurir, E to flourish.

39.	**latēre**	**lateō**	**latuī**	—	verborgen sein[1]
40.	**nitēre**	**niteō**	**nituī**	—	glänzen
41.	**pārēre**	**pāreō**	**pāruī**	—	(eig.: erscheinen auf Befehl) gehorchen[2]
	appārēre	appāreō	appāruī	—	erscheinen[3]
	appāret				es ist offenkundig
42.	**patēre**	**pateō**	**patuī**	—	offenstehen, sich erstrecken[4]
43.	**silēre**	**sileō**	**siluī**	—	schweigen[5]
	silentium				
44.	**splendēre**	**splendeō**	**splenduī**	—	glänzen[6]
	splendor (Glanz), splendidus				
45.	**studēre**	**studeō**	**studuī**	—	sich bemühen, sich beschäftigen mit, streben nach (m. Dat. z. B. litterīs)[7]
46.	**timēre**	**timeō**	**timuī**	—	fürchten, sich fürchten[8]
	timor, timidus				
	timet, nē violētur				er fürchtet, mißhandelt zu werden
47.	**valēre**	**valeō**	**valuī**	—	gesund sein, vermögen[9]
	valor (Wert), valetūdō, validus				
48.	**vigēre**	**vigeō**	**viguī**	—	lebenskräftig sein
	mit abweichendem PPP:				
49.	**cēnsēre**	**cēnseō**	**cēnsuī**	**cēnsus**	abschätzen, meinen, beschließen[10]
	cēnsor				
	recēnsēre	recēnseō	recēnsuī	recēnsus	durchmustern
	suscēnsēre	suscēnseō	suscēnsuī	suscēnsum	zürnen
50.	**docēre**	**doceō**	**docuī**	**doctus**	lehren[11]
	doctus, doctrīna				
51.	**miscēre**	**misceō**	**miscuī**	**mixtus**	*mischen*[12]
	admiscēre	admisceō	admiscuī	admixtus	beigeben
	immiscēre	immisceō	immiscuī	immixtus	hinein*mischen*
52.	**tenēre**	**teneō**	**tenuī**	—	halten[13]
	abstinēre	abstineō	abstinuī	—	sich enthalten (m. Abl. z. B. vīnō)[14]
	continēre	contineō	continuī	—	zusammenhalten[15]
	pertinēre	pertineō	pertinuī	—	sich erstrecken, sich beziehen[16]
	sustinēre	sustineō	sustinuī	—	aufrechterhalten, aushalten

[1] F E latent. [2] parieren. [3] E to appear. [4] Patent; F E patent. [5] E silent. [6] E splendent. [7] studieren; F étudier, E to study, student. [8] F timide, E timid. [9] Valuta, Invalide; F valoir, E valid, valour, value. [10] Zensur, Zins; F E censure. [11] Dozent, Doktor; F E docile. [12] Mixtur; E to mix, mixture. [13] F tenir. [14] Abstinenz; E to abstain. [15] Kontinent; F contenir, E to contain. [16] E to pertain.

aber:

	dētinēre	dētineō	dētinuī	dētentus	aufhalten, festhalten, beschäftigen
	obtinēre	obtineō	obtinuī	obtentus	innehaben, behaupten[1]
	retinēre	retineō	retinuī	retentus	zurückhalten
53.	**torrēre**	**torreō**	**torruī**	**tōstus**	*dörren*, rösten
	terra das dürre, dürstende Land				

3. Perfekte auf -si

54.	**ārdēre**	**ārdeō**	**ārsī**	**<ārsūrus>**	brennen (intrans.)[2]
55.	**augēre**	**augeō**	**auxī**	**auctus**	vermehren, vergrößern[3]
	auctor, augustus (erhaben), auxilium				
56.	**haerēre**	**haereō**	**haesī**	**haesum**	hängenbleiben, steckenbleiben[4]
57.	**iubēre**	**iubeō**	**iussī**	**iussus**	heißen, befehlen (m. a. c. i.)
	iubeō tē venīre	ich befehle **dir** zu kommen			
58.	**manēre**	**maneō**	**mānsī**	**mānsum**	bleiben, erwarten[5]
	permanēre	permaneō	permānsī	permānsum	verbleiben[6]
	remanēre	remaneō	remānsī	remānsum	zurückbleiben[7]
59.	**rīdēre**	**rīdeō**	**rīsī**	**rīsum**	lachen[8]
	arrīdēre	arrīdeō	arrīsī	arrīsum	zulächeln
	irrīdēre	irrīdeō	irrīsī	irrīsus	auslachen, verspotten
60.	**suādēre**	**suādeō**	**suāsī**	**suāsus**	(süß machen) raten
	suāvis				
	persuādēre	persuādeō	persuāsī	persuāsum	überreden, überzeugen (m. Dat. z. B. amīcō)[9]
61.	**torquēre**	**torqueō**	**torsī**	**tortus**	drehen, foltern[10]
62.	**fulgēre**	**fulgeō**	**fulsī**	—	glänzen, blitzen[11]
63.	**indulgēre**	**indulgeō**	**indulsī**	—	nachsichtig, willfährig sein (m. Dat. z. B. līberīs)[12]
64.	**lūcēre**	**lūceō**	**lūxī**	—	*leuchten*[13]
	lūx, lūna, lūcus, lūmen, illūstris				
65.	**lūgēre**	**lūgeō**	**lūxī**	—	trauern, betrauern[14]
	lūctus, -ūs				
66.	**urgēre**	**urgeō**	**ursī**	—	drängen, bedrängen[15]

4. Perfekte mit Reduplikation

67.	**mordēre**	**mordeō**	**momordī**	**morsus**	beißen, kränken[16]
68.	**pendēre**	**pendeō**	**pependī**	—	hängen (intrans.)[17]

---

[1] F obtenir, E to obtain. [2] F E ardent. [3] Auktion. [4] Adhäsion; F adhérent, E adherent [5] F maison aus mansio = die Bleibe. [6] F E permanent. [7] E to remain. [8] F rire F E risible. [9] F persuader, E to persuade. [10] Torte, Tortur; F tordre. [11] E fulgent. [12] E to indulge. [13] F luire. [14] E lugubrious. [15] E to urge. [16] F mordre, E mordant. [17] Pendel; F pendre.

	impendēre	impendeō	—	—	überhängen (drohend über jmds. Haupt schweben), drohen = bevorstehen
69.	**spondēre**	**spondeō**	**spopondī**	**spōnsus**	geloben, feierlich versprechen[1]
	respondēre	respondeō	**respondī**	respōnsus	antworten[2]
70.	**tondēre**	**tondeō**	**totondī**	**tōnsus**	scheren[3]

5. Perfekte mit Dehnung des Stammvokals

71.	**cavēre**	**caveō**	**cāvī**	**cautus**	sich hüten, sich in acht nehmen (m. Akk. z. B. canem)[4]
72.	**favēre**	**faveō**	**fāvī**	**fautum**	begünstigen (m. Dat. z. B. poētīs)[5]
73.	**fovēre**	**foveō**	**fōvī**	**fōtus**	wärmen, hegen, pflegen
74.	**movēre**	**moveō**	**mōvī**	**mōtus**	bewegen[6]
	mōtus, -ūs; mōbilis, -e beweglich				
	admovēre	admoveō	admōvī	admōtus	heranbewegen, nähern
	prōmovēre	prōmoveō	prōmōvī	prōmōtus	vorschieben, erweitern
	commovēre	commoveō	commōvī	commōtus	(stark) bewegen
	permovēre	permoveō	permōvī	permōtus	(stark) bewegen
	āmovēre	āmoveō	āmōvī	āmōtus	entfernen[7]
	removēre	removeō	remōvī	remōtus	entfernen[7]
	summovēre	summoveō	summōvī	summōtus	entfernen[7]
75.	**vovēre**	**voveō**	**vōvī**	**vōtus**	geloben, weihen[8]
76.	**sedēre**	**sedeō**	**sēdī**	**sessum**	*sitzen*[9]
	sēdēs, sella, īnsidiae, praesidium				
	circumsedēre	circumsedeō	circumsēdī	circumsessus	umlagern
	obsidēre	obsideō	obsēdī	obsessus	besetzt halten, belagern
	possidēre	possideō	possēdī	possessus	besitzen[10]
77.	**vidēre**	**videō**	**vīdī**	**vīsus**	sehen[11]
	invidēre	invideō	invīdī	invīsum	(scheel sehen auf) beneiden (m. Dat. z. B. frātrī)[12]
	prōvidēre	prōvideō	prōvīdī	prōvīsus	voraussehen (m. Akk. z. B. calamitātem), sorgen für (m. Dat. z. B. parentibus)[13]
	prūdentia aus *providentia				

II. Deponentien

78.	**verērī**	**vereor**	**veritus sum**	(eig.: sich wahren) sich scheuen, fürchten
	reverērī	revereor	reveritus sum	Ehrfurcht fühlen, scheuen[14]
79.	**merērī**	**mereor**	**meritus sum**	verdienen[15]
	bene merērī dē patriā sich um das V. verdient machen			

---

[1] spenden; F époux. [2] F répondre. [3] Tonsur; F tondre. [4] F E caution. [5] F faveur E favour. [6] Motor, Motiv, Möbel; F mouvoir, E to move. [7] E to remove. [8] Votiv(stein); F voter, E to vow. [9] Assessor, Präsident, Residenz; F s'asseoir. [10] Possessivpronomen; F posséder. [11] Visum, Vision, Visier; F voir. [12] F envier. [13] Provisor; E to provide. [14] Reverenz; F révérence. [15] F mériter, E to merit.

80.	**miserērī**	**misereor**	**miseritus sum**	sich erbarmen, Mitleid haben (mit Gen. z. B. pauperum)
	miser			
81.	**pollicērī**	**polliceor**	**pollicitus sum**	versprechen
82.	**tuēri**	**tueor**	**<tutātus sum>**	ansehen, beschützen
	tūtus			
	intuēri	intueor	(intuitus sum)	hinschauen auf, betrachten[1]
83.	**medērī**	**medeor**	**<sānāvī>**	heilen (m. Dat. z. B. vulnerī)
	medicus, medicīna			
84.	**rērī**	**reor**	**ratus sum**	(rechnen) glauben, dafür halten
	ratiō			
85.	**fatērī**	**fateor**	**fassus sum**	gestehen, bekennen
	fā-rī (sprechen), fātum, fāma, fābula, fās (göttl. Gesetz), īn-fāns			
	cōnfitērī	cōnfiteor	cōnfessus sum	gestehen, eingestehen[2]
	profitērī	profiteor	professus sum	sich zu etw. bekennen, offen bekennen[3]

Semideponentien:

86.	**audēre**	**audeō**	**ausus sum**	wagen
	avidus, audāx			
87.	**gaudēre**	**gaudeō**	**gavīsus sum**	sich freuen[4]
	gaudium			
88.	**solēre**	**soleō**	**solitus sum**	pflegen, gewohnt sein

47 i-Konjugation

I. Aktive Verben

1. Perfekte auf -vī und -uī

89.	**audīre**	**audiō**	**audīvī**	**audītus**	hören[5]
90.	**sepelīre**	**sepeliō**	**sepelīvī**	**sepultus**	begraben[6]
	sepulcrum				
91.	**aperīre**	**aperiō**	**aperuī**	**apertus**	öffnen
	apertus				
	operīre	operiō	operuī	opertus	bedecken[7]
92.	**salīre**	**saliō**	**saluī**	—	springen, hüpfen[8]
	saltāre, saltus, -ūs Sprung				
	dēsilīre	dēsiliō	dēsiluī	—	herabspringen
	trānsilīre	trānsiliō	trānsiluī	—	hinüberspringen, überspringen

2. Perfekte auf -sī

93.	**saepīre**	**saepiō**	**saepsī**	**saeptus**	umzäunen, einfassen
	saepēs, -is *f.* Zaun				

---

[1] Intuition. [2] Konfession; E to confess. [3] Professor; E to profess. [4] F se réjouir E to enjoy. [5] F ouïr, E auditory. [6] F ensevelir, E sepulchre. [7] co-operire > F couvrir, E to cover. [8] Salto; F sauter, E to assail.

94.	**farcīre**	**farciō**	**farsī**	**fartus**	stopfen[1]
	refercīre	referciō	refersī	refertus	vollstopfen, anfüllen
	cōnfertus (dicht), refertus (vgl. 7, 4c)				
95.	**fulcīre**	**fulciō**	**fulsī**	**fultus**	stützen
96.	**sarcīre**	**sarciō**	**sarsī**	**sartus**	flicken, ausbessern
97.	**haurīre**	**hauriō**	**hausī**	**haustus**	schöpfen
	exhaurīre	exhauriō	exhausī	exhaustus	ausschöpfen, erschöpfen[2]
98.	**sancīre**	**sanciō**	**sānxī**	**sānctus**	heiligen, verordnen, festsetzen[3]
	sānctus, sacer				
99.	**vincīre**	**vinciō**	**vīnxī**	**vīnctus**	fesseln
	vinculum				
100.	**sentīre**	**sentiō**	**sēnsī**	**sēnsus**	fühlen, empfinden, merken[4]
	sēnsus, -ūs; sententia				
	cōnsentīre	cōnsentiō	cōnsēnsī	cōnsēnsum	übereinstimmen
	dissentīre	dissentiō	dissēnsī	dissēnsum	nicht übereinstimmen

3. Perfekt mit Reduplikation

101.	**reperīre**	**reperiō**	**repperī**	**repertus**	wiedergewinnen, (durch Suchen) finden
	reperīre ist Kompositum von parere (vgl. 244)				

4. Perfekte mit Dehnung des Stammvokals

102.	**venīre**	**veniō**	**vēnī**	**ventum**	kommen[5]
	advenīre	adveniō	advēnī	adventum	ankommen[6]
	in portum advenīre	**im** Hafen ankommen			
	circumvenīre	circumveniō	circumvēnī	circumventus	umzingeln
	convenīre	conveniō	convēnī	conventus	zusammenkommen[7]
	ēvenīre	ēveniō	ēvēnī	ēventum	herauskommen
	ēventus, -ūs				
	ēvenit				es ereignet sich
	invenīre	inveniō	invēnī	inventus	(auf etw. stoßen) **zufällig** finden
	intervenīre	interveniō	intervēnī	interventum	dazwischenkommen, sich einmengen
	pervenīre	perveniō	pervēnī	perventum	hinkommen, gelangen
	subvenīre	subveniō	subvēnī	subventum	zu Hilfe kommen

5. Perfekt ohne Dehnung

103.	**comperīre**	**comperiō**	**comperī**	**compertus**	erfahren
	das Simplex perīre noch in perī-tus, perī-culum				

II. Deponentien

104.	**partīrī**	**partior**	**partītus sum**	teilen[8]
	pars			
105.	**blandīrī**	**blandior**	**blandītus sum**	schmeicheln[9]

---

[1] Farce; F farcir. [2] E to exhaust. [3] Sanktion; F sanction. [4] *sinnen*; F sentir; E sense. [5] F venir. [6] Advent; *Abenteuer*; F avenir, aventure, E adventure [7] Konvent; F convention. [8] E to part. [9] E to bland, blandish.

106. largīrī **largior** **largītus sum** schenken, spenden[1]
largus freigebig

107. mentīrī **mentior** **mentītus sum** (etwas erdenken) lügen[2]
mendācium, monere 21, reminisci 279

108. mōlīrī **mōlior** **mōlītus sum** (sich mit einer Last abmühen) in Bewegung, ins Werk setzen[3]
mōlēs, molestus

109. potīrī **potior** **potītus sum** (einer Sache Herr werden) sich bemächtigen (m. Abl. z. B. imperiō)
potis, potēns, potius, posse, possidēre 76

110. sortīrī **sortior** **sortītus sum** losen, erlosen[4]
sors, serere 132

111. assentīrī **assentior** **assēnsus sum** beistimmen, zustimmen[5]
sentīre 100, sēnsus, -ūs

112. experīrī **experior** **expertus sum** erproben, versuchen[6]
com-perīre 103, perītus
opperīrī opperior oppertus sum erwarten

113. mētīrī **mētior** **mēnsus sum** *messen*[7]
mēnsa, immēnsus (unermeßlich), mēnsis

114. ōrdīrī **ōrdior** **ōrsus sum** anfangen
ōrdō

115. orīrī **orior** **ortus sum (oritūrus)** entstehen, aufgehen[8]
Gerundivum: oriundus
adorīrī adorior adortus sum angreifen

orior geht
1. **im Ind. Präs. nach capior:**
orior, oreris, oritur, orimur, oriminī, oriuntur
2. **im Konj. Impf. bald nach der i-, bald nach der kons. Kjg.:**
orīrer usw. und orerer usw.

adorior geht
im gesamten Präs.-Stamm nach der i-Kjg.

48 Konsonantische Konjugation

I. Aktive Verben

1. Perfekte auf -vī

116.	**arcessere**	**arcessō**	**arcessīvī**	**arcessītus**	herbeiholen, kommen lassen
117.	**capessere**	**capessō**	**capessīvī**	**capessītus**	ergreifen
118.	**lacessere**	**lacessō**	**lacessīvī**	**lacessītus**	reizen

---

[1] E to enlarge. [2] dementieren; F mentir. [3] demolieren; E to demolish. [4] F le sort.
[5] E to assent. [6] Experiment; Experte; F expérience. [7] Dimension; E to measure.
[8] Orient.

119.	**petere**	**petō**	**petīvī**	**petītus**	etwas zu erreichen suchen, angreifen, erstreben, bitten
	petō ā tē pecūniam	ich bitte dich um Geld			
	appetere	appetō	appetīvī	appetītus	verlangen nach[1]
	repetere	repetō	repetīvī	repetītus	zurückverlangen, wiederholen[2]
	suppetere	suppetō	suppetīvī	suppetītum	vorhanden sein, ausreichen
120.	**quaerere**	**quaerō**	**quaesīvī**	**quaesītus**	suchen, zu erfahren suchen, fragen[3]
	causam īrae ex tē quaerō	ich frage dich nach dem Grunde deines Zornes			
	acquīrere	acquīrō	acquīsīvī	acquīsītus	dazu erwerben[4]
	inquīrere	inquīrō	inquīsīvī	inquīsītus	untersuchen[5]
	requīrere	requīrō	requīsīvī	requīsītus	vermissen[6]
121.	**terere**	**terō**	**trīvī**	**trītus**	reiben, vergeuden, abnutzen
122.	**serere**	**serō**	**sēvī**	**satus**	*säen*, pflanzen[7]
	sēmen, -nis n. (Same), sata, -ōrum				
	īnserere	īnserō	īnsēvī	īnsitus	*einsäen*, einpflanzen

mit n-Erweiterung (vgl. 44, I, 1)

123.	**cer-n-ere**	**cernō**	**crēvī**	**crētus**	scheiden, sichten, sehen
	certus, certare				
	dēcernere	dēcernō	dēcrēvī	dēcrētus	entscheiden, beschließen[8]
	discernere	discernō	discrēvī	discrētus	trennen, unterscheiden[9]
	sēcernere	sēcernō	sēcrēvī	sēcrētus	absondern[10]
124.	**sper-n-ere**	**spernō**	**sprēvī**	**sprētus**	verachten
125.	**ster-n-ere**	**sternō**	**strāvī**	**strātus**	hinbreiten, hinstrecken, ausbreiten[11]
	prōsternere	prōsternō	prōstrāvī	prōstrātus	zu Boden strecken[12]
126.	**li-n-ere**	**linō**	**lēvī**	**litus**	bestreichen
	lēvis glatt				
127.	**si-n-ere**	**sinō**	**sīvī**	**situs**	lassen, zulassen
	dēsinere	dēsinō	dēsiī	dēsitus	ablassen, aufhören

2. Perfekte auf -uī

128.	**alere**	**alō**	**aluī**	**altus**	nähren, ernähren[13]
	altus, adulēscēns, indolēs, -is f. (Begabung), prōlēs (aus pro-olēs), -is f. (Nachkommenschaft)				
129.	**colere**	**colō**	**coluī**	**cultus**	bebauen, pflegen, verehren[14]
	colōnia, agri-cola				
	excolere	excolō	excoluī	excultus	ausbilden
	incolere	incolō	incoluī	incultus	wohnen, bewohnen
	incola				

---

[1] Appetit; F l'appétit, E appetite. [2] repetieren; F répéter, E to repeat. [3] F E question. [4] Akquisition; F acquérir, E to acquire. [5] Inquisition; E to inquire. [6] requirieren; E to require, request. [7] Seminar. [8] Dekret; E decree. [9] E discern. [10] Sekret, Sekretär; E to secrete. [11] Straße aus (via) strata. [12] E to prostrate. [13] alt; F altesse, (h)aut. [14] Kolonie, Köln, Kult, Kultur; F culture, E cult.

130.	**cōnsulere**	**cōnsulō**	**cōnsuluī**	**cōnsultus**	um Rat fragen (m. Akk. z. B. ōrāculum), sorgen für (m. Dat. z. B. salūtī cīvium)
	cōnsul, cōnsilium				
131.	**occulere**	**occulō**	**occuluī**	**occultus**	verbergen[1]
	celāre, clam, occultus				
132.	**serere**	**serō**	**seruī**	**sertus**	reihen, knüpfen
	seriēs, -em, -e f. (Reihe), sors, sortīrī 110				
	cōnserere	cōnserō	cōnseruī	cōnsertus	zusammenreihen, zusammenfügen
	dēserere	dēserō	dēseruī	dēsertus	im Stich lassen[2]
	īnserere	īnserō	īnseruī	īnsertus	einfügen[3]
	aber:				
	disserere	disserō	disseruī	<disputātus>	auseinandersetzen, erörtern[4]
133.	texere	texō	texuī	textus	weben[5]
134.	fremere	fremō	fremuī	—	*brummen*, murren, tosen
135.	gemere	gemō	gemuī	—	seufzen, stöhnen[6]
136.	strepere	strepō	strepuī	—	lärmen, rauschen
137.	tremere	tremō	tremuī	—	zittern[7]
138.	**accu-m-bere**	**accumbō**	**accubuī**	**accubitum**	sich lagern, sich zu Tisch legen
	cubāre 5				
	incumbere	incumbō	incubuī	incubitum	sich auf etw. verlegen
	incumbere in litterās				sich auf die Wissenschaft verlegen
	occumbere	occumbō	occubuī	occubitum	hinsinken
	prōcumbere	prōcumbō	prōcubuī	prōcubitum	sich niederwerfen
	succumbere	succumbō	succubuī	succubitum	erliegen
139.	**gīgnere**	**gīgnō**	**genuī**	**genitus**	erzeugen, hervorbringen[8]
	genus, gēns, genius, ingenium	das Angeborene			
140.	**pōnere**	**pōnō**	**posuī**	**positus**	legen, stellen, setzen[9]
	antepōnere	antepōnō	anteposuī	antepositus	voranstellen, vorziehen
	appōnere	appōnō	apposuī	appositus	dazusetzen[10]
	compōnere	compōnō	composuī	compositus	zusammensetzen, vergleichen[11]
	dēpōnere	dēpōnō	dēposuī	dēpositus	niederlegen, ablegen[12]
	dispōnere	dispōnō	disposuī	dispositus	auseinanderlegen, verteilen, ordnen
	expōnere	expōnō	exposuī	expositus	auseinandersetzen, aussetzen
	impōnere	impōnō	imposuī	impositus	hineinlegen, auferlegen

[1] E occult. [2] desertieren; E desert. [3] inserieren; E to insert. [4] Dissertation, Disput; F disserter, E dissertation. [5] Textil; F E texture. [6] F gémir. [7] F trembler. [8] Genetiv. [9] Position, Post; F poser; E to pose. [10] Apposition. [11] komponieren, Kompott; E to compose, compound. [12] deponieren, Depot, Disposition, Exponent, imponieren, opponieren, Opposition, Präposition, Propst; E to depose, dispose, expose, impose, oppose, propose.

	oppōnere	oppōnō	opposuī	oppositus	entgegenstellen
	praepōnere	praepōnō	praeposuī	praepositus	an die Spitze stellen
	prōpōnere	prōpōnō	prōposuī	prōpositus	vor Augen, in Aussicht stellen
	repōnere	repōnō	reposuī	repositus	zurücklegen
	sēpōnere	sēpōnō	sēposui	sēpositus	beiseite legen
	suppōnere	suppōnō	supposuī	suppositus	unter etw. legen

3. Perfekte auf -si

Labialstämme (vgl. 44, II, 2a)

141.	**carpere**	**carpō**	**carpsī**	**carptus**	rupfen, pflücken[1]
	dēcerpere	dēcerpō	dēcerpsī	dēcerptus	abpflücken
142.	**scrībere**	**scrībō**	**scrīpsī**	**scrīptus**	*schreiben*[2]
	scrība; scrīptor				
	cōnscrībere	cōnscrībō	cōnscrīpsī	cōnscrīptus	aufschreiben, (Soldaten) ausheben
	dēscrībere	dēscrībō	dēscrīpsī	dēscrīptus	beschreiben
	īnscrībere	īnscrībō	īnscrīpsī	īnscrīptus	daraufschreiben, als Aufschrift setzen, betiteln
	praescrībere	praescrībō	praescrīpsī	praescrīptus	vorschreiben
	prōscrībere	prōscrībō	prōscrīpsī	prōscrīptus	ächten
143.	**nūbere**	**nūbō**	**nūpsī**	**nūptum**	heiraten (von der Frau; m. Dat. z. B. virō)
	nūptiae				

Nasalstämme (vgl. 44, II, 2d)

144.	**cōmere**	**cōmō**	**cōm-p-sī**	**cōm-p-tus**	(zusammennehmen) ordnen, schmücken
145.	**dēmere**	**dēmō**	**dēmpsī**	**dēmptus**	weg-, abnehmen
146.	**prōmere**	**prōmō**	**prōmpsī**	**prōmptus**	hervornehmen, hervorholen
147.	**sūmere**	**sūmō**	**sūmpsī**	**sūmptus**	nehmen, zu sich nehmen
	absūmere	absūmō	absūmpsī	absūmptus	verbrauchen, verzehren
	cōnsūmere	cōnsūmō	cōnsūmpsī	cōnsūmptus	verbrauchen, verwenden[3]
148.	**contem-n-ere**	**contemnō**	**contempsī**	**contemptus**	verachten, zurücksetzen[4]
	n-Erweiterung im Präsensstamm				

s-Stämme (vgl. 7, 1)

149.	**gerere**	**gerō**	**gessī**	**gestus**	tragen; etwas verrichten[5]
	congerere	congerō	congessī	congestus	zusammentragen
150.	**ūrere**	**ūrō**	**ussī**	**ūstus**	brennen, verbrennen
	combūrere	combūrō	combussi	combūstus	verbrennen[6]
151.	**premere**	**premō**	**pressī**	**pressus**	*pressen*, drücken, bedrängen[7]
	comprimere	comprimō	compressī	compressus	zusammendrücken[8]

---

[1] *Herbst* (Zeit des Pflückens), *Harfe* (Instrument zum Zupfen). [2] F écrire, E to conscribe, describe, inscribe, prescribe, proscribe. [3] Konsum; E to consume. [4] E to contempt. [5] Geste, Register (aus rēs gestae); E gesture. [6] F E combustible. [7] Presse; F presser, E to press. [8] Kompresse.

	exprimere	exprimō	expressī	expressus	ausdrücken[1]
	imprimere	imprimō	impressī	impressus	eindrücken, aufdrücken
	opprimere	opprimō	oppressī	oppressus	niederdrücken, bedrängen, überfallen
	reprimere	reprimō	repressī	repressus	zurückdrängen
	supprimere	supprimō	suppressī	suppressus	hinabdrücken, unterdrücken

Dentalstämme (vgl. 7, 2a und 44, II, 2b)

152.	**claudere**	**claudō**	**clausī**	**clausus**	schließen[2]
	conclūdere	conclūdō	conclūsī	conclūsus	einschließen, folgern
	exclūdere	exclūdō	exclūsī	exclūsus	ausschließen
	inclūdere	inclūdō	inclūsī	inclūsus	einschließen
	interclūdere	interclūdō	interclūsī	interclūsus	abschließen, abschneiden
153.	**dīvidere**	**dīvidō**	**dīvīsī**	**dīvīsus**	trennen, teilen, verteilen[3]
154.	**laedere**	**laedō**	**laesī**	**laesus**	stoßen, verletzen, beschädigen[4]
	collīdere	collīdō	collīsī	collīsus	zusammenstoßen
	ēlīdere	ēlīdō	ēlīsī	ēlīsus	ausstoßen
155.	**lūdere**	**lūdō**	**lūsī**	**lūsum**	spielen
	lūdus				
	ēlūdere	ēlūdō	ēlūsī	ēlūsus	verspotten, vereiteln[5]
	illūdere	illūdō	illūsī	illūsus	sein Spiel treiben, verhöhnen[6]
156.	**plaudere**	**plaudō**	**plausī**	**plausus**	Beifall spenden, klatschen[7]
157.	**ēvādere**	**ēvādō**	**ēvāsī**	**ēvāsum**	herausgehen, entkommen[8]
	Simplex: vādere gehen (*nur im Präsensstamm*); vādum die Furt[9]				
	invādere	invādō	invāsī	invāsum	eindringen in, losgehen auf, angreifen[10]
158.	**cēdere**	**cēdō**	**cessī**	**cessum**	gehen, weichen, nachgeben[11]
	ne-cesse, ne-cessārius				
	accēdere	accēdō	accessī	accessum	herankommen, anrücken
	antecēdere	antecēdō	antecessī	antecessum	vorangehen, übertreffen
	concēdere	concēdō	concessī	concessus	nachgeben, gestatten, zugestehen
	dēcēdere	dēcēdō	dēcessī	dēcessum	weggehen, abmarschieren
	discēdere	discēdō	discessī	discessum	auseinandergehen, weggehen
	excēdere	excēdō	excessī	excessum	herausgehen, sich entfernen
	incēdere	incēdō	incessī	incessum	einhergehen
	intercēdere	intercēdō	intercessī	intercessum	dazwischentreten, Einspruch erheben

---

1 Expreßzug; F comprimer, exprimer, opprimer, E to compress, express, oppress. 2 *Klause*, Klausur, *Kloster*; F cloître, E to close, conclude, exclude, include. 3 dividieren, Division, Individuum; F diviser, E to divide. 4 lädieren, Kollision, Elision. 5 E to elude. 6 Illusion, 7 Applaus; F applaudir. 8 E to evade. 9 *Watt, waten*; F je vais. 10 Invasion; F invasion, E to invade. 11 Konzession, konzessiv, Prozeß, Prozession; F cesser, décéder, procéder, E to cede. concede, access, decease, excess, exceed, process, succeed, success.

	praecēdere	praecēdō	praecessī	praecessus	vorhergehen, übertreffen
	prōcēdere	prōcēdō	prōcessī	prōcessum	hervortreten, vorrücken
	recēdere	recēdō	recessī	recessum	zurückweichen, sich zurückziehen
	succēdere	succēdō	successī	successum	unmittelbar nachfolgen, an die Stelle treten
159.	**mittere**	**mittō**	**mīsī**	**missus**	schleudern, werfen, schicken[1]
	admittere	admittō	admīsī	admissus	zulassen[2]
	āmittere	āmittō	āmīsī	āmissus	verlieren
	committere	committō	commīsī	commissus	beginnen, begehen, anvertrauen
	proelium committere	einen Kampf austragen			
	dīmittere	dīmittō	dīmīsī	dīmissus	entlassen
	intermittere	intermittō	intermīsī	intermissus	unterbrechen
	omittere	omittō	omīsī	omissus	unbeachtet, unerwähnt lassen, aufgeben
	permittere	permittō	permīsī	permissus	erlauben
	praemittere	praemittō	praemīsī	praemissus	vorausschicken
	praeter-mittere	praetermittō	praetermīsī	praetermissus	vorbeigehen lassen, (in der Rede) übergehen
	occāsionem praetermittere	eine Gelegenheit unbenutzt lassen			
	prōmittere	prōmittō	prōmīsī	prōmissus	versprechen
	remittere	remittō	remīsī	remissus	zurückschicken, loslassen
	submittere	submittō	submīsī	submissus	zu Hilfe schicken

Gutturalstämme (vgl. 7, 2b und 44, II, 2c)

160.	**dīcere**	**dīcō**	**dīxī**	**dictus**	(urspr.: *zeigen*) sprechen, sagen[3]
	Imperat.: **dīc!**				
	indicāre, praedicāre, iūdex	Rechtsweiser			
	ēdīcere	ēdīcō	ēdīxī	ēdictus	verordnen[4]
	indīcere	indīcō	indīxī	indictus	ansagen
	bellum indīcere	den Krieg erklären			
	interdīcere	interdīcō	interdīxī	interdictus	untersagen
	maledīcere	maledīcō	maledīxī	maledictum	schmähen (m. Dat. z. B.: inimīco)
	praedīcere	praedīcō	praedīxī	praedictus	vorhersagen
161.	**dūcere**	**dūcō**	**dūxī**	**ductus**	führen, leiten[5]
	Imperat.: **dūc!**				
	dux				
	abdūcere	abdūcō	abdūxī	abductus	wegführen
	addūcere	addūcō	addūxī	adductus	heranführen, veranlassen
	condūcere	condūcō	condūxī	conductus	zusammenführen, anwerben, mieten
	dēdūcere	dēdūcō	dēdūxī	dēductus	herabführen, wegbringen[6]
	ēdūcere	ēdūcō	ēdūxī	ēductus	herausführen
	ēducāre				
	indūcere	indūcō	indūxī	inductus	hineinführen, veranlassen

---

[1] Mission, Messe; F mettre (= setzen!). [2] Kommission; F permettre, remettre, E to admit, dismiss, omit, permit, remit. [3] F dire. [4] Edikt, Index. [5] F duc; E duke. [6] Deduktion, Induktion, Produkt; F conduire, reduire, produire, E to abduct, adduct, conduct, product, adduce, produce, reduce.

	prōdūcere	prōdūcō	prōdūxī	prōductus	vorführen, hervorbringen
	redūcere	redūcō	redūxī	reductus	zurückführen
	trādūcere	trādūcō	trādūxī	trāductus	hinüberführen
162.	**dīligere**	**dīligō**	**dīlēxī**	**dīlēctus**	lieben
	Vergleiche: legere 206				
	intellegere	intellegō	intellēxī	intellēctus	einsehen[1]
	neglegere	neglegō	neglēxī	neglēctus	vernachlässigen[2]
163.	**afflīgere**	**afflīgō**	**afflīxī**	**afflīctus**	niederschmettern, beschädigen[3]
	cōnflīgere	cōnflīgō	cōnflīxī	cōnflīctum	zusammenstoßen, kämpfen[4]
	īnflīgere	īnflīgō	īnflīxī	īnflīctus	hineinschlagen, hineinstoßen
	vulnus īnflīgere	eine Wunde zufügen			
164.	**regere**	**regō**	**rēxī**	**rēctus**	(*richten*) lenken, leiten[5]
	rēctus, regiō, rēx, rēgīna, rēgnum, rēgnāre				
	corrigere	corrigō	corrēxī	corrēctus	berichtigen, verbessern[6]
	dīrigere	dīrigō	dīrēxī	dīrēctus	geraderichten, lenken
	ērigere	ērigō	ērēxī	ērēctus	aufrichten
	porrigere	porrigō	porrēxī	porrēctus	aus-, vorstrecken
	pergere	**pergō**	perrēxī	perrēctus	fortsetzen, fortfahren
	surgere	**surgō**	surrēxī	surrēctum	aufstehen, sich erheben
165.	**tegere**	**tegō**	**tēxī**	**tēctus**	*decken*, bedecken[7]
	tēctum, tēgula (Ziegel), toga				
	dētegere	dētegō	dētēxī	dētēctus	abdecken, entdecken[8]
	prōtegere	prōtegō	prōtēxī	prōtēctus	vorn decken, schützen
166.	**cingere**	**cingō**	**cīnxī**	**cīnctus**	umgürten, umzingeln, umgeben[9]
	cingulum Gürtel				
167.	**tingere**	**tingō**	**tīnxī**	**tīnctus**	benetzen, färben[10]
168.	**trahere**	**trahō**	**trāxī**	**tractus**	ziehen, schleppen, wegschleppen[11]
	abstrahere	abstrahō	abstrāxī	abstractus	fortschleppen[12]
	contrahere	contrahō	contrāxī	contractus	zusammenziehen, sammeln[13]
	dētrahere	dētrahō	dētrāxī	dētractus	herabziehen
	distrahere	distrahō	distrāxī	distractus	auseinanderziehen
169.	**vehere**	**vehō**	**vēxī**	**vectus**	fahren, bringen, tragen[14]
	vehemēns, vectīgal Fuhrgeld				
	āvehere	āvehō	āvēxī	āvectus	wegführen (auf Schiff oder Wagen)

---

[1] Intellekt; F E intelligent. [2] F négliger, E to neglect, negligent. [3] F affliger, E to afflict. [4] Konflikt; E to conflict. [5] *recken*, *richten*, *Regel*, regieren, Regiment, Rektor; E regent. [6] korrigieren, Korrektur, Dirigent, Direktor, direkt; F corriger, diriger, surgir, E to correct, direct, direction, dirigent, erect, erection, to surge. [7] *Decke*, *Dach*. [8] Detektiv, Detektor; Protektor, F protéger, E to detect, protect. [9] F ceindre. [10] *Tinte*, *Tunke*; F teindre; E to tinge. [11] *tragen*, *Treck* (= Schiff); F traire (= melken). [12] abstrakt; F abstraire, E abstract. [13] Kontrakt, Kontraktion; F le contrat, contracter, E to contract. [14] *Wagen*, *bewegen*; F le véhicule, E vehicle.

170.	**mergere**	**mergō**	**mersī**	**mersus**	tauchen(*trans.*),versenken[1]
	dēmergere	dēmergō	dēmersī	dēmersus	versenken (*trans.*)
	submergere	submergō	submersī	submersus	untertauchen (*trans.*)
	aber:				
	ēmergere	ēmergō	ēmersī	ēmersum	hervortauchen, auftauchen (*intrans.*)
171.	**spargere**	**spargō**	**sparsī**	**sparsus**	streuen, ausstreuen
	aspergere	aspergō	aspersī	aspersus	hinspritzen, besprengen
	cōnspergere	cōnspergō	cōnspersī	cōnspersus	besprengen
	dispergere	dispergō	dispersī	dispersus	zerstreuen[2]
172.	**coquere**	**coquō**	**coxī**	**coctus**	*kochen*[3]
173.	**vīvere**	**vīvō**	**vīxī**	**<vīctūrus>**	leben[4]
	vīvus, vīta, vīctus, -ūs				
	Mit n-Erweiterung 174—178 (vgl. 44, I, 1):				
174.	**iungere**	**iungō**	**iūnxī**	**iūnctus**	(anjochen) verbinden[5]
	iugum, iūmentum (Zugtier), iūxtā				
	adiungere	adiungō	adiūnxī	adiūnctus	hinzufügen
	coniungere	coniungō	coniūnxī	coniūnctus	zusammenfügen, verbinden[6]
	coniugium Verbindung, Ehe, coniūnx				
	disiungere	disiungō	disiūnxī	disiūnctus	trennen
	sēiungere	sēiungō	sēiūnxī	sēiūnctus	trennen
175.	**exstinguere**	**exstinguō**	**exstīnxī**	**exstīnctus**	(ausstechen) auslöschen[7], vernichten
	Simplex: stinguere *stechen*				
	distinguere	distinguō	distīnxī	distīnctus	(durch Punkte unterscheiden) verzieren, unterscheiden
176.	**fingere**	**fingō**	**fīnxī**	**fictus**	formen, bilden, erdichten[8]
	figūra (Gestalt), figulus, effigiēs				
177.	**pingere**	**pingō**	**pīnxī**	**pictus**	zeichnen, malen[9]
	pictor, pictura				
178.	**stringere**	**stringō**	**strīnxī**	**strictus**	streifen, zücken[10]
	cōnstringere	cōnstringō	cōnstrīnxī	cōnstrictus	zusammenschnüren, fesseln
	dēstringere	dēstringō	dēstrīnxī	dēstrictus	blankziehen
179.	**fīgere**	**fīgō**	**fīxī**	**fīxus**	heften, befestigen[11]
	affīgere	affīgō	affīxī	affīxus	anheften
	dēfīgere	dēfīgō	dēfīxī	dēfīxus	festheften
	īnfīgere	īnfīgō	īnfīxī	īnfīxus	hineinheften
	trānsfīgere	trānsfīgō	trānsfīxī	trānsfīxus	durchstoßen, durchbohren

[1] E to merge, submerge. [2] F disperser; E to disperse. [3] F cuire. [4] *quick* in *erquicken*, *Quecksilber*; F vivre, E quick. [5] *Joch*; F joindre, E to join. [6] Konjunktion, Konjugation, Konjunktiv; E to conjoin, enjoin. [7] Instinkt; F éteindre; E to extinguish, distinguish. [8] fingieren, Fiktion; F feindre, E to feign. [9] F peindre, E to paint. [10] strikt; E to strain. [11] fixieren, Fixstern, Suffix; F fixer, E to fix.

Mit t-Erweiterung 180—181 (vgl. 44, I, 2)

180.	**flec-t-ere**	**flectō**	**flēxī**	**flexus**	biegen, beugen, umstimmen[1]
	dēflectere	dēflectō	dēflēxī	dēflexus	herabbiegen (trans.), abbiegen (intransitiv) (z. B.: viā)
	reflectere	reflectō	reflēxī	reflexus	rückwärts wenden
181.	**nec-t-ere**	**nectō**	**nexī** und **nexuī**	**nexus**	knüpfen, winden, verbinden
	annectere	annectō	annexuī	annexus	anbinden, anknüpfen[2]
	cōnectere	cōnectō	cōnexuī	cōnexus	verknüpfen, verbinden[3]
182.	**fluere**	**fluō**	**flūxī**	—	*fließen*[4]
	fluvius, flūmen, flūctus				
	affluere	affluō	afflūxī	—	zuströmen, Überfluß haben an[5]
	affluere opi**bus** Überfluß haben an Vermögen				
	cōnfluere	cōnfluō	cōnflūxī	—	zusammenfließen[6]
	īnfluere	īnfluō	īnflūxī	—	hineinfließen[7]
	praeterfluere	praeterfluō	praeterflūxī	—	vorbeifließen
183.	**struere**	**struō**	**strūxī**	**strūctus**	bauen, errichten[8]
	cōnstruere	cōnstruō	cōnstrūxī	cōnstrūctus	aufschichten, erbauen[9]
	dēstruere	dēstruō	dēstrūxī	dēstrūctus	abtragen, niederreißen
	exstruere	exstruō	exstrūxī	exstrūctus	erbauen, errichten
	īnstruere	īnstruō	īnstrūxī	īnstrūctus	einrichten, unterweisen
	obstruere	obstruō	obstrūxī	obstrūctus	vor etw. bauen, versperren

4. Perfekte mit Reduplikation

184.	**tendere**	**tendō**	**te-tendī**	**tentus**	spannen, ausstrecken[10]
	tentōrium (Zelt), tenuis				
	attendere	attendō	**attendī**	attentus	spannen, aufmerken
	attentus				
	contendere	contendō	contendī	contentus	sich anstrengen, eilen, kämpfen, behaupten
	intendere	intendō	intendī	intentus	anspannen, richten auf
	aber:				
	ostendere	ostendō	ostendī	<ostentātus>	entgegenstrecken, zeigen
185.	**pendere**	**pendō**	**pe-pendī**	**pēnsus**	(an die Waage) hängen[11], wägen, zahlen
	pendēre 68, pondus				
	expendere	expendō	**expendī**	expēnsus	abwägen, auszahlen, büßen
	impendere	impendō	impendī	impēnsus	aufwenden
	suspendere	suspendō	suspendī	suspēnsus	aufhängen

---

[1] Flexion, Reflex, reflexiv; F réfléchir, E to reflect. [2] annektieren; E to annex. [3] Konnex; E to connect. [4] *Flut, Fluß.* [5] E affluent, afflux. [6] *Koblenz* (aus Cōnfluentēs). [7] Influenza, Influenzmaschine. [8] Struktur; E structure. [9] Konstruktion, Instruktion; F construire, détruire, instruire; E to construct, destroy, instruct. [10] Tendenz; F tendre, E to tend, attend, contend, extend, intend. [11] F pendre, E to append, expend, suspend.

186.	**currere**	**currō**	**cu-currī**	**cursum**	laufen, rennen, eilen[1]
	currus, -ūs; cursus, -ūs				
	accurrere	accurrō	**accurrī**	accursum	herbeilaufen
	concurrere	concurrō	concurrī	concursum	zusammenlaufen, -treffen
	dēcurrere	dēcurrō	dēcurrī	dēcursum	herabeilen
	incurrere	incurrō	incurrī	incursum	losstürmen auf
	occurrere	occurrō	occurrī	occursum	entgegenlaufen, begegnen
	recurrere	recurrō	recurrī	recursum	zurücklaufen
	succurrere	succurrō	succurrī	succursum	zu Hilfe eilen
187.	**pellere**	**pellō**	**pé-pulī**	**pulsus**	treiben, vertreiben[2]
	appellere	appellō	**áppuli**	appulsus	herantreiben
	nāvis appellitur ad īnsulam		das Schiff landet an der Insel		
	compellere	compellō	compulī	compulsus	zusammentreiben, in die Enge treiben
	expellere	expellō	expulī	expulsus	hinaustreiben, verbannen
	impellere	impellō	impulī	impulsus	antreiben, bewegen
	prōpellere	prōpellō	prōpulī	prōpulsus	vorwärtstreiben, antreiben
	aber:				
	repellere	repellō	reppulī	repulsus	zurücktreiben
188.	**cadere**	**cadō**	**ce-cidī**	<**cāsūrus**>	fallen, ausfallen, ablaufen[3]
	cāsus, ūs				
	accidere	áccidit	áccidit	—	zufallen, zustoßen, sich ereignen
	dēcidere	décidō	décidī	—	herabfallen
	concidere	cóncidō	cóncidī	—	zusammenfallen, zusammenbrechen
	incidere	íncidō	íncidī	—	hineinfallen, geraten in
	occidere	óccidō	óccidī	occāsum	untergehen, zugrunde gehen, umkommen[4]
	occāsus, -ūs (Untergang), occāsiō				
189.	**caedere**	**caedō**	**ce-cídī**	**caesus**	fällen, niederhauen, niedermachen[5]
	caedēs				
	concídere	concídō	concídī	concīsus	zusammenhauen, zu Boden schlagen[6]
	incidere	incidō	incidī	incīsus	einschneiden
	occídere	occídō	occídī	occīsus	niederhauen, töten
190.	**canere**	**canō**	**cé-cinī**	<**cantātus**>	tönen, ertönen, besingen, blasen[7]
	concinere	cóncinō	concin**uī**	—	übereinstimmen
191.	**fallere**	**fallō**	**fe-féllī**	<**dēceptus**>	täuschen, hintergehen, betrügen[8]
	falsus				
192.	**parcere**	**parcō**	**pe-percī**	<**temperātum**>	sparen, schonen, verschonen (m. Dat. z. B. hostī)
	parsimōnia				

[1] Kurs, Kurier, Korridor, Konkurs; F courir, E course, to concur, incur, occur, succour. [2] Puls, Propeller; E to compel, expel, impel, propel, repel. [3] F choir, déchoir, E to decay. [4] Okzident; E F occident. [5] *Zement* (aus caementum Bruchstein), Zäsur. [6] E concise, to incise. [7] *Hahn*, Kantor, Kantate, F chanter. [8] F faux, faute, E to fall.

n-Erweiterung 193—196

193.	**pangere**	**pangō**	**pé-pigī**	**pāctus**	ausbedingen, abmachen[1]
	pāx, pāgus				
194.	**tangere**	**tangō**	**té-tigī**	**tāctus**	berühren, rühren[2]
	in-teg-er				
	attingere	attingō	áttigī	attāctus	anrühren, berühren, angrenzen
	contingere	**contingit**	**cóntigit**	—	es gelingt, wird zuteil
195.	**pungere**	**pungō**	**pú-pugī**	**pūnctus**	stechen[3]
196.	**tundere**	**tundō**	**tú-tudī**	**tūsus**	stoßen[4]
197.	**percellere**	**percellō**	**pérculī**	**perculsus**	zerschmettern, erschüttern
	celsus (erhaben), collis (Höhepunkt), culmen, -inis (Gipfel), procella (Sturm), clādēs				
	antecellere	antecellō	—	—	hervorragen, sich auszeichnen
	excellere	excellō	—	—	sich auszeichnen[5]
198.	**dēdere**	**dēdō**	**dēdidī**	**dēditus**	übergeben, ergeben
	trādere	trādō	trādidī	trāditus	übergeben, überliefern[6]
	abdere	abdō	abdidī	abditus	verbergen, verstecken
	addere	addō	addidī	additus	hinzusetzen[7]
	condere	condō	condidī	conditus	gründen, bergen
	crēdere	crēdō	crēdidī	crēditus	anvertrauen, glauben[8]
	ēdere	ēdō	ēdidī	ēditus	herausgeben, hervorbringen
	perdere	perdō	perdidī	perditus	zugrunde richten, verschwenden, verlieren[9]
	im Passiv: perīre (vgl. 52)				
	prōdere	prōdō	prōdidī	prōditus	verraten, preisgeben
	prōditor				
	reddere	reddō	reddidī	redditus	zurückgeben[10]
	vēndere	vēndō	vēndidī	vēnditum	verkaufen[11]
	aus vēnum dare; *im Passiv*: vēnīre (vgl. 52)				
199.	**sistere**	**sistō**	**stitī (stetī)**	**status**	zum Stehen bringen, sich stellen
	assistere	assistō	astitī	—	herantreten[12]
	circumsistere	circumsisto	—	—	umstellen
	cōnsistere	cōnsistō	cōnstitī	—	zusammentreten, sich aufstellen, haltmachen
	dēsistere	dēsistō	dēstitī	—	abstehen, ablassen
	exsistere	exsistō	exstitī	—	sich herausstellen[13]
	īnsistere	īnsistō	īnstitī	—	hintreten, jdm. zusetzen[14]
	obsistere	obsistō	obstitī	—	entgegentreten
	resistere	resistō	restitī	—	sich widersetzen[15]
200.	**bibere**	**bibō**	**bibī**	**pōtus**	trinken[16]
	pōculum				

[1] Pakt; E pact. [2] Tangente, Takt; E tact. [3] *Punkt*; F poindre. [4] Kontusion, [5] Exzellenz. [6] Tradition. [7] addieren; E to add. [8] Kredit; F croire. [9] F perdre. [10] F rendre. [11] F vendre. [12] Assistent; F assister, E to assist. [13] existieren; F exister. E to exist. [14] F insister, E to insist. [15] F résister, E to resist. [16] F boire, E beverage.

201.	**scindere**	**scindō**	**scidī**	**scissus**	zerreißen, zerspalten[1]
	interscindere	interscindō	interscidī	interscissus	einreißen
	rescindere	rescindō	rescidī	rescissus	abbrechen
202.	**findere**	**findō**	**fidī**	**fissus**	spalten[2]

5. Perfekte mit Dehnung des Stammvokals

203.	**agere**	**agō**	**ēgī**	**āctus**	treiben, führen, betreiben, handeln[3]
	agmen, exāmināre				
	peragere	peragō	perēgī	perāctus	zu Ende führen, ausführen
	cōgere	cōgō	coēgī	coāctus	zusammentreiben, zusammenziehen (z. B. cōpiās), zwingen, nötigen
	dēgere	dēgō	<ēgī>	<āctus>	zubringen (z. B. vītam)
	exigere	exigō	exēgī	exāctus	vertreiben, vollenden[4]
	redigere	redigō	redēgī	redāctus	zurücktreiben, in einen Zustand versetzen[5]
	subigere	subigō	subēgī	subāctus	unterwerfen
204.	**edere**	**edō**	**ēdī**	**ēsus**	*essen*
	dēns aus (e)dēns *Zahn*				

Durch Weglassung des Bildevokals und Längung des Stammvokals e sind folgende Nebenformen entstanden:

ēs = ed(i)s	ēstis = ed(i)tis	ēste = ed(i)te
ēst = ed(i)t	ēs = ede	ēsse aus ed-se (vgl. 49), ēssem aus ed(e)sem

	comedere	comedō	comēdī	comēsus	verzehren, verprassen
205.	**emere**	**emō**	**ēmī**	**ēm-p-tus**	(nehmen) kaufen
	zu ēm-p-tus vgl. Nr. 144 *u.* 7, 5a				
	adimere	adimō	adēmī	adēmptus	wegnehmen
	dirimere	dirimō	dirēmī	dirēmptus	trennen
	eximere	eximō	exēmī	exēmptus	herausnehmen[6]
	exemplum				
	interimere	interimō	interēmī	interēmptus	(mitten herausnehmen) aus dem Wege räumen, beseitigen
	redimere	redimō	redēmī	redēmptus	loskaufen
206.	**legere**	**legō**	**lēgī**	**lēctus**	*lesen*, sammeln[7]
	colligere	colligō	collēgī	collēctus	sammeln[8]
	dēligere	dēligō	dēlēgī	dēlēctus	auswählen
	ēligere	ēligō	ēlēgī	ēlēctus	auswählen[9]

mit n-Erweiterung:

207.	**fra-n-gere**	**frangō**	**frēgī**	**frāctus**	*brechen*, zerbrechen[10]
	nau-frag-us				
	īnfringere	īnfringō	īnfrēgī	īnfrāctus	schwächen
	perfringere	perfringō	perfrēgī	perfrāctus	durchbrechen

---

[1] *Scheit, scheiden*, Abszisse; E abscess. [2] F fendre. [3] Akt, Akte, Aktiv, Agent; F agir, E act, agent. [4] exakt. [5] Redaktion; E to redact. [6] F E exempt. [7] Legende, Lektion, Lektüre; F lire. [8] Kollekte; E to collect. [9] elegant; E to elect. [10] Fraktur, Fragment; F E fragile.

208.	**fundere**	**fundō**	**fūdī**	**fūsus**	gießen, verbreiten, in die Flucht schlagen[1]
	effundere	effundō	effūdī	effūsus	ausgießen
	effūsā fugā in aufgelöster Flucht				
	profundere	profundō	profūdī	profūsus	vergießen, verschwenden
209.	**reli-n-quere**	**relinquō**	**relīquī**	**relictus**	zurücklassen, verlassen, übriglassen[2]
	reliquiae, reliquus				
210.	**vi-n-cere**	**vincō**	**vīcī**	**victus**	siegen, besiegen[3]
	victor, victōria				
	convincere	convincō	convīcī	convictus	überführen
	dēvincere	dēvincō	dēvīcī	dēvictus	gänzlich besiegen
211.	**ru-m-pere**	**rumpō**	**rūpī**	**ruptus**	brechen, zerbrechen[4] (trans.)
	rūpēs				
	corrumpere	corrumpō	corrūpī	corruptus	verderben, bestechen[5]
	interrumpere	interrumpō	interrūpī	interruptus	unterbrechen
	interrumpere pontem eine Brücke abbrechen				
	perrumpere	perrumpō	perrūpī	perruptus	durchbrechen (trans. und intrans.)
	aber vornehmlich intransitiv:				
	irrumpere	irrumpō	irrūpī	irruptus	einbrechen, einen Einfall machen
	ērumpere	ērumpō	ērūpī	ēruptus	ausbrechen, einen Ausfall machen
	prōrumpere	prōrumpō	prōrupī	prōruptus	hervorbrechen

6. Perfekte ohne Dehnung des Stammvokals

212.	**accendere**	**accendō**	**accendī**	**accēnsus**	anzünden, entflammen
	candidus weiß				
	incendere	incendō	incendī	incēnsus	anzünden, in Brand stecken
	incendium				
213.	**dēfendere**	**dēfendō**	**dēfendī**	**dēfēnsus**	wegstoßen, abwehren, verteidigen[6]
	offendere	offendō	offendī	offēnsus	anstoßen, beleidigen
214.	**pandere**	**pandō**	**pandī**	**passus**	ausbreiten[7]
	passus, -ūs				
215.	**prehendere**	**prehendō**	**prehendī**	**prehēnsus**	fassen, ergreifen[8]
	comprehendere	comprehendō	comprehendī	comprehēnsus	zusammenfassen, begreifen, ergreifen[9]
	dēprehendere	dēprehendō	dēprehendī	dēprehēnsus	ertappen
	reprehendere	reprehendō	reprehendī	reprehēnsus	tadeln[10]

---

[1] Konfusion; F fondre, E to fuse, confound. [2] Reliquie; E to relinquish. [3] F vaincre, E to vanquish. [4] F rompre. [5] Korruption; F corrompre, E to corrupt. [6] Defensive, Offensive; F défendre, E to defend, offend. [7] E to expand, F E expansion. [8] F prendre. [9] F comprendre, E to comprehend. [10] E to reprehend.

216.	**scandere**	**scandō**	**scandī**	**scānsus**	hinaufsteigen, besteigen
	scālae, -ārum (aus *scand-s-lae) Leiter				
	ascendere	ascendō	ascendī	ascēnsus	hinaufsteigen[1]
	cōnscendere	cōnscendō	cōnscendī	cōnscēnsus	besteigen
	dēscendere	dēscendō	dēscendī	dēscēnsum	herabsteigen
	īnscendere	īnscendō	īnscendī	īnscēnsus	hineinsteigen, besteigen
	trānscendere	trānscendō	trānscendī	trānscēnsus	übersteigen
217.	**vellere**	**vellō**	**vellī**	**vulsus**	rupfen, ausreißen
	dīvellere	dīvellō	dīvellī	dīvulsus	auseinanderreißen, losreißen
	ēvellere	ēvellō	ēvellī	ēvulsus	herausreißen, vernichten
218.	**vertere**	**vertō**	**vertī**	**versus**	wenden, kehren[2]
	adversus, rūrsus, prōrsus geradewegs				
	āvertere	āvertō	āvertī	āversus	abwenden, ablenken
	advertere	advertō	advertī	adversus	zuwenden
	convertere	convertō	convertī	conversus	hinwenden, richten
	ēvertere	ēvertō	ēvertī	ēversus	umstürzen, vernichten
	animadvertere (aus animum advertere)	animadvertō	animadvertī	animadversus	die Aufmerksamkeit auf etw. richten, bemerken, wahrnehmen
219.	**cōnsīdere**	**cōnsīdō**	**cōnsēdī**	**cōnsessum**	sich zusammensetzen, sich niederlassen, sich lagern
	Simplex: sīdere (vgl. sedēre 76)				
	circumsīdere	circumsīdō	circumsēdi	circumsessūs	belagern
	possīdere	possīdō	possēdī	possessus	in Besitz nehmen
220.	**vīsere**	**vīsō**	**vīsī**	—	besichtigen, besuchen

7. Verba incohātīva

221.	**adolēscere**	**adolēscō**	**adolēvī**	—	heranwachsen
	alere 128, adulēscēns				
222.	**assuēscere**	**assuēscō**	**assuēvī**	—	sich gewöhnen an
	cōnsuēscere	cōnsuēscō	cōnsuēvī	—	sich gewöhnen an
	cōnsuētūdō, assuetus, cōnsuētus gewohnt				
223.	**crēscere**	**crēscō**	**crēvī**	—	wachsen, zunehmen[3]
	creāre				
	dēcrēscere	dēcrēscō	dēcrēvī	—	abnehmen
224.	**quiēscere**	**quiēscō**	**quiēvī**	—	ruhen[4]
	quies, quiētus ruhig				
225.	**nōscere**	**nōscō**	**nōvī**	—	kennenlernen[5]
	nōtus, nōbilis, īgnōtus, īgnārus (unkundig), īgnōrāre				
	nōvī				ich habe kennengelernt; ich kenne, ich weiß
	über die verkürzten Formen nōstī, nōram usw. vgl. 54, 2				
	īgnōscere	īgnōscō	īgnōvī	īgnōtus	verzeihen
	āgnōscere	āgnōscō	āgnōvī	āgnitus	anerkennen
	cōgnōscere	cōgnōscō	cōgnōvī	cōgnitus	kennenlernen, erkennen, erfahren[6]

---

[1] F ascendre, descendre, E to ascend, descend, transcend. [2] Vers, Aversion; E to avert, convert.
[3] F croître, E crescent. [4] E to quiet. [5] E to know. [6] rekognoszieren, F connaître.

226. **pāscere**	**pāscō**	**pāvī**	**pāstus**	weiden (als Hirt)[1]
pāstor, pābulum				
227. **concupīscere**	**concupīscō**	**concupīvī**	**concupītus**	eifrig begehren, verlangen
cupere 239				
228. **cōnscīscere**	**cōnscīscō**	**cōnscīvī**	**cōnscītus**	sich zu etwas entschließen (z. B. sibi mortem)
dēscīscere	dēscīscō	dēscīvī	dēscītum	abfallen
229. **coalēscere**	**coalēscō**	**coaluī**	**coalitum**	zusammenwachsen, Wurzel fassen[2]
230. **convalēscere**	**convalēscō**	**convaluī**	—	gesund, stark werden[3]
valēre 47				
231. **cōnsenēscere**	**cōnsenēscō**	**cōnsenuī**	—	altern, alt werden
senex				
232. **ēvānēscere**	**ēvānēscō**	**ēvānuī**	—	schwinden, vergehen
vānus				
233. **ingemīscere**	**ingemīscō**	**ingemuī**	—	aufseufzen
gemere 135				
234. **obstupēscere**	**obstupēscō**	**obstupuī**	—	betäubt werden, erstarren, erstaunen
stupidus verblüfft				
235. **percrēbrēscere**	**percrēbrēscō**	**percrēbruī**	—	sehr häufig werden, sich verbreiten
crēber, crebra, -um häufig				
236. **exārdēscere**	**exārdēscō**	**exārsī**	—	sich entzünden, entbrennen
ārdēre 54				
237. **discere**	**discō**	**didicī**	—	lernen
238. **pōscere**	**pōscō**	**popōscī**	—	fordern, verlangen
dēpōscere	dēpōscō	dēpopōscī	—	abverlangen, die Auslieferung verlangen (z. B.: captīvum)
repōscere	repōscō	—	—	zurückfordern

8. Verben mit i-Erweiterung (38, 7b)

239. **cupere**	**cupiō**	**cupīvī**	**cupītus**	wünschen, begehren, verlangen
cupidus, cupiditās, concupīscere 227				
240. **rapere**	**rapiō**	**rapuī**	**raptus**	*raffen*, rauben, fortreißen[4]
rapīna (Raub), rapidus (reißend)				
arripere	arripiō	arripuī	arreptus	an sich reißen
corripere	corripiō	corripuī	correptus	(hastig) ergreifen, dahinraffen
morte corripī vom Tode dahingerafft werden				
dīripere	dīripiō	dīripuī	dīreptus	plündern
ēripere	ēripiō	ēripuī	ēreptus	entreißen

[1] Pastor; F paître, E to pasture. [2] Koalition; F coaliser. [3] Rekonvaleszent; E to convalesce.
[4] F ravir.

241.	**allicere**	**alliciō**	**allēxī**	**allectus**	anlocken
	lac-essere 118				
	aber:				
	ēlicere	**ēliciō**	**ēlicuī**	**ēlicitus**	heraus-, hervorlocken[1]
242.	**aspicere**	**aspiciō**	**aspēxī**	**aspectus**	anblicken[2]
	spectāre, aspectus, -ūs, spectāculum Schauspiel				
	cōnspicere	cōnspiciō	cōnspēxī	cōnspectus	erblicken
	dēspicere	dēspiciō	dēspēxī	dēspectus	herabsehen (auf jmd.), verachten
	perspicere	perspiciō	perspēxī	perspectus	durchschauen
	prōspicere	prōspiciō	prōspēxī	prōspectus	1. in der Ferne erblicken (m. Akk.) 2. sorgen für (m. Dat.)
	respicere	respiciō	respēxī	respectus	zurückblicken, sich umsehen nach, sich kümmern um (m. Akk.)
243.	**concutere**	**concutiō**	**concussī**	**concussus**	erschüttern
	percutere	percutiō	percussī	percussus	erschüttern, durchbohren, (töten), treffen[3]
244.	**parere**	**pariō**	**peperī**	**partus** (paritūrus)	gebären, hervorbringen, gewinnen
	parentēs, parāre				
245.	**capere**	**capiō**	**cēpī**	**captus**	nehmen, gefangennehmen, ergreifen[4]
	captīvus				
	accipere	accipiō	accēpī	acceptus	annehmen, empfangen
	dēcipere	dēcipiō	dēcēpī	dēceptus	(wegfangen), hintergehen, täuschen
	excipere	excipiō	excēpī	exceptus	ausnehmen, auffangen, aufnehmen
	percipere	percipiō	percēpī	perceptus	völlig erfassen, begreifen
	praecipere	praecipio	praecepi	praeceptus	vorschreiben
	recipere	recipiō	recēpī	receptus	zurücknehmen, bei sich aufnehmen
	suscipere	suscipiō	suscēpī	susceptus	übernehmen, auf sich nehmen, unternehmen
	incipere	incipiō	<**coepī**>	inceptus	anfangen, beginnen
	neben inceptus auch: **coeptus**				
246.	**facere**	**faciō**	**fēcī**	**factus**	tun, machen[5]
	Imperativ: **fac!**				
	facinus, facilis, arti-fex, bene-ficium				
	assuēfacere	assuēfaciō	assuēfēcī	assuēfactus	gewöhnen
	Passiv: **assuēfierī!** (vgl. 53)				
	commone-facere	commone-faciō	commone-fēcī	commone-factus	erinnern, ermahnen
	Passiv: **commonefierī**				

[1] E to elicit. [2] *Spiegel* (von speculum), *spähen*; Perspektive, Prospekt, Respekt; F E aspect, respect; E prospect, despite. [3] E percussion. [4] ver-*haften*, kapern, kapieren; F décevoir, percevoir, recevoir, E to deceive, perceive, receive, except. [5] Faktor, faktisch, Satisfaktion, Affekt, Defekt, Defizit, Konfekt, Effekt, Perfekt, perfekt, Präfekt; F faire, parfait, satisfaction, E fact, affect, confect, defect, effect, perfect, refection, to satisfy.

labefacere	labefaciō	labefēcī	labefactus	wankend machen, erschüttern
Passiv: **labefierī**				
obstupefacere	obstupefaciō	obstupefēcī	obstupefactus	in Erstaunen setzen
Passiv: **obstupefierī**				
patefacere	patefaciō	patefēcī	patefactus	öffnen, entdecken
Passiv: **patefierī**				
satisfacere	satisfaciō	satisfēcī	satisfactus	Genüge tun, Genugtuung leisten
Passiv: **satisfierī**				

aber:

afficere	afficiō	affēcī	affectus	antun, versehen mit
Passiv: **afficī**!				
cōnficere	cōnficiō	cōnfēcī	cōnfectus	zustande bringen, beenden, erschöpfen
dēficere	dēficiō	dēfēcī	dēfectus	sich losmachen, abfallen, schwinden, mangeln
efficere	efficiō	effēcī	effectus	bewirken
īnficere	īnficiō	īnfēcī	īnfectus	färben, vergiften, verderben
interficere	interficiō	interfēcī	interfectus	töten
perficere	perficiō	perfēcī	perfectus	zustande bringen
praeficere	praeficiō	praefēcī	praefectus	an die Spitze stellen, das Kommando übertragen
reficere	reficiō	refēcī	refectus	wiederherstellen

247.	**fodere**	**fodiō**	**fōdī**	**fossus**	graben
	fossa				
	effodere	effodiō	effōdī	effossus	ausgraben
	cōnfodere	cōnfodiō	cōnfōdī	cōnfossus	durchbohren
	perfodere	perfodiō	perfōdī	perfossus	durchbohren
248.	**fugere**	**fugiō**	**fūgī**	<**fugitūrus**>	fliehen, meiden[1]
	fuga, fugāre				
	aufugere	aufugiō	aufūgī	—	entfliehen
	au = ab				
	effugere	effugiō	effūgī	—	entfliehen (m. Akk.)
	cōnfugere	cōnfugiō	cōnfūgī	—	sich flüchten, Zuflucht nehmen
	diffugere	diffugiō	diffūgī	—	auseinanderfliehen
	refugere	refugiō	refūgī	—	zurückfliehen
249.	**iacere**	**iaciō**	**iēcī**	**iactus**	werfen
	abicere	abiciō	abiēcī	abiectus	wegwerfen

sprich: abjicere! Ebenso bei den folgenden Komposita:

adicere	adiciō	adiēcī	adiectus	hinzufügen[2]
conicere	coniciō	coniēcī	coniectus	zusammenwerfen, werfen
dēicere	dēiciō	dēiēcī	dēiectus	hinabwerfen, verdrängen
inicere	iniciō	iniēcī	iniectus	hineinwerfen, einflößen

---

[1] F fuir, F E refuge. [2] Adjektiv, Injektion, Objekt, objektiv, Subjekt, Trajekt *Trichter* (aus traiectōrium), *Utrecht* (aus ultraiectum = Überfahrt).

	obicere	obiciō	obiēcī	obiectus	entgegenwerfen, vorwerfen
	subicere	subiciō	subiēcī	subiectus	unterwerfen
	trāicere	trāiciō	trāiēcī	trāiectus	hinübersetzen
	exercitum flūmen trāicere	das Heer über den Fluß setzen			
250.	**sapere**	**sapiō**	**sapiī**	—	schmecken, Geschmack haben, weise sein[1]
	sapiēns, sapientia				

9. Die zur konsonantischen Konjugation gerechneten u-Stämme

251.	**acuere**	**acuō**	**acuī**	**acūtus**	schärfen, spitzen[2]
	acer, aciēs				
252.	**arguere**	**arguō**	**arguī**	—	deutlich kundgeben, beschuldigen, anklagen[3]
	coarguere	coarguō	coarguī	<convictus>	überführen
	redarguere	redarguō	redarguī	<refūtātus>	widerlegen
253.	**exuere**	**exuō**	**exuī**	**exūtus**	ausziehen (ein Gewand)
	induere	induō	induī	indūtus	anziehen
254.	**luere**	**luō**	**luī**	—	sühnen, büßen
	lavāre 2				
255.	**metuere**	**metuō**	**metuī**	—	fürchten (nē, daß)
	metus, -ūs				
256.	**minuere**	**minuō**	**minuī**	**minūtus**	vermindern, verkleinern[4]
	minor, minister				
257.	**abnuere**	**abnuō**	**abnuī**	—	abwinken, ablehnen, abschlagen
	nūmen, -inis n. Gottheit				
258.	**ruere**	**ruō**	**ruī**	<**ruitūrus**>	stürzen (intrans.)[5]
	ruīna				
	corruere	corruō	corruī	—	zusammenstürzen, zusammenbrechen
	congruere	congruō	congruī	—	übereinstimmen[6]
259.	dīruere	díruō	díruī	dírutus	auseinanderreißen, zerstören
	obruere	óbruō	óbruī	óbrutus	überschütten
260.	**statuere**	**statuō**	**statuī**	**statūtus**	hinstellen, aufstellen, beschließen[7]
	stāre 14				
	cōnstituere	cōnstituō	cōnstituī	cōnstitūtus	zusammenstellen, ordnen, beschließen
	dēstituere	dēstituō	dēstituī	dēstitūtus	(beiseite stellen) im Stich lassen
	īnstituere	īnstituō	īnstituī	īnstitūtus	einsetzen, einrichten, unterweisen, beginnen
	restituere	restituō	restituī	restitūtus	(an seine frühere Stelle zurückversetzen) wiedereinsetzen, wiederherstellen

---

[1] F savoir; E sapid. [2] Akut; F aigu, E acute. [3] Argument; F E argument. [4] Minute; F E minute. [5] Ruine. [6] kongruent. [7] Statut, Konstitution, Institut; F constituer, institut, E to constitute, destitute, institute.

261.	**tribuere**	**tribuō**	**tribuī**	**tribūtus**	(dritteilen) zuerteilen, anrechnen[1]
	trēs; tribus, -ūs f. (Bezirk), tribūtum (Abgabe)				
	attribuere	attribuō	attribuī	attribūtus	zuerteilen, beimessen
	distribuere	distribuō	distribuī	distribūtus	verteilen
262.	**solvere**	**solvō**	**solvī**	**solūtus**	lösen, zahlen[2]
	absolvere	absolvō	absolvī	absolūtus	losmachen, freisprechen
	dissolvere	dissolvō	dissolvī	dissolūtus	auflösen
	resolvere	resolvō	resolvī	resolūtus	auflösen, aufheben
263.	**volvere**	**volvō**	**volvī**	**volūtus**	*wälzen*, rollen[3]
	ēvolvere	ēvolvō	ēvolvī	ēvolūtus	herauswälzen
	involvere	involvō	involvī	involūtus	daraufwälzen, einhüllen

II. Deponentien

264.	**fungī**	**fungor**	**fūnctus sum**	verrichten, verwalten (m. Abl. z. B. munere)[4]
265.	**fruī**	**fruor**	<**ūsus sum**>	genießen (m. Abl. z. B. voluptate)
	frūgēs; frūctus, -ūs; frūmentum			
266.	**vehī**	**vehor**	**vectus sum**	fahren (intrans.)
	invehī	invehor	invectus sum	anfahren, schelten[5]
	invehī in Catilīnam Catilina anfahren			
	praetervehī	praetervehor	praetervectus sum	vorbeifahren (m. Akk.)
	ōram praetervehī an der Küste vorbeifahren			
267.	**amplectī**	**amplector**	**amplexus sum**	umarmen, umfassen[6]
	complectī	complector	complexus sum	umfassen, zusammenfassen
268.	**lābī**	**lābor**	**lāpsus sum**	gleiten, fallen[7]
	collābī	collābor	collāpsus sum	zusammenfallen, einstürzen
	dīlābī	dīlābor	dīlāpsus sum	auseinanderfallen, zerfallen
269.	**nītī**	**nītor**	**nīsus** oder **nīxus sum**	sich stützen, sich anstrengen
270.	**ūtī**	**ūtor**	**ūsus sum**	(Nutzen haben) benutzen, gebrauchen[8] (m. Abl.)
	ūsus, -ūs; ūtilis, ūtilitās			
	abūtī	abūtor	abūsus sum	mißbrauchen (m. Abl. z. B. dīvitiīs)
271.	**revertī**	**revertor**	**revertī** Part.: **reversus**	zurückkehren einer, der zurückgekehrt ist
	dēvertī	dēvertor	dēvertī	einkehren
272.	**querī**	**queror**	**questus sum**	sich beklagen
	conquerī	conqueror	conquestus sum	sich beklagen

---

[1] Tribut, Attribut; F tribut, E tribute. [2] solvent, absolut, resolut; F absoudre, dissoudre, résoudre, E to solve, solvent. [3] Volumen, Re-volver, Evolution, Revolution. [4] fungieren, Funktion; F fonction, E function. [5] Invektive. [6] *flechten*, Komplex. [7] Lapsus, labil, Kollaps; E to lapse, collapse. [8] F user, E to use.

273.	**adipīscī**	**adipīscor**	**adeptus sum**	erlangen, erringen
274.	**nancīscī**	**nancīscor**	**nānctus** oder **nactus sum**	(zufällig) erlangen, erreichen
275.	**īrāscī**	**īrāscor**	**<suscēnsuī>**	in Zorn geraten, zürnen
	īra, iratus			
276.	**nāscī**	**nāscor**	**nātus sum**	geboren werden[1]
	nātiō, nātūra			
277.	**oblīvīsci**	**oblīvīscor**	**oblītus sum**	vergessen[2]
278.	**proficīscī**	**proficīscor**	**profectus sum**	aufbrechen, abreisen, marschieren
279.	**reminīscī**	**reminīscor**	**<recordatus sum>**	sich erinnern
	mēns, meminisse (vgl. 54), monēre 21 mentiri 107			
280.	**ulcīscī**	**ulcīscor**	**ultus sum**	sich rächen an (m. Akk. z. B. inimīcōs), etwas ahnden
281.	**vescī**	**vescor**	—	sich nähren (m. Abl. z. B. lacte)
282.	**loquī**	**loquor**	**locūtus sum**	sprechen, reden
	ēloquentia			
	alloquī	alloquor	allocūtus sum	anreden
	colloquī	colloquor	collocūtus sum	sich unterreden[3]
283.	**sequī**	**sequor**	**secūtus sum**	folgen (m. Akk. z. B. amīcum)[4]
	secundus, socius			
	assequī	assequor	assecūtus sum	einholen, erreichen
	cōnsequī	cōnsequor	cōnsecūtus sum	erlangen
	īnsequī	īnsequor	īnsecūtus sum	nachfolgen, verfolgen
	persequī	persequor	persecūtus sum	verfolgen
	prōsequī	prōsequor	prōsecūtus sum	geleiten
	obsequī	obsequor	obsecūtus sum	gehorchen, willfahren (m. Dat. z. B. parentibus)
	subsequi	subsequor	subsecūtus sum	nachfolgen

mit i-Erweiterung:

284.	**gradī**	**gradior**	**gressus sum**	schreiten[5]
	gradus, -ūs Schritt			
	ággredī	aggredior	aggressus sum	angreifen
	congredī	congredior	congressus sum	zusammentreffen[6]
	ēgredī	ēgredior	ēgressus sum	hinausgehen
	ingredī	ingredior	ingressus sum	hineingehen, einherschreiten
	prōgredī	prōgredior	prōgressus sum	vorschreiten, vorrücken
	trānsgredī	trānsgredior	trānsgressus sum	überschreiten
285.	**morī**	**morior**	**mortuus sum** (moritūrus)	sterben[7]
	mors, mortālis, morbus			

---

[1] Nation, F naître, naissance. [2] F oublier. [3] F colloque, E colloquy, colloquial. [4] F suivre, suite; E suit. [5] *Grad;* F degré, E degree. [6] Kongreß, Progreß; F congrès, E congress. [7] *Mord;* F mourir.

286. **patī**	**patior**	**passus sum**	leiden, dulden, erdulden[1]
patiēns			
perpetī	perpetior	perpessus sum	erdulden

Semideponentien:

287. **fīdere**	**fīdō**	**fīsus sum**	trauen, vertrauen[2]
fīdus, fidēs, fidēlis			
cōnfīdere	cōnfīdō	cōnfīsus sum	vertrauen[3]
diffīdere	diffīdō	diffīsus sum	mißtrauen

Unregelmäßige Verben (Verba anōmala)

49 Das Hilfsverbum es-se

Indikativ	Konjunktiv	Indikativ	Konjunktiv
Präsens		Perfekt	
ich bin	ich sei, möge ich sein	ich bin gewesen	ich sei gewesen
s-u- m	s-i- m	fu-ī	fu-er-i-m
es	s-ī- s	fu-is-tī	fu-er-i-s
es- t	s-i- t	fu-it	fu-er-i-t
s-u- mus	s-ī- mus	fu-i-mus	fu-er-i-mus
es- tis	s-ī- tis	fu-is-tis	fu-er-i-tis
s-u- nt	s-i- nt	fu-ēr-u-nt	fu-er-i-nt
Imperfekt		Plusquamperfekt	
ich war	ich wäre, würde sein	ich war gewesen	ich wäre gewesen
er- a-m	es-se-m	fu-er-a-m	fu-is-se-m
er- ā-s	es-sē-s	fu-er-ā-s	fu-is-sē-s
er- a-t	es-se-t	fu-er-a-t	fu-is-se-t
er- ā-mus	es-sē-mus	fu-er-ā-mus	fu-is-sē-mus
er- ā-tis	es-sē-tis	fu-er-ā-tis	fu-is-sē-tis
er- a-nt	es-se-nt	fu-er-a-nt	fu-is-se-nt
Futur I		Futur II	
ich werde sein		ich werde gewesen sein	
er- ō		fu-er- ō	
er- i-s		fu-er-i-s	
er- i-t		fu-er-i-t	
er- i-mus		fu-er-i-mus	
er- i-tis		fu-er-i-tis	
er-u- nt		fu-er-i-nt	

Imperativ				Infinitiv		
es sei	es- tō	du sollst sein		Präsens:	es-se	(zu) sein
	es- tō	er soll sein		Perfekt:	fu-is-se	gewesen (zu) sein
es-te seid	es- tō-te	ihr sollt sein		Futur:	fu-tūrum	sein werden
	s-u-ntō	sie sollen sein			-am, -um esse oder: fore	

[1] Patient, Passion, Passiv; F E patience. [2] F se fier. [3] F confier.

Das Hilfsverbum es-se verwendet zur Bildung der Formen zwei Stämme:

1. **es-** als Präsensstamm (betr. s : es vgl. 6, 1b). In es-se ist die alte Infinitivendung **-se** erhalten (vgl. 48, Nr. 204); er-a-m, er-ō gehen auf *es-a-m, *es-ō zurück (vgl. 7, 1).

2. den Stamm **fu-** als Perfektstamm, das mit deutschem „bin" verwandt ist (vgl. 38, 2).

Die Komposita von esse:

abesse	absum	āfuī	abwesend, entfernt sein[1]	mit a und Abl.
adesse	adsum	adfuī (affuī)	anwesend sein, beistehen	mit Dat.
dēesse	dēsum	dēfuī	fehlen	mit Dat.
inesse	īnsum	—	darin sein	mit in und Abl.
interesse	intersum	interfuī	dazwischen, dabei sein, teilnehmen[2]	mit Dat.
obesse	obsum	obfuī (offuī)	hinderlich, im Wege sein	mit Dat.
praeesse	praesum	praefuī	an der Spitze stehen, befehligen[3]	mit Dat.
superesse	supersum	superfuī	übrig sein	mit Dat.
prōdesse	prōsum	prōfuī	nützen	mit Dat.

Bei prōdesse hat sich das d der alten Präposition prōd (= prō) nur vor folgendem e gehalten, in allen anderen Formen ist es geschwunden; also: prōsum, prōdes, prōdest, prōsumus, prōdestis, prōsunt; ebenso: prōderam, prōdessem, prōderō, prōdesse.

Zu den Komposita von esse gehört auch:

posse, possum, potuī = können[4]

Indikativ	Konjunktiv	Indikativ	Konjunktiv
Präsens		**Perfekt**	
ich kann	möge ich können	ich habe gekonnt	möge ich gek. haben
pos-sum	pos-sim	pot-uī	pot-uerim
pot-es	pos-sīs	pot-uistī	pot-ueris
pot-est	pos-sit	pot-uit	pot-uerit
pos-sumus	pos-sīmus	pot-uimus	pot-uerimus
pot-estis	pos-sītis	pot-uistis	pot-ueritis
pos-sunt	pos-sint	pot-uērunt	pot-uerint
Imperfekt		**Plusquamperfekt**	
ich konnte	ich könnte	ich hatte gekonnt	ich hätte gekonnt
pot-eram	pos-sem	pot-ueram	pot-uissem
pot-erās	pos-sēs	pot-uerās	pot-uissēs
usw.	usw.	usw.	usw.
Futur I		**Futur II**	
ich werde können		ich werde gekonnt haben	
pot-erō		pot-uerō	
pot-eris		pot-ueris	
usw.		usw.	
Infinitiv			
Präsens: pos-se können		Perfekt: potuisse gekonnt haben	

Posse ist entstanden aus *potis + esse = Herr (imstande) sein; potis wurde verkürzt zu pot. So erhielt es sich vor folgendem e, wie in potes, poteram, poterō. Folgendem s wurde das t angeglichen (vgl. 7, 2), wie in possum, possim usw. Possem ist Analogiebildung zu possim.
Die Perfektformen potuī usw. gehen auf ein verlorengegangenes Verbum *potēre zurück, zu dem auch das Adjektiv potēns gehört.

---

[1] Absenz. [2] Interesse. [3] Präsens; präsent. [4] Potenz.

50 ferre, ferō, tulī, lātus = tragen, bringen

Aktiv		Passiv	
Indikativ	**Konjunktiv**	**Indikativ**	**Konjunktiv**
Präsens		Präsens	
fer- ō	fer-a-m	fer- or	fer-a-r
fer- s	fer-ā-s	fer- ris	fer-ā-ris
fer- t	fer-a-t	fer- tur	fer-ā-tur
fer-i-mus	fer-ā-mus	fer-i-mur	fer-ā-mur
fer- tis	fer-ā-tis	fer-i-minī	fer-ā-minī
fer-u-nt	fer-a-nt	fer-u-ntur	fer-a-ntur
Imperfekt		Imperfekt	
fer-ē-ba-m	fer-re-m	fer-ē-ba-r	fer-re-r
fer-ē-bā-s	fer-rē-s	fer-ē-bā-ris	fer-rē-ris
usw.	usw.	usw.	usw.
Futur I		Futur I	
fer-a-m		fer-a-r	
fer-ē-s		fer-ē-ris	
usw.		usw.	
Infinitiv			
fer- re (tragen)		ferrī (getragen werden)	
Imperativ		**Partizip:**	fer-ē-ns tragend
fer	fer- tō	**Gerundium:**	fer-e-ndī
	fer- tōte		
fer- te	fer-u-ntō	**Gerundivum:**	fer-e-ndus, -a, -um

Die Formenbildung von ferō erfolgt wie bei legō nach der konsonantischen Konjugation mit folgenden Besonderheiten:

1. Wie in den deutschen Formen bring-t (neben bring-e-t), hol-t (neben hol-e-t) der Bildevokal e, so ist bei fero
   a) *der Bildevokal -i- vor -s und -t*   b) *der Bildevokal* -ĕ- (kurzes ĕ!) *vor* -r- *ausgefallen.*
2. ferrī (mit -rr-) erklärt sich als Analogiebildung zu ferre.
3. Die Perfektformen werden im Aktiv vom Stamm tul-, im Passiv vom Stamm lāt- gebildet, also: tulī, tuleram, tulerō, tulerim, tulissem, tulisse;
   lātus, sum, eram, erō; Inf. Fut.: lātūrum (-am, -um) esse.

Komposita von ferre

afferre	afferō	attulī	allātus	herbeitragen
auferre	auferō	abstulī	ablātus	wegtragen[1]
cōnferre	cōnferō	contulī	collātus	zusammentragen, vergleichen
differre	differō	distulī	dīlātus	auseinanderbringen, verschieben
differre	differō	—	—	sich unterscheiden[2]
dēferre	dēferō	dētulī	dēlātus	herabtragen, übertragen
efferre	efferō	extulī	ēlātus	hinaustragen, beerdigen
īnferre	īnferō	intulī	illātus	hineintragen
offerre	offerō	obtulī	oblātus	anbieten[3]

[1] Ablativ.   [2] Differenz.   [3] Offerte.

perferre	perferō	pertulī	perlātus	ertragen
praeferre	praeferō	praetulī	praelātus	vorziehen
prōferre	prōferō	prōtulī	prōlātus	hervorbringen
referre	referō	rettulī	relātus	zurückbringen, berichten[1]
trānsferre	trānsferō	trānstulī	trānslātus	hinübertragen
tollere	tollō	sustulī	sublātus	aufheben

51 velle, nōlle, mālle

a) velle	volō	voluī	*wollen*
b) nōlle	nōlō	nōluī	nicht *wollen*
c) mālle	mālō	māluī	lieber *wollen*

Indikativ	Konjunktiv	Indikativ	Konjunktiv	Indikativ	Konjunktiv
Präsens		**Präsens**		**Präsens**	
vol- ō	vel-im	nōl-ō	nōl-im	māl-ō	māl-im
vī- s	vel-īs	nōn vī-s	nōl-īs	māvī-s	māl-īs
vul- t	vel-it	nōn vul-t	nōl-it	māvul-t	māl-it
vol-u-mus	vel-īmus	nōl-u-mus	nōl-īmus	māl-u-mus	māl-īmus
vul- tis	vel-ītis	nōn vul-tis	nōl-ītis	māvul-tis	māl-ītis
vol-u-nt	vel-int	nōl-u-nt	nōl-int	māl-u-nt	māl-int
Imperfekt		**Imperfekt**		**Imperfekt**	
vol-ē-bam	vel-lem	nōl-ē-bam	nōl-lem	māl-ē-bam	māl-lem
vol-ē-bās	vel-lēs	nōl-ē-bās	nōl-lēs	māl-ē-bās	māl-lēs
usw.	usw.	usw.	usw.	usw.	usw.
Futur I		**Futur I**		**Futur I**	
vol-am		nōl-am		māl-am	
vol-ēs		nōl-ēs		māl-ēs	
usw.		usw.		usw.	
Infinitiv		**Infinitiv**		**Infinitiv**	
vel-le	wollen	nōl-le	nicht wollen	māl-le	lieber wollen
		Imperativ			
—		nōl-ī	wolle nicht	—	
		nōl-ī-te	wollet nicht		

1. Nōlō ist aus *ne-volō, mālō aus *ma-volō hervorgegangen. Letzterem liegt ein mage-volō (= magis volō) zugrunde.
2. In der Wurzel des Verbums velle findet ein Wechsel des Stammvokals statt zwischen e und o (u); vgl. das deutsche „will: wollen", lat. pellō: pulsum. Die Formen vul-t, vul-tis (ohne Bildevokal!) gehen auf vol-t, vol-tis zurück, Formen, die sich auch in der Schriftsprache noch finden.
3. Velle ist aus *vel-se entstanden (vgl. es-se, pos-se 49).
4. Die Formen des Perfektstammes werden regelmäßig gebildet; also:

voluī	volueram	voluerō	voluerim	voluissem	voluisse
nōluī,	nōlueram	nōluerō	nōluerim	nōluissem,	nōluisse
māluī	mālueram	māluerō	māluerim	māluissem	māluisse

[1] Referendar, Referenz.

Indikativ	Konjunktiv	Indikativ	Konjunktiv
Präsens		**Perfekt**	
e-ō	e-am	i-ī	i-erim
ī-s	e-ās	**īstī**	i-eris
i-t	e-at	i-it	i-erit
ī-mus	e-āmus	i-imus	i-erimus
ī-tis	e-ātis	**īstis**	i-eritis
e-u-nt	e-ant	i-ērunt	i-erint
Imperfekt		**Plusquamperfekt**	
ī-bam	ī-rem	i-eram	īssem
ī-bās	ī-rēs	i-erās	īssēs
usw.	usw.	usw.	usw.
Futur I		**Futur II**	
ī-bō		i-erō	
ī-bis		i-eris	
usw.		usw.	

Imperativ			**Infinitiv**	
ī	gehe	ī-tō	Präsens:	ī-re
		ī-tōte	Perfekt:	īsse
ī-te	gehet	**e-u-ntō**	Futur:	i-tūrum, -am, -um esse

Partizip		**Gerundium**	**Gerundivum**
Präsens:	i-ē-ns	e-u-ndī	e-u-ndum est = man muß gehen
	e-u-ntis	e-u-ndō usw.	
Futur:	i-tūrus, -a, -um		

1. Der Präsensstamm von īre ist ursprünglich *ei, das vor Konsonant oder hellem Vokal (e, i) zu ī-, vor dunklem Vokal (a, o, u) zu e- geworden ist. Daher iēns, aber: e-u-ntis.
2. Das doppelte ii im Perfekt wird vor s zu ī kontrahiert.
3. Da īre intransitiv ist, bildet es vom Passiv nur die 3. Person Sg., also: ī-tur = man geht, e-ā-tur = man möge gehen; itum est = man ist gegangen.

Einige Komposita von īre jedoch sind transitiv und bilden daher ein vollständiges Passiv; z. B.: adīrī = gebeten werden; adeor, adīris, adītur usw.

Komposita von īre

abīre abeo abiī abitum weggehen

adīre	hinzugehen, sich an jmd. wenden, jmd. bitten, fragen	perīre	zugrunde gehen
		praeterīre	vorübergehen, übergehen[2]
circumīre	herumgehen	prodīre	hervortreten
coīre	zusammenkommen, zusammentreffen	redīre	zurückkehren
		subīre	darunter gehen, unternehmen
exīre	herausgehen	transīre	überschreiten
inīre	hineingehen	vēnīre	(aus vēnum ire = zum Verkauf gehen) verkauft werden
interīre	untergehen		
obīre	entgegengehen		

vēnīre dient als Passiv zu vēndere, perīre als Passiv zu perdere (vgl. 48, Nr. 198).

[1] F j'irai. [2] Präteritum.

Der Flexion von īre folgen auch: quīre, queō, quī(v)ī, quitus = können und nequīre, nequeō, nequī(v)ī, nequitus = nicht können.

Dagegen geht ambīre, ambiō, ambīvī, ambītus (= herumgehen, werben, umwerben) in allen Formen nach audīre.

53 fierī, fīō, factus sum a) werden, geschehen, b) gemacht werden

Indikativ		Konjunktiv	Indikativ	Konjunktiv
	Präsens		Perfekt	
fī-ō	fī-mus	fī-am	factus (-a, -um)	factus (-a, -um)
fī-s	fī-tis	fī-ās	sum	sim
fi-t	fī-unt	fī-at	usw.	usw.
		usw.		
	Imperfekt		Plusquamperfekt	
fī-ē-bam		fi-e-rem	factus (-a, -um)	factus (-a, -um)
fī-ēbās		fi-e-rēs	eram	essem
usw.		usw.	usw.	usw.
	Futur I		Futur II	
fī-am			factus (-a, -um)	
fī-ēs		—	erō	—
usw.			usw.	
	Infinitiv		**Partizip**	
Präsens:	fi-e-rī		Präsens: —	
Perfekt:	factum (-am, -um) esse		Perfekt: factus, -a, -um	

Das Verbum **fierī** dient auch als **Passiv zu facere**; es bedeutet dann „gemacht werden".

Auch die **auf -facere ausgehenden Komposita** (Zusammensetzungen mit *Verbalstämmen*)

assuēfacere	gewöhnen	obstupefacere	in Erstaunen setzen
commonefacere	erinnern	patefacere	öffnen
labefacere	wankend machen	satisfacere	befriedigen

bilden das **Passiv mit -fierī** (vgl. 48, Nr. 246).

Also:

assuēfierī	assuēfīō	assuēfactus sum	gewöhnt werden
commonefierī	commonefīō	commonefactus sum	erinnert werden
labefierī	labefīō	labefactus sum	wankend gemacht werden
obstupefierī	obstupefīō	obstupefactus sum	in Erstaunen gesetzt werden
patefierī	patefīō	patefactus sum	geöffnet werden
satisfierī	fatisfīō	satisfactus sum	befriedigt werden

Dagegen bilden die mit einer **Präposition oder der Vorsilbe re-** zusammengesetzten Komposita von facere, z. B. interficere, reficere usw., das Passiv regelmäßig.

Also:

inter**ficī**	inter**ficior**	inter**fectus** sum	getötet werden
reficī	**reficior**	**refectus** sum	wiederhergestellt werden

1. coepisse, meminisse, ōdisse, nōvisse

Perf. Ind. „ Konj.	coepī ich habe angefangen coeperim	meminī ich erinnere mich meminerim	ōdī ich hasse ōderim
Plusq. Ind. „ Konj.	coeperam ich hatte angefangen coepissem	memineram ich erinnerte mich meminissem	ōderam ich haßte ōdissem
Fut. II	coeperō ich werde angefangen haben	meminerō ich werde mich erinnern	ōderō ich werde hassen
Imperativ	—	mementō erinnere dich mementōte erinnert euch	—
Perf. Inf.	coepisse angefangen haben	meminisse sich erinnern	ōdisse hassen
Part. Perf. Passiv	coeptus, -a, -um angefangen	—	—
Part. Fut. Aktiv	coeptūrus, -a, -um im Begriff anzufangen	—	—

1. Die Verben coepisse, meminisse, ōdisse und nōvisse treten nur im Perfektstamm auf. Die Perfekte meminī und ōdī haben Präsensbedeutung; ebenso auch nōvī = ich kenne, ich weiß, das zu dem Präsens nōscere (vgl. 48, Nr. 225) gehört, also eigentlich „ich habe kennengelernt" bedeutet.

2. Nōvī weist neben den regelmäßigen Formen verkürzte Nebenformen auf, die durch Ausfall des -v- (vgl. 7, 4b) entstanden sind:

nōstī	(neben nōvistī)	nōram	(neben nōveram)
nōstis	(neben nōvistis)	nōssem	(neben nōvissem)
nōrunt	(neben nōvērunt)	nōsse	(neben nōvisse)
nōrim	(neben nōverim)	nōrō	(neben nōverō)

Da der Präsensstamm des Verbums coepisse fehlt, treten zur Bildung des Präsens, Imperfekts und Futurs die entsprechenden Formen von incipere ein (incipiō, incipiēbam, incipiam usw.; vgl. 48, Nr. 245).

2. aiō und inquam

1. **aiō** (= ich bejahe, ich sage) kommt besonders in folgenden Formen vor:

Präs.:	aiō,	ais,	ait	Imperf.:	aiēbam,	aiēbās	usw.
	—	—	aiunt	Perf.:	ait		

2. Von **inquam** = sage ich (ein alter Konjunktiv wie legam = ich möchte sagen) sind nur folgende Formen gebräuchlich:

Präs. Ind.:	inquam,	inquis,	inquit	Fut.:	—	inquiēs, inquiet
	—	—	inquiunt	Perf.:	inquit	

Merke:

inquit wird nur bei direkter Rede gebraucht und in diese eingeschoben.

3. Als Einzelformen werden gebraucht:

a) quaesō (ich) bitte, quaesumus wir bitten;

b) die Imperative: avē (havē) und salvē sei gegrüßt!
avēte und salvēte seid gegrüßt!

DIE SATZLEHRE

55 Die Satzteile

Vorbemerkung: I oder II hinter den Beispielsätzen bezeichnet den ersten bzw. den zweiten Band der „Übungsstoffe", die nachfolgende Ziffer die Nummer des lateinischen Stückes in dem betreffenden Band.

1. Et tēla et verba vulnerant. (I, 2) 2. Aurōra Mūsīs amīca est. (I, 3) 3. Fortūna caeca est. (I, 4) 4. Bis dat, quī cito dat. (I, 21) 5. Nūllum malum sine bonō. (I, 4) 6. Vitia sunt morbī animī. (I, 2) 7. Bonus intrā, melior exī. (II, 24) 8. Rōmānī amant Bacchum, deum vīnī. (I, 2) 9. Disertus, hercle, es. (I, 8) 10. Avē, Caesar, moritūrī tē salūtant. (II, 16) 11. Errāre hūmānum est. (I, 4) 12. Dō, ut dēs. (I, 16)

a) Die Bestandteile eines *Satzes* sind:

1. Das *Prädikat*; dieses besteht entweder aus einem selbständigen Verbum (1) oder aus dem Prädikatskern und einem Prädikatsnomen (2, 3).
2. das *Subjekt* (1); beide sind aufeinander bezogen und bilden den Grundstock des Satzes.

   In Beziehung zu einem *Verbum* stehen:
3. das *Objekt* (2, 8),
4. die *adverbiale Bestimmung* (4, 5).

   In Beziehung zu einem *Nomen* stehen:
5. das *Attribut* (5, 6),
6. das *Prädikativum* (7),
7. die *Apposition* (8).

   Ohne grammatisch erkennbare Beziehung zu einem der übrigen Satzteile stehen:
8. die *Interjektion* (9),
9. die *Anrede* (10).

b) Die Beziehungen der Satzteile und Sätze zueinander werden durch die *Flexion* der Nomina und Verba, ferner durch *Präpositionen* und *Konjunktionen* ausgedrückt (1, 5, 12).

c) Die nominalen Bestandteile eines Satzes können auch durch *Infinitiv-* oder *Partizipialkonstruktionen* (10, 11) sowie durch *Nebensätze* (4, 12) ersetzt sein.

A. Der einfache und der erweiterte einfache Satz

56 Prädikat und Subjekt

I. Das Verbum als Prädikat

a) 1. Manus manum lavat. (I, 22) 2. Catilīna māgna praemia coniūrātiōnis docēre (= docēbat). (Sall.)

Das Prädikat erscheint meist in einer **finiten Form,** bei einzelnen Schriftstellern findet sich auch anstelle der erwarteten 3. Pers. act. des Imperfekts oder Perfekts der **Inf. praes. act.** (Inf. historicus).

b) 1. Ēventus stultōrum magister (est). (I, 9) 2. Quot capita (sunt), tot sēnsūs (sunt). (I, 27) 3. Crēdēbāsne dormientī haec tibi cōnfectūrōs (esse) deōs? (Sprichw.)

Formen von esse als **Prädikatskern** fehlen häufig.

Zusatz:

1. Sīdera quī spectat, nōn negat esse Deum. (I. 30)	... leugnet nicht, daß es einen Gott gibt.
2. Dum anima est, spēs est. (Sprichw.)	Solange noch Leben vorhanden ist, besteht Hoffnung.
3. Hic liber dē amīcitiā est.	Dieses Buch handelt von der Freundschaft.

esse als **Vollverb** wird im Deutschen meist nicht mit „sein", sondern durch ein anderes einen Zustand ausdrückendes Verb wiedergegeben.

c) 1. Nēmō cāsū fit bonus. (II, 11) 2. Sum fēlīx fēlīxque manēbō. (Ov.) 3. Cōnsulēs creantur Fabius et Decius. (Liv.) 4. P. Considius reī mīlitāris perītissimus habēbātur. (Caes.)

Außer **esse** können den Prädikatskern bilden:

fierī (1), **existere**	werden
manēre (2)	bleiben
ēvādere, ēvenīre	sich erweisen als, ausgehen

ferner die Passiva:

creārī (3)	gewählt werden zu
habērī (4), **putārī**	gelten als
appellārī, dīcī, nōminārī	heißen
īnscrībī	betitelt sein
vidērī	scheinen

Diesen passivischen Formen mit „doppeltem Nominativ" entsprechen meist aktivische mit „doppeltem Akkusativ"; vgl. 60.

II. Das Nomen als Subjekt und Prädikat

a) 1. Pār praemium labōrī. (I, 35) 2. Via virtūtis ardua; sed arduum est praeclārum. (Sprichw.) 3. Lēx quasi dux et magistra vītae est. (Cic.)

4. Haec vītae lēx est. (II, 15)	Dies ist das Gesetz des Lebens.
5. Quis iūstam glōriam, quī est frūctus vērae virtūtis, repudiābit? (Cic.)	... Ruhm, der die Frucht ... ist, ...
6. Quae sunt māgnae dīvitiae? (Sen.)	[Was ist] worin besteht großer Reichtum?

Das Subjekt erscheint im Nominativ, es bestimmt **den Numerus** des Prädikatsnomens (1) und, wenn eine eigene Form oder ein eigenes Substantiv dafür vorhanden ist, auch sein **Genus** (2, 3).

Vgl.: frz. Les jeux sont faits.

Ist aber das Subjekt ein **demonstratives** (4), **relatives** (5) oder **interrogatives** (6) **Pronomen,** so richtet sich dieses nach dem Numerus und Genus des Prädikatsnomens.

Vgl.: frz. Tels étaient mes plaisirs, aber Ce sont mes amis; engl. These are my books.

b) Dum vīxī, bibī libenter; bibite vōs, qui vīvitis. (II, 6)

Das **Personalpronomen** erscheint **als Subjekt** nur, wenn es besonders hervorgehoben werden soll.

c) 1. Sī tū et Tullia valētis, ego et Cicerō valēmus. (Cic. an seine Gattin) 2. Pater mihi et māter mortuī sunt. (Ter.) 3. Tria vītanda sunt: odium, invidia, contemptus. (I, 40) 4. Fuimus Trōiānī, fuit Īlium et ingēns glōria Teucrōrum. (I, 8)

Hat ein Satz mehrere Subjekte, so gilt folgendes:

1. Die erste Person geht der zweiten und dritten, die zweite der dritten voran (1).
2. Bei Personen verschiedenen Geschlechts führt das Masculinum (2), bei Sachen steht das gemeinsame Prädikatsnomen häufig im Neutrum (3).
3. Bilden mehrere Subjekte einen Begriff, so kann das Prädikat im Singular stehen (4) (Constructio ad sensum).

57 Attribut, Apposition, Prädikativum

I. Das Attribut

1. Nōn pendent ab arbore malā bonī frūctūs. (I, 26) 2. Gaudia prīncipium nostrī sunt saepe dolōris. (I, 25) 3. In castrīs Helvētiōrum repertae sunt tabulae litterīs Graecīs cōnfectae ... Listen in griechischer Schrift. (Caes.) 4. Caesar Diviciācī summum in populum Rōmānum studium, summam in sē voluntātem cōgnōverat ... Vorliebe für das römische Volk, Ergebenheit ihm gegenüber ... (Caes.)

Das **adjektivische Attribut** richtet sich in Genus, Kasus und Numerus nach seinem Beziehungswort (1), das **substantivische** steht im Genetiv (2).

Läßt das substantivische Attribut sich nicht durch den Genetiv wiedergeben, so wird es entweder mit einem (im Deutschen nicht auftretenden) **Partizip** angeschlossen (3), oder es ist durch die **Sperrstellung** gekennzeichnet (4).

Anmerkung:

In der *Sperrstellung* sind Wörter, die sich durch ihre Endung als eng zusammengehörig erweisen, auseinandergerückt und in die Lücke andere, engstens auf diese bezogene, hineingestellt.

II. Die Apposition

1. Qu. Ovius, Oviī fīlius, viam strāvit. (II, 1) 2. Vītā crūdēlitātem[1] et īram, ministram crūdēlitātis! (Sen.)

Die **Apposition** richtet sich nach ihrem Beziehungswort in Fall und, wenn möglich, in Geschlecht und Zahl.

III. Das Prädikativum

1. Hannibal prīnceps (= prīmus) in proelium ībat, ultimus excēdēbat. (Liv.) 2. Delphīnus Ariōnem ad ōram salvum vexit. (II, 6) 3. Sēcūrae peragēbant ōtia gentēs. (I, 34) 4. Ad rīvum eundem lupus et āgnus vēnerant; superior stābat lupus longēque īnferior āgnus. (Phaedr.) 5. Vespertīnus[2] pete tēctum! (Hor.) 6. Hostēs ex silvīs rārī prōpūgnābant[3]. (Caes.) 7. Quod adulēscentēs peccāvimus, senēs luimus. (II, 12) 8. Iūnius aedem salūtis cōnsul vōvit[4], dictātor dēdicāvit[5]. (Liv.)

---

[1] crūdēlitās, -tis f. Grausamkeit. [2] vespertīnus, -a, -um abendlich. [3] prōpūgnāre zum Kampf antreten. [4] auf dem Quirinal 277 v. Chr. [5] dēdicāre weihen.

Das **Prädikativum** ist eine nominale Erweiterung des Satzes, die sich der Form nach einem Nomen anschließt, inhaltlich aber das Prädikat ergänzt.

Vergleiche:

Gracchum vīvum capere Poenī nītuntur ... suchen ihn lebend zu fangen. (Liv.)
und
Vīvōs dūcent dē marmore vultūs lebendige Züge werden sie gestalten. (Verg.)

Als Adjektiv bezeichnet das Prädikativum Reihenfolge (1), körperlichen oder seelischen Zustand (2, 3), Ort (4), Zeit (5), Anzahl (6), als Substantiv Alter (7) oder Stand (8).

Übersetzungsmöglichkeiten:

Hinzufügen von „als" (1, 7, 8), ein unflektiertes Adjektiv (2, 3, 6), eine adverbiale Bestimmung (4, 5, 7).

Vgl. Folgsam fühlt' ich meine Seele stets am schönsten frei. (Goethe)
Ein Feind kommst du zurück dem Orden. (Schiller)

Das Nomen und die Kasus

58 Die Kasus der indogermanischen Ursprache

In der indogermanischen Ursprache lassen sich folgende *acht Kasus* nachweisen:

1. *Vokativus*
2. *Nominativus*
3. *Akkusativus*
4. *Dativus*
5. *Genetivus*
6. *Ablativus*
7. *Instrumentalis*
8. *Lokativus.*

Ähnlichkeit der Formen und Berührung im syntaktischen Gebrauch haben allmählich zur Verschmelzung einiger Kasus geführt. So hat sich der bei *Anruf* und *Anrede* gebrauchte Vokativ nur bei o-Stämmen gehalten; im übrigen wurde er durch den Nominativ verdrängt. Der Lokativ ist bis auf wenige Reste, der Instrumentalis ganz im Ablativ aufgegangen.

Der Akkusativ

59 I. Der Akkusativ als Objektskasus

1. Der Akkusativ des näheren Objekts

1. Virtūs saepe amīcitiam gīgnit. (II, 2) 2. Homō ōrnat locum, nōn hominem locus. (Sprichw.) 3. Quī vexant aliōs, tandem vexantur et ipsī. (I, 22)

Der Akkusativ ist der Kasus des Objekts, auf den die Handlung des Prädikats unmittelbar zielt. Wir unterscheiden das **effizierte,** durch die Handlung hervorgebrachte (1), und das **affizierte,** von der Handlung betroffene (2), Objekt.

Verben, die ein Akkusativobjekt bei sich haben können, heißen **transitiv**; nur transitive Verben bilden ein **persönliches Passiv** (3).

a) 1. Mīlitēs vectōriīs nāvigiīs[1] cursum nāvium longārum adaequābant. (Caes.) 2. Fortēs fortūna adiuvat. (I, 35) 3. Cavē canem! (I, 29) 4. Vīrēs Faliscōs dēficiunt. (II, 10) 5. Effūgit mortem, quisquis contempserit. (II, 33) 6. Crēscentem sequitur cūra pecūniam. (II, 16) 7. Sine studiō nihil quisquam assequitur. (Cic.) 8. Mors timidissimum quemque cōnsequitur. (II, 33) 9. Caesar nōn sōlum pūblicās, sed etiam prīvātās iniūriās ultus est. (Caes.) 10. Deī, quōs prō scelere eōrum ulciscī volunt, hīs secundiōrēs interdum rēs concēdunt. (Caes.)

Folgende Verben und ihre Komposita sind **transitiv**, die ihnen entsprechenden deutschen meist **intransitiv:**

adaequō, iuvō, caveō,
dēficiō, effugiō,
ulcīscor, sequor, imitor,
adūlor und auch aemulor

adaequāre	erreichen	gleichkommen
iuvāre, adiuvāre	unterstützen	helfen
cavēre, fugere, effugere	meiden, fliehen	sich hüten vor
dēficere	(verlassen)	abfallen von
ulcīscī	bestrafen, rächen	sich rächen an
sequī	begleiten	folgen
imitārī	nachmachen	nacheifern
adūlārī	anwedeln	schmeicheln
aemulārī	erreichen wollen	nacheifern

Vgl.: frz. égaler, aider, suivre, imiter qn.; engl. to equal, to aid, to help, to follow, to imitate a p.

b) 1. Multōs Rōmānōs iuvābat ferās vēnāri. (II, 30) 2. Illud quam sit difficile, tē nōn fūgit. (Cic.) 3. Nōn dubitō multa esse, quae et nōs praeterierint. (Cic.) 4. Parvum parva decent. (II, 5)

Transitiv sind ferner die unpersönlichen Ausdrücke:

iuvat, dēlectat mē	(es unterstützt, erfreut mich) es macht mir Freude
fallit, fugit, praeterit mē	(es täuscht, flieht, übergeht mich) es entgeht mir
decet (dēdecet mē)	(es ziert mich [nicht]), es ziemt sich [nicht] für mich

Merke:

obsequi = nachgeben, gehorchen wird nach dem Vorbild der übrigen Verben des „Gehorchens" mit dem Dativ verbunden.

2. Der Akkusativ bei Verben der Bewegung

1. Porsenna Rōmam circumsēderat. (II, 5) 2. Plūrēs paucōs circumsistēbant. (Caes.) 3. Flūmen moenia urbis praeterfluit. (II, 5) 4. Trānsnēmus Tiberim! (II, 5) 5. Caesar Rhēnum trānsīre cōnstituit. (Caes.) 6. Rhodanus nōnnūllīs locīs vadō trānsītur. (Caes.)

Verben der Bewegung können als Komposita — vor allem mit circum, praeter, trāns zusammengesetzt — transitiv sein und ein persönliches Passiv bilden.

[1] nāvigium vectōrium Transportschiff.

Solche Wendungen finden sich im übertragenen Gebrauch mit allen eine räumliche Beziehung ausdrückenden Präpositionen:

aggredī lēgatōs (Sall.)	sich heranmachen an
hostēs (Caes.)	angreifen
ingredī in fundum, pontem (Cic.)	betreten
ōrātiōnem (Cic.)	eine Rede beginnen
adīre cāsās (Cic.), mīlle domōs (Ov.)	herantreten an
praetōrem (Cic.), librōs Sibyllīnōs (Liv.)	sich wenden an
inīre viam (Cic.)	betreten
cōnsilium (Cic.)	einen Plan fassen
societātem (Cic.)	ein Bündnis schließen (eingehen)
obīre negōtium (Cic), perīcula (Liv.)	auf sich nehmen
mortem (Cic.)	sterben
subīre tēctum (Caes.)	unter Dach kommen
fāmam (Cic.), perīculum (Cic.)	auf sich nehmen
praetermittere diem (Cic.), occāsiōnem (Cic.)	verstreichen lassen
convenīre equitēs (Caes.)	mit den Reitern zusammenkommen
invenīre nāvēs (Caes.)	finden

aber:

invehī **in** urbem (Liv.)	hineinfahren
in adversārium (Cic.)	mit Worten angreifen, anfahren

Vgl.: frz. convenir, précéder, subir qn., envahir un pays, parcourir la ville; engl. to invade a country.

3. Transitiver und intransitiver Gebrauch von Verben

1. a) Cūrā, ut valeās. (Cic.) b) Minima nōn cūrat praetor. (I, 36) 2. Multī meum cāsum doluērunt. (Cic.) 3. Acerba manent victōs. (Liv.) 4. Nōnnūllī suum fātum querēbantur. (Caes.) 5. Nēmō illīc (= apud Germānōs) vitia rīdet. (Tac.) 6. Ego multa tacuī, multa pertulī. (Cic.)

Manche ursprünglich intransitive Verben haben auch einen transitiven Gebrauch entwickelt und können einen Objektsakkusativ zu sich nehmen. Im Deutschen entspricht ihnen dann meistens ein mit den Vorsilben „be-", „er-", „ver-" gebildetes Kompositum. So bedeutet:

	intransitiv	**transitiv**
cūrāre	sorgen	besorgen, versorgen
dolēre	Schmerz empfinden, bereiten	bedauern
lugēre	trauern	betrauern
manēre	bleiben, warten	erwarten
mīrarī	sich wundern	staunen über, bewundern
querī	klagen	beklagen
respicere	zurückblicken	sich kümmern um
rīdēre	lachen	belachen, verlachen
spērāre	hoffen	erhoffen
tacēre	schweigen	verschweigen

Merke:

Sōl dēficit	Die Sonne verfinstert sich (versagt)
Animō nōn dēficiō	Ich verliere den Mut nicht
Cōnsulem vīrēs dēficiunt	Den Konsul verlassen die Kräfte
Mānlius ā patribus ad plēbem dēfēcit	M. fiel ab von den Pa. (und ging über) zu den Pl.

4. Der Akkusativ des Ausrufs

1. Heu mē miserum! (Plaut.) 2. Ō fallācem hominum spem fragilemque[1] fortūnam! (Cic.) 3. Ō vītam miserō longam, fēlīcī brevem! (Publ. Syr.)

In Ausrufen, welche Freude, Schmerz, Verwunderung ausdrücken, steht die Person oder Sache, welche die Gemütsbewegung hervorruft, im Akkusativ. Dieser ist durch den Ausfall entsprechender transitiver Verben wie vidēte (1), querimur (2, 3) u. ä. zu erklären.

5. Der Akkusativ des Inhalts

a) 1. Vītam miseram vīvit. (I, 28) 2. Mea amīca sempiternam servitūtem[2] servit. (Plaut.) 3. Hāc nocte mīrum[3] somniāvī[4] somnium. (Plaut.) 4. Tertiam iam aetātem hominum Nestor vīvēbat. (Cic.)

Intransitive Verben können ein dem *Stamm* (1, 2, 3) oder der *Bedeutung* (4) nach verwandtes, meist mit einem Attribut verbundenes Substantiv im Akkusativ als *inneres Objekt* zu sich nehmen.

Vgl.: Gar schöne Spiele spiel' ich mit dir. (Goethe)

b) 1. Nōn multa peccās, sed peccās. (Cic.) 2. Nōn est, quid tibi assentiar. (Cic.) 3. Turpe est haec dubitāre philosophōs, quae nē rūsticī quidem dubitant. (Cic.) 4. Mē id gaudēre dīxī. (Cic.)

Auch der neutrale Akkusativ eines Zahladjektivs oder Pronomens kann als inneres Objekt gebraucht werden bei Verben, die sich sonst mit einem anderen Kasus oder mit einem präpositionalen Ausdruck verbinden. Multa peccāre (1) entspricht dann einem multa peccāta peccāre, id gaudēre (4) einem id gaudium gaudēre.

Merke:

Quid dubitās?	Was zauderst du?
Dē tuā ergā mē voluntāte nōn dubitō. (Cic.)	Ich zweifle nicht an ...

Siehe auch 61 b.

60 II. Der doppelte Akkusativ

1. 1. Poēta Rōmānus Ītaliam māgnum hortum appellat. (I, 4) 2. Ancum Mārcium populus rēgem creāvit. (Liv.) 3. Mē ūniversus populus cōnsulem dēclārāvit. (Cic.) 4. Haeduī coāctī sunt Sequanīs obsidēs dare nōbilissimōs cīvitātis. (Caes.) 5. Mānlius cōnsul dictātōrem L. Papīrium Crassum dīxit; ab eō magister equitum L. Papīrius Cursor dictus est. (Liv.) 6. Fēlīx, quem faciunt aliēna perīcula cautum. (II, 10) 7. Magistrum mēmet ipsum habeō. (Sprichw.) 8. Rōmānī ālās exercitūs cornua nōminābant. (I, 9) 9. Rōmānī Rōmulum conditōrem Rōmae putābant. (I, 25) 10. Themistoclēs praetor factus ferōciōrem reddidit cīvitātem. (Nep.) 11. In coniūrātōrēs mē sevērum vehementemque praebeō. (Cic.)

Die Verben, welche bedeuten:	**haben, halten, machen, ernennen,** **nennen, geben und erkennen,** **nehmen, wählen und erklären,** **sich erweisen, sich bewähren**

---

[1] fragilis, -e zerbrechlich. [2] servitūs, -tūtis Knechtschaft. [3] mīrus, -a, -um sonderbar. [4] somniāre träumen.

verbinden sich mit einem **doppelten Akkusativ,** dem des affizierten Objekts und dem eines auf das Objekt bezogenen Prädikativums (vgl. 57, III). Im Deutschen tritt zu dem Prädikativum ein „als", „zu", „für" hinzu.

Bei **passiver Konstruktion** wird aus dem doppelten Akkusativ ein **doppelter Nominativ** (vgl. 56, I, c):

appellāre, dēclārāre, dīcere, nōmināre, vocāre	nennen, ernennen zu, bezeichnen als
facere, reddere (nur bei Adjektiven)	machen (zu)
creāre, ēligere	wählen zu
renūntiāre	ausrufen als
iūdicāre	erklären für
exīstimāre, dūcere, putāre	halten für (Pass.: gelten als)
accipere, sūmere, habēre, dare	nehmen, haben, geben als
sē praebēre, sē praestāre (gute Eigenschaft)	sich zeigen als

Vgl.: So glaubst du dich schon Übermensch genug? (Goethe) Noch fühl' ich mich denselben, der ich war. (Schiller) Frz. faire qn. son ami; il fut nommé dictateur; j'ai voulu rendre Oreste content; engl. he was elected king; they chose him their leader.

2. a) 1. Māgnum malum mē cēlās. (Ter.) 2. Graecī Siculōs litterās docuērunt. (I, 11) 3. Caesar Haeduōs frūmentum flāgitāvit. (Caes.) 4. Segetēs pōscēbātur humus (Ov.)

Ein doppelter Akkusativ der *Person* (affiziertes Objekt) und *Sache* (acc. limitationis, vgl. 72, 4) steht bei:

cēlāre	verheimlichen (1)
docēre	lehren (2) (Passiv durch discere aliquid oder ērudīrī aliquā rē)
flāgitāre, pōscere	fordern (3, 4)

Bei **flāgitāre** und pōscere kann die Person auch im Abl. mit **ā** stehen, was bei **pōstulāre** die Regel ist.

In passivischer Konstruktion bleibt meist der acc. limitationis erhalten, die Person wird zum Subjekt (4).

b) 1. Sine mē tēcum vīvere; hoc tē ōrō rogōque. (II, 1) 2. Hospitium, quod mē rogās, recūsō. (II, 1) 3. Hoc tē interrogō; respondē! (Plaut.) 4. Caesar rogātus sententiam huiuscemodī verba locūtus est. (Sall.)

Die Verben monēre, ōrāre, rogāre, interrogāre haben im allgemeinen nur dann den doppelten Akkusativ bei sich, wenn das Sachobjekt durch das *Neutrum* eines *Adjektivs* oder *Pronomens* ausgedrückt ist. Doch merke die Formel: sententiam rogāre aliquem (4).

Zusatz:

1. a) Silvās meās petam. (I, 29) b) Cicāda ā formīcā hospitium petīvit. (II, 1)
2. a) Vīctum quaesīvī. (II, 1) b) Id ex tē quaerere possum. (II, 1)

Petere (Grundbedeutung: „erstreben") kann auch „bitten", quaerere (Grundbedeutung: „suchen") kann auch „fragen" bedeuten. Entsprechend der Grundbedeutung wird die Person dann bei petere durch den Ablativ mit ā (ab), bei quaerere durch den Ablativ mit ex (ā) ausgedrückt. Die Sache steht bei beiden Verben im Akkusativ.

61 III. Der Akkusativ als adverbiale Bestimmung

a) 1. Domum redeāmus! (II, 24) 2. Ī forās[1]! (Plaut.) 3. Rūs ībō atque ibi manēbō. (Ter.) 4. Dīviciācus Rōmam profectus est. (Caes.) 5. Claudius cōnsul Ilvam[2] trāiēcit. (Liv.) 6. Dormītum īstis. (II, 24)

Der Akkusativ diente ursprünglich zur Angabe der **Richtung**, des **Zieles** auf die Frage **„wohin"**.

Dieser Gebrauch des Akkusativs **hat sich erhalten:**

1. in den Wendungen: domum (1), forās (2), rūs (3);
2. bei den Namen von Städten (4) und kleineren Inseln (5);
3. beim Supinum auf -um (6) nach Verben der Bewegung (vgl. 93, 1).

Vgl.: heim-gehen; engl. to go home, to come back.

b) 1. Suēbī non multum frūmentō, sed māximam partem lacte atque pecore[3] vīvunt. (Caes.) 2. Nihil cēdimus Graeciae. (Ein stolzes Wort Ciceros) 3. Cēterum cēnseō Carthāginem esse dēlendam. (I, 40) 4. Omne malum nāscēns facile opprimitur. (II, 16) 5. Quid (zu welchem Zweck) vēnistī? (Plaut.)

Aus der Verwendung als inneres Objekt (vgl. 60, 2b) hat sich der *adverbiale* Gebrauch des neutralen Akk. Sg. einiger Adjektive, Pronomina und Substantive entwickelt (vgl. 22, III a).

Hierhin gehören u. a.:

cēterum	übrigens	nihil	in keiner Weise
facile	leicht	multum	viel, sehr
id temporis	zu dieser Zeit	partim	teils
māgnam, māximam partem	größtenteils	quid?	warum?
nōn minimum	ganz besonders	saltem	(im Sprunge =) wenigstens

Vgl.: sich nicht (etwas, ein bißchen, keinen Deut) um etwas kümmern.

c) 1. Multōs annōs labōrāvistis. (I, 18) 2. Rōma ā marī vīgintī mīlia passuum abest. (I, 31) 3. Fossa ducentōs pedēs longa est. (II, 5) 4. Turrēs passūs octōgēnōs inter sē distābant. (Caes.) 5. Puerī Rōmānī, ubi sex annōs nātī erant, legere, scrībere, numerāre discēbant. (I, 37)

Auf die Fragen: wie lang?, wie weit?,
wie hoch?, wie tief?, wie breit?,
wie alt?, wie lange Zeit?

steht der Akkusativ der *räumlichen* oder *zeitlichen Ausdehnung*. Auch dieser geht auf den Akkusativ des Inhalts zurück.

Der Dativ

62 I. Der Dativ als Objekt

1. Das Nebenobjekt im Dativ

1. Ēripuit caelō fulmen scēptrumque tyrannīs. (II, 10) 2. Ūnus homō nōbīs cunctandō restituit rem. (II, 29) 3. Nōn scolae, sed vītae discimus. (I, 28) 4. Quod discēs, tibi discēs. (I, 28)

[1] forae, -ārum Tür; forās hinaus (frz. de-hors). [2] Elba. [3] pecus, -oris n. Vieh, hier: Fleisch.

Der Dativ bezeichnet in seiner ursprünglichen Bedeutung das entferntere Objekt, d. h. die Person oder Sache, die von der Handlung betroffen wird oder um derentwillen die Handlung geschieht (Dativus commodi).

2. Verben, im Lat. intransitiv

1. Temporī parce! (Sprichw.) 2. Quod litterās amō, litterīs studeō. (I, 10) 3. Dāvus caupōnī maledīcit. (II, 19) 4. Favēte linguīs! (II, 27) 5. Figulus figulō, faber fabrō invīdet. (II, 27) 6. Stultus stultō persuadēre cōnātur[1]. (Sprichw.) 7. Tū sōlus vulnerī medērī poteris. (II, 29) 8. Amīcī sumus; neuter alterī umquam obtrectāvit. (II, 32)

Ein Dativobjekt steht bei folgenden im Lateinischen **intransitiven** Verben:	nūbō, parcō, studeō, maledīcō, medeor, faveō, persuādeō, invideō und schließlich noch obtrectō.

Der Dativ erklärt sich oft aus der Grundbedeutung des Verbs:

		eigentlich:
mederī	heilen	für jmd. Rat suchen
maledīcere	schmähen	jmd. Böses sagen
persuādēre	überreden, überzeugen	jmd. schmackhaft machen
nūbere	heiraten	sich für einen Mann verhüllen

Vgl. aber: frz. persuader qn., qch. à qn., qn. de qch. (Pass.: je suis persuadé de qch.), envier qn., qch., qch. à qn.; engl. to persuade a p. of, to be persuaded of.

Zusatz:

1. Nōn modo nōn invidētur illī aetātī (= iuventūtī), vērum favētur. (Cic.) Man beneidet nicht nur ..., man begünstigt ... 2. Mihi numquam persuādērī potuit animōs, cum excessissent ex corporibus, ēmorī. (Cic.) Man hat mich nie überzeugen können ...

Nur *transitive* Verben können im Lateinischen ein *persönliches* Passiv bilden (vgl. 59, I), *intransitive* — wie im Deutschen — nur *unpersönlich* gebraucht werden.

Bei *passivem* Gebrauch können die obigen Verben daher nur *in der 3. Pers. Sing.* auftreten.

3. Der Dativ bei Komposita

1. Oleum[2] īgnī addis. (Sprichw.) aber auch: Nē ad malum addās malum! (II, 6) 2. Amīcitiam omnibus rēbus antepōnō. (Cic.) 3. Prīncipiīs obstā! (I, 22) 4. Augustus Germānicum octō legiōnibus praefēcit. (II, 37) 5. Multa petentibus multa dēsunt. (I, 39) 6. Torquātus exercituī praeest. (I, 20) 7. Prōsit tibi hīc pōtus! (I, 20) 8. Paulum ā pīstrīnō absumus. (I, 20) 9. In hōc puerō duo īnsunt Mariī. (I, 25)

Ein Dativobjekt kann zu den mit ad, ante, con, in, inter, ob, post, prae, sub und super zusammengesetzten Verben treten.

Merke:

Die Komposita von esse regieren den Dativ (5, 6, 7), außer abesse ā, inesse in (8, 9).

---

[1] cōnārī versuchen. [2] oleum, -i n. Öl.

4. Transitiver und intransitiver Gebrauch einiger Verben

a) 1. Croesus ōrāculum Delphicum cōnsulit. (II, 2) 2. Cōnsulite vōbīs, patrēs, prōspicite patriae! (Cic.)

b) 3. Multōs timēre dēbet, quem multī timent. (I, 21) 4. Caesar legiōnibus, quās mīserat, vehementer timēbat (Caes.)

c) 5. Id Horātius sīcut vātēs prōvīdit. (II, 27) 6. Augustus omnibus prōvīdit. (II, 27)

Einige Verben *wechseln ihre Bedeutung*, je nachdem sie sich mit einem Akkusativ oder einem dat. commodi verbinden. So bedeutet:

	m. Akk.:	m. Dat.:
cōnsulere	jmd. um Rat fragen	für jmd. sorgen
timēre, metuere	jmd. fürchten	für jmd. fürchten, um jmd. besorgt sein
prōvidēre (prōspicere)	etwas vorhersehen	für jmd. sorgen

63 II. Erweiterter Gebrauch des Objektdativs

1. Der dat. possessivus

1. Cervō māgna cornua sunt. (I, 9) 2. Longae sunt rēgibus manūs. (Sprichw.) 3. Nōbilibus in obaerātōs eadem sunt iūra, quae dominīs in servōs. (Caes.) 4. P. Scīpiōnī posteā Āfricānō cōgnōmen fuit. (Sall.)

Der dativus possessivus, meist in Verbindung mit esse, bezeichnet die Person, die etwas besitzt, wobei der Nachdruck auf dem Gegenstand liegt.

Vgl. 68, 5, c.

Unterscheide:

Patrī domus est	Mein Vater ist Hausbesitzer
Haec domus patris est	Dies Haus gehört meinem Vater

Vgl.: Ehre ward euch und Sieg (Schiller).

2. Der dat. ethicus

1. Quid *mihi* Celsus agit? (Hor.)	Was treibt *mir* Celsus nur?
2. At *tibi* repente, cum minimē exspectārem, vēnit ad mē Cānīnius! (Cic.)	Aber, *denk' mal*, plötzlich, als ich es am wenigsten erwartete, kam zu mir Caninius!

3. Haec *vōbīs* istōrum per bīduum mīlitia fuit! (Liv.) 4. Cum togā sīgnum dederō, tum *mihi* undique turbam invādite! (Liv.)

Die Dative mihi, tibi, nōbīs, vōbīs drücken in Fragen, Aufforderungen oder bei Ausdrücken der Verwunderung die starke *innere Anteilnahme* des Redenden oder Angeredeten aus (dat. ethicus).

Vgl. unser „Seid *mir* brav!“ „'nen Apfel schießt der Vater *dir* vom Baum“ (Schiller); „Sind *euch* gar trotz'ge Kameraden“ (Schiller).

3. Der dat. auctoris

1. Audiendum tibi, tum audendum est. (II, 29) 2. Caesarī omnia ūnō tempore erant agenda. (Caes.) 3. Quam multī poētae dīcunt, quae philosophīs aut dicta sunt aut dīcenda (... was von den Philosophen gesagt worden ist oder gesagt werden müßte). (Sen.)

Der dativus **auctoris** bezeichnet die handelnde Person beim Gerundivum (vgl. 90) und greift von dort aus auch auf andere passivische Konstruktionen über.

4. Der dat. finalis

1. Hunc locum nostrī castrīs dēlēgērunt. (Caes.) 2. Caesar receptuī canī iussit. (Caes.)

Der dat. **finalis** drückt den Zweck aus, auf den eine Handlung gerichtet ist.

64 III. Der doppelte Dativ

a) 1. Legiō castrīs praesidiō erat. (II, 9) 2. Multīs mortālibus corpus voluptātī, anima onerī fuit. (Sall.) 3. Cuī bonō (est)? (Cic.)

b) 4. Quod aliī vitiō dās, id tibi ipsī laudī dare nōn dēbēs. (II, 9) 5. Hortēnsius bellō cīvīlī numquam interfuit; hoc illī tribuebātur īgnāviae[1]. (Cic.)

c) 6. Legiō alterī legiōnī auxiliō venīre nōn potest. (Caes.) 7. Haeduī Caesarī equitātum auxiliō mīsērunt. (Caes.) 8. Caesar quīnque cohortēs praesidiō castrīs relīquit. (Caes.)

Ein **doppelter Dativ,** und zwar ein dat. **finalis** (auf die Frage „wozu?") und ein dat. **commodi** der Person (oder Sache) steht:

1. bei esse in der Bedeutung „zu etwas gereichen" oder „dienen" (1, 2, 3),
2. bei dare (dūcere, tribuere, vertere) in der Bedeutung „zu etwas anrechnen", „als etwas auslegen" (4, 5),
3. bei venīre, dare, mittere, relinquere u. ä. in ihrer gewöhnlichen Bedeutung (6, 7, 8).

Zusatz:

Nihil vōbīs odiō sit nisi vitium. (II, 26)

Ein doppelter Dativ mit esse dient oft als Ersatz für passivischen Ausdruck bei Verben, die ein Passiv nicht bilden können: odiō esse = gehaßt werden (Passiv zu ōdisse), admīrātiōnī esse = bewundert werden (Passiv zu admīrārī).

65 IV. Der Dativ bei Adjektiven, adjektivisch gebrauchten Substantiven und Partizipien

a) 1. Fuit haec ōrātiō nōn ingrāta[2] Gallīs. (Caes.) 2. Collis nāscēbātur adversus huic collī et contrārius[3] (Ein Hügel erhob sich, das genaue Gegenstück zu diesem). (Caes.) 3. a) Hōs ōrātōrēs aptissimōs cōgnōvī turbulentīs[4] cōntiōnibus. (Cic.) b) Id pallium est aptum ad omne annī tempus. (Cic.) 4. Dēfēnsōrēs[5] oppidō idōneī dēliguntur[6]. (Caes.)

---

[1] īgnāvia, -ae Feigheit. [2] ingrātus, -a, -um unlieb, undankbar. [3] contrārius, -a, -um gegenüberliegend. [4] turbulentus, -a, -um stürmisch. [5] dēfēnsor, -ōris Verteidiger. [6] dēligere, -ō, -lēgī, -lēctus aussuchen.

b) 5. a) Dumnorīx Helvētiīs erat amīcus (... war befreundet mit den H.). (Caes.) b) Quīcumque Galliam prōvinciam obtinuerit, Haeduōs cēterōsque amīcōs populī Rōmānī dēfendat. (Caes.) 6. a) Fēlīcium multī sunt cōgnātī (Die Verwandten der Reichen sind zahlreich). (I, 35) b) Animus dīs cōgnātus est (... ist den Göttern verwandt). (Sen.) 7. Dumnorīx māximē plēbī acceptus erat (Dumnorix war sehr beliebt beim V.). (Caes.) 8. Nātiō est omnis Gallōrum admodum dēdita religiōnibus (abergläubisch). (Caes.)

Vgl. 67, 2.

Auch dieser Dativ ist ein dativus **commodi** oder **finalis.**

Der Genetiv

66 I. Der Genetiv als Attribut in Verbindung mit einem Substantiv

1. Der gen. subiectivus und obiectivus

a) 1. Q. Ovius, Oviī fīlius, viam strāvit. (II, 1)	... der Sohn des Ovius ...
2. Nē cūrēs verba malōrum! (I, 15)	... um die Worte der Bösen (= um das, was d. B. sagen)
3. Vēritātis simplex ōrātiō est. (I, 35)	Die Wahrheit spricht einfach.
b) 4. Hominēs nōn vexābantur cupiditāte aurī. (I, 34)	... von Goldgier (weil sie Gold begehrten)
5. Maneat illīs, sī nōn amor nostrī, at certē odium suī. (II, 32)	... die Liebe zu uns (daß sie uns lieben)

Der gen. **subiectivus** bezeichnet den **Besitzer** einer Sache (daher auch **possessivus** genannt) oder den **Urheber** der im zugehörigen Substantiv genannten Tätigkeit (a), der gen. **obiectivus** das **Objekt,** auf das diese Tätigkeit gerichtet ist (b).

Der gen. obiectivus wird meistens durch eine präpositionale Wendung übersetzt, z. B.:

amor nostrī	Liebe **zu** uns	odium tyrannī	Haß **gegen** den Tyrannen
timor poenae	Furcht **vor** Strafe		
spēs salūtis	Hoffnung **auf** Rettung	praemium labōris	Belohnung **für** die Mühe

Vgl.: Kindesliebe, Kinderliebe, Todesfurcht; engl. the fear of God.

Zusatz:

Durch Wegfall eines aus dem Sinnzusammenhang erkennbaren Substantivs erklären sich folgende Wendungen:

1. Caecilia Metellī, sc.: uxor. (Cic.) 2. Hasdrubal Gisgōnis, sc.: fīlius. (Liv.) 3. ad Vestae, sc.: templum. (Hor.) 4. Augusta Treverōrum oder Lutētia Parīsiōrum, sc.: urbs.

2. Der gen. explicativus

1. Nōmen Rōmae (= der Name „Rom“) Etruscum esse vērī simile est. (II, 4) 2. Quid tonat vōx voluptātis (= das Wort „Lust“)? (Cic.)

Der einem *Gattungsbegriff* wie nōmen, vōx, verbum, genus, causa u. ä. beigefügte *besondere Begriff* kann im gen. **explicativus** stehen.

Zusatz:

1. Parvulae saepe *causae* vel falsae suspīciōnis vel terrōris repentīnī māgna dētrīmenta intulērunt. (Caes.)	Geringfügige Ursachen, z. B. eine falsche Vermutung oder eine plötzliche Schreckensnachricht, haben oft großen Schaden verursacht.
2. Multa Caesarem ad id bellum incitābant: iniūria retentōrum equitum Rōmānōrum . . . (Caes.)	Viele Gründe veranlaßten Cäsar zu diesem Kriege: das Unrecht, das jene durch Festhalten der röm. R. begangen hatten . . .

Auch ein mehrgliedriger erklärender Ausdruck kann im gen. explicativus stehen. Dieser wird alsdann durch eine (meist mit „etwa", „zum Beispiel", „nämlich" eingeleitete) Apposition (1) oder mit Hilfe eines Nebensatzes (2) übersetzt.

Vgl.: frz. le titre de roi, la ville de Paris; engl. the title of the Prince of Wales, the town of York (aber: urbs Roma).

3. Der gen. qualitatis

1. Vercingetorīx summae potentiae adulēscēns erat. (Caes.) 2. Levis armātūrae[1] peditēs hostibus occurrēbant. (Caes.) 3. Caesar Gallōs bellō octō annōrum pācāvit. (I, 25) 4. Caesar mūrum in altitūdinem pedum XVI dūcit. (Caes.)

Der Genetiv eines mit einem *Attribut verbundenen* Substantivs drückt als gen. qualitatis eine *Eigenschaft* oder *Beschaffenheit* des übergeordneten Nomens aus.

Vgl.: frz. un homme d'esprit; engl. a man of great knowledge.

Vgl. 73, 3.

4. Der gen. partitivus

1. Multōs modiōs salis simul ēdimus. (II, 8) 2. Māgna multitūdō adulēscentium in viīs erat. (I, 32) 3. Sapientium octāvus. (Sprichw.) 4. Nēmō nostrum sine vitiō est. (II, 32) 5. Alexander seniōrēs mīlitum in patriam dēmīsit. (Curt.) 6. Gallōrum omnium fortissimī sunt Belgae. (Caes.) 7. Videant cōnsulēs, nē quid rēs pūblica dētrīmentī capiat. (II, 35) 8. Paulum frūmentī reddēbat tellūs arāta. (II, 20) 9. Erat in Catilīnā satis ēloquentiae, sapientiae parum. (Sall.) 10. Ubi terrārum fuistī? (II, 13)

Der gen. **partitivus** bezeichnet das **Ganze,** auf dessen **Teil** sich die Aussage erstreckt. Er steht:

1. bei Substantiven des Maßes (1) und der Zahl (2);
2. bei Zahlwörtern (3, 4), Komparativen (5), Superlativen (6) und substantivisch gebrauchten Pronomina (7);
3. bei substantivierten Neutra von Quantitätsadjektiven (8);
4. bei substantivischen Adverbien wie satis, nimis, parum (9) und Ortsadverbien (10), z. B.: ubi terrārum? nūsquam gentium.

Vgl.: frz. un grand nombre de soldats; beaucoup d'argent; engl. a cup of coffee.

Zusatz:

1. „Omnia", inquit poēta, „hominēs inter sē partītī nihil expetendī mihi relīquērunt". (II, 25) 2. Nihil turpe Calpurnius umquam commīsit. (II, 26) 3. Aliquid nitidī, aliquid ēlegāns, aliquid salis Vagelliī versibus inesse concēdō. (II, 33)

Zu dem Neutrum eines Quantitätsadjektivs oder Pronomens tritt ein Adjektiv der o-Deklination meist im Gen. Sg. (1, 3), ein Adjektiv der i-Deklination im gleichen Kasus (2, 3).

Vgl.: frz. rien de nouveau.

---

[1] armātūra, -ae f. Bewaffnung.

1. a) 1. Aurī cupidī hominēs atrōcia bella gerēbant. (I, 35) 2. Iuvenēs Rōmānī laudis avidī, pecūniae līberālēs[1] erant. (Sall.) 3. Virī bellī perītī exercituī praeerant. (I, 9) 4. Hominēs nōn iam memorēs erant sapientium praeceptōrum. (I, 35) 5. Homō ratiōnis est particeps et cōgitātiōnis. (Cic.) 6. Vīs cōnsiliī expers mōle[2] ruit suā. (Hor.) 7. Vix sum compos animī. (Ter.) 8. Rōma plēna erat lacrimārum lūctūsque. (I, 13)

Die **adiectiva relativa**, die

begierig, kundig, eingedenk,
teilhaftig, mächtig, voll

oder **deren Gegenteil** bedeuten, verbinden sich zur Ergänzung ihres Sinnes mit dem Genetiv (gen. obiectivus):

avidus, cupidus	begierig	studiōsus	beflissen, zugetan
perītus, gnārus, cōnsultus (z. B.: iūris)	kundig, erfahren	imperītus, īgnārus	unkundig
		rudis, -e	unerfahren
cōnscius	bewußt	īnscius	unkundig, unwissend
memor	eingedenk	immemor	uneingedenk
particeps (-cipis)	teilhaftig	expers (-tis)	nicht beteiligt, frei von etwas, ohne etwas
potēns (z. B.: suī)	mächtig		
compos (-otis) (z. B.: mentis)	mächtig	impotēns	nicht mächtig, nicht Herr über etwas
plēnus	voll	orbus	beraubt

Merke:

vacuus, -a, -um leer mit Abl. sep. (vgl. 70, 2, b).

Vgl.: des Weges kundig, der Sinne mächtig, voll des süßen Weines; frz. plein de bonté, avide, capable de; engl. full, desirous of.

Zusatz:

Wie schon līberālēs pecūniae (2), dann integer vītae scelerisque pūrus (Hor.), tenāx[3] prōpositī[4] (Hor.), ambiguus[5] cōnsiliī (Tac.) u. a. zeigen, ist in der Dichtersprache und bei Späteren der Kreis solcher mit dem Genetiv verbundener Adjektive durch die Wirkung der *Analogie* erheblich erweitert worden.

b) 1. Hannibal erat vir amantissimus patriae, glōriae appetēns. (II, 13) 2. Flāminius cōnsul erat ferōx, nē deōrum quidem satis metuēns. (Liv.) 3. Quī famulus[6] est amantior dominī quam canis? (Colum.)

Auch die **Partizipia Präs. transitiver Verben** verbinden sich mit dem Genetiv, wenn sie nicht eine vorübergehende Handlung, sondern eine **dauernde Eigenschaft** bezeichnen. So bedeutet:

amāns patriae	vaterlandsliebend	patiēns frīgoris	abgehärtet gegen Kälte
vēritātis dīligēns	wahrheitsliebend	fugiēns labōrum	arbeitsscheu, feige

2. 1. Amīcōrum commūnia omnia. (Sprichw.) 2. Dēlus īnsula Apollinis Diānaeque sacra putābātur. (Cic.) 3. Deus omnia suī similia generāvit[7]. (Cic.)

Einige Adjektive, wie commūnis (1), sacer (2), similis (3) verbinden sich sowohl mit dem Dativ als auch mit dem Genetiv (vgl. 65, b).

Merke:

meī similis = meinesgleichen, vērī similis = wahrscheinlich.

[1] līberālis, -e freigebig. [2] mōlēs, -is Last. [3] tenāx, -ācis sich festhaltend. [4] prōpositum, -ī n. Vorsatz. [5] ambiguus, -a, -um unschlüssig. [6] famulus, -ī Diener. [7] generāre erschaffen.

1. Der gen. memoriae

1. Reminīscere veteris fāmae! (II, 16) 2. Aesculāpius meī miseritus nōn est. (II, 29) 3. Meminī tuī, mementō meī! (II, 32) 4. Sī veteris contumēliae[1] oblīvīscī volō, recentium[2] iniūriārum memoriam dēpōnere nōn possum. (Caes.)

Wie die Adjektive memor, immemor, cōnscius u. ä. (vgl. 67, 1) können sich auch die Verben des **Erinnerns, Erbarmens** und **Vergessens** mit dem Genetiv verbinden (gen. **memoriae**); die Person steht immer im Genetiv.

admonēre commonēre commonefacere	erinnern	meminisse reminīscī recordārī	sich erinnern
miserērī	sich erbarmen	oblīvīscī	vergessen

Vgl.: erinnere, erbarme dich meiner! der Toten gedenken; frz. se souvenir de; engl. to remind of.

Zusatz:

Dux mīlitēs hortātus est, ut dē fortitūdine māiōrum recordārentur. (II, 29) Bei admonēre und recordār steht meist dē mit Abl.

2. Der gen. criminis

1. Verrēs multārum iniūriārum accūsātus est, quās praetor Siculīs intulit. (II, 14) 2. Verrēs fierī nōn posse cōgnōvit, ut tantōrum scelerum absolverētur. (II, 14) 3. Iam mē ipse inertiae nēquitiaeque[3] condemnō. (Cic.) 4. Frusinātēs[4] tertiā parte agrī damnātī sunt. (Liv.) 5. Nautae capitis damnātī sunt. (II, 6)

Bei den Verben des **gerichtlichen Verfahrens** steht die *Sache*, um derentwillen die Verhandlung geführt wird, im gen. **criminis** (1, 2, 3). Die *Strafe* wird meist durch den *Ablativ* ausgedrückt (4); Ausnahme (5): capitis damnāre, absolvere.

Verba iudicialia sind:

accūsāre, arguere, īnsimulāre, reum facere	anklagen, beschuldigen
coarguere, convincere	überführen
damnāre, condemnāre	verurteilen
absolvere, līberāre	freisprechen

Vgl.: Unedler Säumnis klagen sie mich an (Schiller); frz. accuser, convaincre de; engl. to accuse of, he was convicted of having stolen.

Zusatz:

Lupus arguēbat vulpem *fūrtī crīmine.* (Phädr.) Der Genetiv bei diesen Verben erklärt sich so, daß ein ursprünglich hinzugefügtes crīmine (= mit [von] der Anschuldigung) schließlich als überflüssig empfunden und ausgelassen wurde.

3. Der Genetiv bei piget usw.

1. Mē nōn sōlum piget stultitiae meae, sed etiam pudet. (Cic.) 2. Mē meōrum factōrum atque cōnsiliōrum numquam paenitēbit. (Cic.) 3. Mē cīvitātis mōrum piget taedetque.

[1] contumēlia, -ae f. Schmach. [2] recēns, -entis neu. [3] nēquitia, -ae Nichtsnutzigkeit.
[4] Frusinātēs, -ium Einwohner von Frusino in Latium.

(Sall.) 4. Eōrum nōs magis miseret, quī nostram misericordiam nōn requīrunt[1], quam quī illam efflāgitant[2]. (Cic.)

Bei den unpersönlichen Ausdrücken:

piget mē	mich verdrießt, ärgert etwas, ich ärgere mich über etwas	paenitet mē	mich reut, ich bereue etwas
pudet mē	mich schämt etwas, ich schäme mich (einer Person oder Sache)	taedet mē	mich ekelt etwas an, ich bin überdrüssig
		miseret mē	mich jammert, ich habe Mitleid mit

steht die Person, welche die betr. Empfindung hat, im **Akkusativ**, das, was die Empfindung hervorruft, im **Genetiv**.

Vgl.: Es jammerte ihn des Volks; frz. se repentir de; engl. to be ashamed of.

4. Der gen. pretii

a) 1. Commiī rēgis virtūs in Britanniā māgnī habēbātur. (Caes.) 2. Rōmānī sua parvī pendere, aliēna cupere coepēre. (Sall.) 3. Voluptātem virtūs minimī facit. (Cic.)
b) 4. Vēndō meum frūmentum nōn plūris quam cēterī, fortāsse etiam minōris. (Cic.) 5. Ēmit Cānius hortōs tantī, quantī Pȳthius voluit. (Cic.)

Zu a)

Bei **aestimāre, habēre, facere, pendere, dūcere** in der Bedeutung: **schätzen, achten** steht der gen. **pretii** (1, 2, 3) in folgenden *allgemeinen* Wertbezeichnungen:

māgnī, plūris, plūrimī oder māximī,
parvī, minōris, minimī,
tantī, quantī, nihilī.

Zu b)

Bei den Verben: **kaufen, verkaufen, kosten, mieten** u. ä. stehen nur die vier vergleichenden Adjektive **tantī, quantī, plūris** und **minōris** im Genetiv. Im übrigen vgl. 72, 1.

5. Der Genetiv bei esse und fierī

a) 1. Frūmentum tantī fuit, quantī Verrēs aestimāvit. (Cic.) 2. Illīus unguis plūris est quam tū tōtus. (Sprichw.)
b) 3. Sōcratēs erat māgnae sapientiae. (II, 13) 4. T. Mānlius Torquātus prīscae ac nimis dūrae sevēritātis fuit. (II, 13) 5. Papīrius Cursor erat invictī ad labōrem corporis. (Liv.) 6. Xerxis classis mīlle et ducentārum nāvium longārum fuit. (Nep.)
c) 7. Sōtae sum. (II, 15) 8. Gallia nōn potius Ariovistī quam populī Rōmānī est. (Caes.) 9. Prīmō bellō Pūnicō cōnfectō Sicilia, quae anteā Carthāginiēnsium fuerat, Rōmānōrum facta est. (II, 13) 10. Tuum est rēgnum, nōn eōrum, quī pessimum facinus fēcēre. (Liv.)
d) 11. Dominīs suīs prōdesse et equōrum et asinōrum est. (I, 20) 12. Adulēscentis est māiōrēs nātū verērī. (Cic.) 13. In errōre persevērāre stultitiae est (stultī est). (II, 13) 14. Tuum erat asinō adesse. (I, 20)

---

[1] requīrere, -ō, -īsīvī, -īsītus suchen. [2] efflāgitāre dringend wünschen.

Der Genetiv bei **esse** kann sein

a) ein genetivus **pretii** (vgl. oben 4.); dann hat esse die Bedeutung „wert sein, gelten";

b) ein gen. **qualitatis** (vgl. 66 I, 3); **esse** wird mit „haben", „besitzen", „zeigen", „sich belaufen auf" u. ä. übersetzt. (Vgl. Wir sind deutscher Abstammung)

c) ein gen. **possessivus**; er bezeichnet den Besitzer (vgl. 63, 1); **esse** bedeutet „gehören", „Eigentum sein"; **fieri** bedeutet „in den Besitz übergehen".

d) Der gen. **possessivus** mit **esse** bedeutet häufig: „es ist Aufgabe, Pflicht, Sache, Eigenart einer Person" bzw. „es ist Zeichen von" oder „es beweist, verrät eine Eigenschaft".

Daß ein neutrales Substantiv, etwa „*officium*" oder „*sīgnum*", ergänzend hinzugedacht ist, beweisen die Ausdrücke:

meum, tuum, nostrum, vestrum est	es ist meine, deine usw. Pflicht
suum esse puta(n)t	er, sie hält es für seine, ihre Pflicht; sie halten es für ihre Pflicht

6. Der Genetiv bei interest und rēfert

1. Reī pūblicae commūnisque salūtis interest manūs hostium distinērī[1]. (Cäs.) 2. Māgnī meā interest nōs ūnā esse. (Cic.) 3. Vestrā, iūdicēs, māximē interest nōn ex levitāte[2] tēstium causās honestōrum hominum ponderārī[3]. (Cic.) 4. Id meā minimē rēfert. (Ter.) 5. Māgnī nostrā omnium rēfert, utrum hominēs sint beātī an miserī. (Cic.)

Bei **interest** (= es ist von Wichtigkeit, Bedeutung; es liegt im Interesse; es kommt darauf an) steht die Person oder Sache, der an etwas gelegen ist, im Genetiv (1). Statt des Genetivs der Personalpronomina treten die Formen meā, tuā, suā, nostrā, vestrā ein (2, 3). Wieviel an etwas gelegen ist, wird durch einen gen. pretii (2) oder durch Adverbien (3) ausgedrückt.

Selten mit dem Genetiv, sonst aber mit denselben Konstruktionen wie interest verbindet sich das gleichbedeutende, ältere rēfert (4, 5).

Zusatz:

Dem Ausdruck meā rēfert liegt vielleicht zugrunde ein meă rēs fert = mein Interesse bringt es mit sich. Aus dem zusammengerückten *rēsfert entwickelte sich ein rēfert, dessen erster Bestandteil (rē-) fälschlich als Ablativ gedeutet wurde und den Übergang von meă > meā hervorgerufen hat.
Da das später entwickelte interest dieselbe Bedeutung wie rēfert hat, wurde durch die Wirkung der Analogie die Konstruktion von rēfert auf interest übertragen.

Der Ablativ

69 Sprachgeschichtliche Vorbemerkung

Im lateinischen Ablativ, dem Kasus verschiedenartiger adverbialer Bestimmungen, sind drei Kasus der indogermanischen Ursprache zusammengeflossen:

I. der **Separativus**, der die **Trennung** angab (auf die Frage **„woher?"**, **„wovon?"**);

II. der **Instrumentalis**, der das **Mittel** oder **Werkzeug** ausdrückte (auf die Frage **„womit?"**, **„wodurch?"**);

III. der **Lokativus**, der den **Ort** (auf die Frage **„wo?"**) und als **Temporalis** den **Zeitpunkt** (auf die Frage **„wann?"**) bezeichnete.

1 distinēre auseinanderhalten. 2 levitās, -tātis Leichtfertigkeit. 3 ponderāre ex beurteilen nach etwas.

1. zur Bezeichnung des Ausgangspunktes

a) 1. Carthāgine in Siciliam revertī. (II, 18) 2. Helvētiī domō ēmigrant. (Caes.) 3. Mē locō movēre nōn possum. (II, 27)

b) 4. L. Catilīna nōbilī genere nātus est. (Sall.) 5. a) Cicerō equestrī locō ortus est. (II, 25) b) aber: Plērīque[1] Belgae ā Germānīs ortī sunt (Caes.)

Im abl. **separativus** stehen a) die Namen von **Städten** und kleinen Inseln (1), **domus (domō** = von Hause, aus der Heimat [2]), **locus** (3), **rūs** auf die Frage „woher?" (vgl. 61a); b) die Angaben der gesellschaftlichen Stellung bei **nātus** und **ortus.**

2. bei Ausdrücken der Trennung

a) 1. Ōrāvistis mē, ut poenā līberārēmini. (I, 22) 2. Grātus essem deīs, sī hīs cūrīs solverer. (I, 28) 3. Abstinēte bellō! (I, 23) 4. Augustus indīgnōs senātū mōvit. (II, 27) 5. Decem annōs Trōiānī urbem ā Graecīs dēfendērunt. (II, 8) 6. Ēgredere ex urbe, Catilīna! (Cic.) 7. Ītalia ab Helvētiā Alpium rūpibus sēiungitur. (II, 31) 8. Quantum ab hāc memoriā differt ea, quam Verrēs in Siciliā relīquit! (II, 14) 9. Paulum ā pīstrīnō absumus. (I, 20)

Der abl. **separativus** steht ferner bei Verben und Ausdrücken, die eine **Trennung** bezeichnen (1—4); zur Verdeutlichung kann ā, dē oder ex hinzugefügt werden (5—9).

Die Präposition findet sich stets bei *Personen* (5), bei mit sē- oder *dis*- zusammengesetzten Verben (7, 8) und bei *abesse* (9).

Zusatz:

Dem lateinischen Separativus entspricht im Deutschen ein anderes Sprachbild in den Ausdrücken:

dēfendere ab hostibus	*gegen* die Feinde verteidigen
prōtegere, tuērī ab iniūriīs	*vor* Unrecht schützen
prohibēre (ā) rapīnīs	*an* Räubereien hindern
magistrātū sē abdicāre	*ein* Amt *nieder*legen
hostēs commeātū interclūdere	den Feinden die Zufuhr absperren
aquā et īgnī interdīcere	von Wasser und Feuer ausschließen, ächten

Vgl.: frz. s'abstenir, se dēfendre, dēlivrer de; engl. to abstain, to protect, to separate, to save from.

b) 1. Agricolae hircum vitiō carentem immolābant. (I, 39) 2. Vir sapiēns nūllā rē eget (indiget). (II, 17) 3. Nē dīvitum quidem animī cūrīs vacant. (I, 35) 4. Lībertāte prīvātās nōs vīvere nōn decet. (II, 5) 5. Robustus animus omnī est līber cūrā et angōre[2]. (Cic.) 6. Oppidum Noviodūnum erat vacuum ā dēfēnsōribus[3]. (Caes.)

Mit dem abl. separativus verbinden sich auch folgende eine *Trennung* ausdrückende **Verben** (1—4):

carēre	nicht haben, frei sein von etwas	vacāre	frei sein von etwas
egēre, indigēre	bedürfen	prīvāre, orbāre, spoliāre, nūdāre	berauben

sowie die **Adjektive** (5, 6): **līber, nūdus, vacuus** (alle auch mit **ā** und abl.), **orbus** (auch mit gen.). Vgl. 67, 1a.

Vgl.: frz. manquer, priver de; engl. to deprive, to destitute, devoid of, to be short of.

---

[1] Plērīque, -aeque, -aque die meisten. [2] angor, -ōris m. Angst. [3] dēfēnsor, -ōris Verteidiger.

3. Der abl. comparationis

1. Tunica propior palliō est (II, 31) 2. Nihil est ūtilius sōle et sale. (II, 31) 3. Est bonī cōnsulis suam salūtem posteriōrem salūte commūnī habēre. (Cic.)

Bei Komparativen kann statt quam (als) mit nachfolgendem Nominativ (1, 2) oder Akkusativ (3) der abl. **comparationis** stehen.

In Satz 1 ist der abl. comparationis **„palliō"** Ausgangspunkt des Vergleichs und drückt aus, daß, „vom Rock aus gesehen, das Hemd näher ist".

Zusatz 1:

Quīnctius tēcum plūs annum vīxit. (Cic.)

Bei minus, plūs, amplius, longius in Verbindung mit Zahl- und Maßangaben wird quam *ohne Einfluß auf den Kasus* weggelassen.

Vgl.: frz. nous étions plus de dix.

Zusatz 2:

Patriam, quā nihil potest esse iūcundius, nōbīs reddidistis. (Cic.)

Der abl. comparationis im Relativsatz (quā . . . iūcundius = von dem her gesehen, es nichts Teureres geben kann) wird gewöhnlich mit Hilfe einer superlativischen Apposition übersetzt: „Das Teuerste, was es geben kann".

II. Der Ablativ als Instrumentalis

71 Der Instrumentalis im engeren Sinne

1. Bei Verben

a) 1. Date plēnā manū! (I, 9) 2. Concordiā parvae rēs crēscunt. (I, 28) 3. Carthāgō omnibus rēbus ad bellum necessāriīs abundābat. (II, 17) 4. Terrae mōtūs incolās Siciliae māgnō lūctū complēverant. (I, 11) 5. Māgnō gaudiō affectus sum. (II, 11)

Das **Mittel** oder **Werkzeug** — auch im übertragenen Sinne —, mit dem etwas geschieht, steht im abl. instrumenti (1, 2); im Deutschen wird dieser Sachverhalt durch präpositionalen Ausdruck wiedergegeben.

Den abl. **instrumenti** regieren u. a. die Verben des **Anfüllens** und **Gefülltseins** (3, 4) und **afficere** = (wörtlich) behaften (5).

implēre	complēre	refercīre	anfüllen mit etwas
abundāre	redundāre	affluere	von etwas überfließen, Überfluß haben an etwas
aliquem	timōre	afficere	jmd. Furcht einflößen
aliquem	poenā	afficere	jmd. bestrafen
aliquem	honōre	afficere	jmd. Ehre erweisen
aliquem	cūrā	afficere	jmd. Sorge bereiten
aliquem	iniūriā	afficere	jmd. Unrecht tun
aliquem	suppliciō	afficere	jmd. hinrichten lassen

Merke:

Honestum est laudārī ā laudātō virō. (I, 24)

Die **Person als Urheber** der Handlung wird, besonders im passivischen Satz, durch **ā** mit **abl.** bezeichnet.

b) 1. Victōriā ūtī nescīs. (II, 16) 2. Vīta, quā fruimur, brevis est (II, 16) 3. Officiīs dīligenter fungiminī! (II, 16) 4. Senex baculō nītitur. (II, 16) 5. Īnfantēs lacte vescuntur. (II, 16) 6. Impedīmentīs castrīsque nostrī potītī sunt. (Caes.)

Ihrer Grundbedeutung entsprechend verbinden sich mit dem abl. **instrumenti** die Deponentien:

		eigentlich:
ūtī	etwas gebrauchen	hantieren *mit* etwas, Gebrauch machen *von* etwas
fruī	etwas genießen	Genuß haben *durch* (*von*) etwas
fungī	etwas verwalten	*mit* etwas fertig werden, sich *mit* etwas beschäftigen
potīrī	sich bemächtigen	Herr werden *durch* etwas
vescī	etwas essen	sich nähren *von* etwas
nītī	sich stützen auf etwas	eine Stütze haben *durch* (an) etwas

Doch vgl. 92, 2.

Potīrī verbindet sich wegen des in ihm liegenden Substantivbegriffs „Herr" (vgl. potēns m. Gen. 67, 1) oft mit dem Genetiv, besonders in dem Ausdruck: rērum potīrī sich der Herrschaft bemächtigen.

Zusatz:

1. In campō Mārtiō pilā lūdēmus. (I, 28) 2. Ariovistus multōs mēnsēs castrīs et palūdibus sē tenuit. (Caes.)

Der lateinischen instrumentalen entspricht im Deutschen häufig eine andere, meistens lokale Auffassung. So bedeutet:

versibus celebrāre	**in** Versen verherrlichen	labōribus assuēscere	sich **an** Mühen gewöhnen
pedibus īre	**zu** Fuß gehen	memoriā tenēre	**im** Gedächtnis behalten
currū vehī	**auf** einem Wagen fahren	castrīs se tenēre	sich **im** Lager halten
tēctō recipere	**in** sein Haus aufnehmen	bove sacrificāre	**ein** Rind opfern

2. bei Adjektiven

1. Largīre mihi, Iuppiter, quod poētā dīgnum est. (II, 25) 2. Frētī amīcitiā nostrā tē hoc ōrāmus. (II, 17) 3. Praedā onustī revertēminī. (II, 16)

Die Adjektive:

contentus	zufrieden mit etwas	frētus	vertrauend auf (eigtl.: gestützt von) etwas
onustus	beladen mit etwas	dīgnus	würdig (eigtl.: geziert mit etwas) (verw. mit decus)
praeditus	versehen mit etwas	indīgnus	unwürdig
assuētus	gewöhnt an etwas		

verbinden sich entsprechend ihrer Grundbedeutung mit dem Instrumentalis.

Vgl.: frz. content, digne de (schon Tertullianus [2/3. Jahrh.] sagt: digni de caelo Castores).

3. Der Instrumentalis bei ūsus est, opus est

1. Octāvius Rōmam redūxit nāvēs, quibus cōnsulī ūsus nōn erat. (Liv.) 2. Multīs nōn duce tantum opus est, sed adiūtōre[1]. (Sen.) 3. Sapientissimum esse dīcunt eum, cuī, quod opus sit, ipsī veniat in mentem. (Cic.) 4. Themistoclēs celeriter, quae opus erant, reperiēbat. (Nep.)

Wie bei ūtī, so steht auch bei dem davon abgeleiteten Substantiv ūsus (= Bedürfnis) in dem Ausdruck „mihi ūsus est aliquā rē" die Sache im Ablativ (1).

In Anlehnung an diesen Ausdruck heißt es in gleicher Bedeutung **„mihi opus est aliquā rē"** (ich habe etwas nötig) (2).

Ist aber die Sache durch das Neutrum eines Adjektivs oder Pronomens ausgedrückt, so wird dieses Subjekt und steht im Nominativ (3, 4).

72 Der Instrumentalis in besonderer Anwendung

1. Der abl. pretii

1. Virī fortēs pācem nōn aurō emunt. (II, 8) 2. Caupōnēs fascēs lignōrum parvō pretiō vēndunt. (II, 19) 3. Piscēs, quōs offers, ūnō asse cārī sunt. (II, 19) 4. Parvō famēs cōnstat, magno fastīdium[2]. (Sen.)

Bei den Verben *kaufen, verkaufen, kosten* (cōnstāre), *mieten* (condūcere), *vermieten* (locāre) u. ä. stehen die Wertangaben mit Ausnahme der vier vergleichenden tantī, quantī, plūris und minōris (vgl. 68, 4b) im abl. **pretii** (1, 2, 3), einer Sonderform des Instrumentalis. Hierhin gehören auch die Ablative (4):

māgnō = teuer; parvō = billig; plūrimō = sehr teuer; minimō = sehr billig.

2. Der abl. mensurae

1. Hominēs quō plūra habent, eō ampliōra cupiunt. (II, 17) 2. Quantō diūtius cōnsīderō, tantō mihi rēs vidētur obscūrior[3]. (Cic.) 3. Cervus multīs bestiīs celeritāte antecēdit. (II, 17)

Der abl. **mensurae** nennt das *Maß des Unterschiedes*

a) bei den Komparativen und Superlativen der Adjektive und Adverbien (1, 2),
b) bei den Verben des Übertreffens (3).

Merke:

multō melior	bei weitem besser
multō ante (post)	lange vorher (nachher)
paulō ante (post)	kurz vorher (darauf)
nihilō minus	nichtsdestoweniger

Vgl.: frz. de moitié plus petit.

3. Der abl. causae

a) 1. Inopia omnium rērum crēvit longā obsidiōne. (II, 17)

b) 2. Victōriā gaudēmus. (II, 17) 3. Mezentius, Etruscōrum rēx, minimē laetus fuerat orīgine urbis novae. (Liv.) 4. Ōdērunt peccāre bonī virtūtis amōre. (II, 26) 5. Orgetorīx rēgnī cupiditāte adductus coniūrātiōnem fēcit. (II, 17)

---

[1] adiūtor Helfer, Beistand [2] fāstīdium, -ī verwöhnter Geschmack. [3] obscūrus, -a, -um dunkel.

a) Die Ursache eines Geschehens oder Sachverhalts wird im abl. **causae** ausgedrückt.

b) Dieser findet sich häufig nach einem Verb (2) oder Adjektiv (3) der **Gemütsstimmung** (des **Affekts**) oder drückt selber einen Affekt aus (4); im letzteren Falle tritt — vor allem, wenn ein gen. obiectivus fehlt — ein verdeutlichendes Partizip hinzu, das im Deutschen unübersetzt bleibt (5).

cupiditāte adductus	aus Gier	timōre perterritus	aus Furcht
īrā īnflammātus	im Zorn	odiō incēnsus	aus Haß
amōre impulsus	aus Liebe	misericordiā commōtus	aus Mitleid

4. Der abl. limitationis

a) 1. Hīc servus nātiōne Syrus est. (II, 17) 2. Lūcius alterō pede claudus est. (II, 17) 3. Ūrī[1] sunt māgnitūdine paulō īnfrā elephantōs. (Caes.)

b) 4. Māgnōs hominēs virtūte mētīmur, nōn fortūnā. (II, 25) 5. Servōs nōn ministeriō aestimābō, sed mōribus. (Sen.)

Der abl. **limitationis** steht auf die Frage *in welcher Hinsicht?*, *in welcher Beziehung?* zur Einengung des Begriffsumfangs

a) von Substantiven (1), Adjektiven (2), und Verben (3). Deutsch mit: *hinsichtlich, an, von, in*;
b) bei den Verben des *Messens, Schätzens, Beurteilens* (4, 5).

Vgl.: frz. jeune d'années, connaître de vue, changer de visage.

Hierhin gehören auch Ausdrücke wie:

nōmine	mit Namen	meā sententiā	nach meiner Meinung
speciē	dem Scheine nach	aetāte provectus	in vorgerücktem Alter
rē }	in Wirklichkeit	numerō	an Zahl
rē vērā }	in Wirklichkeit	māior nātū	älter
rēāpse }	in Wirklichkeit		

Zusatz:

Der acc. limitationis (acc. Graecus) in: Aenēās ... ōs umerōsque deō similis (Verg.) oder in: ... tremis ossa pavōre (Hor.) ist *griechischem* Sprachgebrauch nachgebildet und auch in die spätere lateinische Prosa eingedrungen, z. B. fēminae Germānōrum nūdae brachia et lacertōs (Tac.); aeger manum (Tac.)

5. Der Instrumentalis zur Bezeichnung des Weges

1. Lūcius viā Lātā ad campum Mārtium incēdit. (I, 28) 2. Mercātōrēs Tiberī ūsque Rōmam nāvigāre poterant. (I, 31) 3. Equitēs Pedō praefectus fīnibus Frīsiōrum dūcit. (Tac.)

Der Weg, auf dem eine Bewegung stattfindet, wird im Lateinischen als *Mittel der Bewegung* aufgefaßt und durch den abl. instrumenti ausgedrückt.

73 Der soziative Instrumentalis

Der Instrumentalis der idg. Ursprache (vgl. 69, 2) hat nicht nur das **Mittel, mit** dem etwas ausgeführt wird, sondern in weiterem Sinne als **sociativus** jede **Gemeinschaft mit** etwas oder **Begleitung** ausgedrückt.

[1] ūrus, -ī Auerochs.

1. Der abl. sociativus

a) 1. Hostēs ad castra omnibus cōpiīs contendērunt. (Caes.) 2. Dictātor ingentī exercitū ab urbe prōfectus est. (Liv.) 3. Caesar cum equitātū accurrit. (Caes.) 4. Caesar sē cum sōlā decimā lēgiōne itūrum dīxit. (Caes.)

b) 5. Cum sociīs meīs in terrās longinquās nāvigābam. (I, 5) 6. Iugurtha cum aurō et argentō multō lēgātōs Rōmam mittit. (Sall.)

a) Da die Truppe als *Werkzeug* des Feldherrn angesehen wurde, hat sich der Gebrauch des abl. **sociativus** (ohne cum) bei militärischen Zügen erhalten, wenn die begleitende Truppe durch ein Substantiv mit einem unbestimmten Attribut (omnibus [1], ingentī [2]) bezeichnet wird.

Fehlt dieses oder wird eine bestimmte Angabe gemacht, so wird cum hinzugefügt (3, 4).

b) In allen übrigen Fällen wird das **Zusammensein** mit einer Person oder Sache durch den **mit cum** verbundenen abl. **sociativus** ausgedrückt (5, 6).

2. Der abl. modi

a) 1. Commius ad Britannōs ōrātōris modō (in der Art eines Unterhändlers) Caesaris mandāta dētulit. (Caes.)

b) 2. Iucunde vīvī nōn potest, nisi cum virtute vivitur. (II, 17) 3. Canis dominō māgnō (cum) studiō serviēbat. (I, 29) 4. Caesar, id sī fieret, intellegēbat māgnō cum perīculō prōvinciae (für die Provinz) futūrum. (Caes.)

a) Der abl. **modi** drückt die *Art* und *Weise* aus, **wie** etwas geschieht. Er liegt vor in:

hōc modō hāc ratiōne	auf diese Weise	cāsū	zufällig
		meritō	nach Gebühr
mōre maiōrum	nach Art der Vorfahren	aequō animō	mit Gleichmut
nūllō negōtiō	ohne Schwierigkeit	bonā fide	in gutem Glauben
voluntāte, meā sponte	freiwillig	hōc cōnsiliō eā mente	in der Absicht, in der Meinung
iūre	mit Recht		
iniūriā	zu Unrecht	silentiō	unter Schweigen

b) Für andere Substantive gilt folgendes:

Substantive **ohne** adjektivisches Attribut (2) stehen meistens **mit cum,**
Substantive **mit** adjektivischem Attribut (3) **bald mit, bald ohne cum.**

Drückt der Ablativ einen **begleitenden Nebenumstand** aus, so tritt er immer in Verbindung mit **cum** auf (4).

Vgl.: frz. prendre une ville d'assault, entrer de force, agir de bonne foi; engl. to take by force, by storm.

Aus dem Ablativ von mēns mit dem jeweiligen Adjektiv wurde das französische Adverb: z. B.: lentement.

3. Der abl. qualitatis

1. Erat Crāstinus in exercitū Caesaris, vir singulārī virtūte. (Caes.) 2. Mōns erat māgnā altitūdine. (II, 17) 3. Catō in omnibus rēbus singulārī fuit industriā. (II, 17)

Der abl. **qualitatis** gibt wie der gen. qualitatis (vgl. 66, 3) die einer Person oder Sache anhaftenden (sie gleichsam begleitenden) Eigenschaften an. Er tritt wie der gen. qualitatis nur in Verbindung mit einem Attribut auf und kann (wie jener) sowohl attributiv (1) gebraucht werden als auch in Verbindung mit esse das Prädikat bilden (2, 3).

1. Der abl. locativus

a) 1. Domī sellae vestrae vacuae sunt. (I, 17) 2. Utinam vōbīscum rūrī fuissem! (I, 18) 3. Viātōrēs fatīgātī humī sē sternunt. (II, 1)

b) 4. Sextō a. Chr. n. saeculō Tarquinius Superbus Rōmae rēgnāvit. (I, 21) 5. Agrigentī trēs diēs mānsī. (II, 18) 6. Vīgintī diēs Athēnīs fuī. (II, 18) 7. Alexander Babylōne mortuus est. (Cic.)

c) 8. Sinuessa et Bāiae peramoenīs Ītaliae locīs sitae sunt. (II, 18) 9. Caesar tōtā Graeciā laudibus effertur. (II, 18)

d) 10. Lūcīlius in vīcō habitat. (I, 1)

a) Für die **Ortsbestimmung** auf die Frage „wo?“ gab es ursprünglich einen besonderen Kasus, den **Lokativ** (vgl. 58). Ihn kennzeichnete die Endung -i. Diese ist noch erhalten u. a. in: ub-i, ib-i, rūr-ī, hum-ī, dom-ī (1, 2, 3).

b) Die Lokativendung -i ist auch noch erkennbar in den *singularischen* Städtenamen auf -a und -us, z. B.: Rōmae (aus: Rōma-ī) = in Rom, Corinthī = in Korinth (4, 5).
Die *pluralischen* jedoch und die meisten zur *konsonantischen* Deklination gehörigen Städtenamen stehen auf die Frage „wo?“ im abl. **locativus** (6, 7).

c) Im abl. **locativus** kann ferner locus (8) und muß jedes Substantiv in Verbindung mit tōtus (9) stehen.

d) Bei anderen als Ortsbestimmung auf die Frage „wo?“ gebrauchten Substantiven wird präpositionaler Ausdruck verwandt (10).

Merke:
forīs draußen

2. Der abl. temporis

1. Ubi fuistī fēriīs? (I, 8) 2. Nōn ūnō diē Rōma aedificāta est. (I, 24) 3. Saturnī stēlla trīgintā fere annīs cursum suum cōnficit. (Cic.)

Wie die Bildungen vesperī, herī, postrī-diē, ubi (= „wo“ und „sobald als“) zeigen, bezeichnete der alte Lokativ einen mehr oder weniger eng *umgrenzten Ausschnitt* nicht nur aus dem *Raume*, sondern auch aus der *Zeit*.

Aus dem Lokativ hat sich daher neben dem abl. loci auch ein abl. **temporis** entwickelt. Dieser steht:

a) auf die Frage *wann?* (1, 2);
b) auf die Frage: *innerhalb welcher Zeit?* (3).

Merke:
in bellō, in pāce, in rēbus secundīs (adversīs), aber bellō Pūnicō secundō; in iuventūte, aber prīmā iuventūte; domī bellīque im Krieg und im Frieden.

75 Die Präpositionen

1. Die lateinischen *Präpositionen* — wie die meisten deutschen — waren ursprünglich größtenteils *Adverbien*. Als die Funktionen des Akkusativs und Ablativs an Zahl und Umfang zunahmen, wurden diesen Kasus zur Verdeutlichung ihrer Beziehungen zu anderen Satzteilen diese Adverbien als Präpositionen beigefügt. Folgende Präpositionen verbinden sich:

a) mit dem Akkusativ:	**b) mit dem Ablativ:**
ante, apud, ad, adversus, circum, circā, citrā, cis, ergā, contrā, inter, extrā, īnfrā, intrā, iūxtā, ob, super, penes, post und praeter, prope, propter, per, secundum, suprā, versus, ultrā, trāns.	**Beim Ablativus stehen dē, cum und cōram, ā und ē, sine, tenus, prō und prae.**

Zu a)

ante	vor	iūxtā	dicht bei, neben
apud	bei	ob	vor, wegen
ad	zu, an, bei	super	oberhalb, über — hinaus
adversus	nach — hin, gegenüber	suprā	oberhalb, über — hinaus
circum	um — herum	penes	bei (= in der Gewalt)
circā	um — herum	post	hinter, nach
cis	über — hinaus	praeter	an — vorbei, außer
citrā	diesseits	prope	nahe bei
ergā	gegen (freundlich)	propter	wegen
contrā	gegen (feindlich)	per	durch (hindurch)
inter	zwischen	secundum	längs, (unmittelbar) nach
intrā	innerhalb	versus	nach — hin
extrā	außerhalb, über — hinaus	ultrā	über — hinaus, jenseits
īnfrā	unterhalb	trāns	über (hin), jenseits

Zu b)

dē	von — herab, über	tenus	bis an
cum	mit	prō	für (in Stellvertretung, zur Verteidigung; zum Lohne für; im Verhältnis zu)
cōram	in Gegenwart von		
ā, ab	von — her (an); seit; von		
ē, ex	aus, seit	prae	vor; wegen (hindernder Grund)
sine	ohne		

c) 1. Līgna in silvam fers. (Sprichw.) 2. Lupus in fābulā. (Sprichw.) 3. Cum male pugnātum apud Caudium esset, legiōnes nostrae sub iugum missae sunt. (Cic.) 4. Saepe sub palliolō[1] sordidō sapientia est. (Sprichw.)

Die Präpositionen in und sub stehen auf die Frage „wohin?" beim Akkusativ, auf die Frage „wo?" beim Ablativ.

2. Abweichende Ortsauffassung

a) 1. Tōta familia in ātrium convēnit. (II, 2) 2. Post longōs errōrēs Aenēās in Italiam advēnit. (II, 5) 3. Helvētiī sē in proximās silvās abdidērunt[2]. (Caes.) 4. Caesar exercitum in ūnum locum contrahit. (II, 5) 5. Imperātor Rōmam nūntiat hostēs victōs esse. (II, 5)

b) 6. Platō ratiōnem in capite posuit, īram in corpore locāvit. (Cic.) 7. In monumentō rēgis īnscrīpta sunt haec: „Probē vīxit, improbōs vīnxit, hostēs vīcit". (II, 23)

[1] palliolum, -ī Mäntelchen. [2] abdere, -ō, -didī, -ditus, -a, -um verbergen.

c) 8. Ūna pars Galliae initium capit ā flūmine Rhodanō (= an der Rhône); attingit ab Sequanīs et Helvētiīs (= im Gebiet der S. und H.) flūmen Rhēnum. (Caes.) 9. Alexander et ā fronte et ā tergō habēbat hostem. (Curt.). 10. Nōn pendent ab (ex) arbore malā (= an einem schlechten Baume) bonī frūctūs. (I, 26)

a) Bei folgenden Verben hat der Lateiner die Bewegung *zum Ziele hin* (wohin?), der Deutsche die bereits erreichte Anwesenheit *am Ziele* (wo?) im Auge:

Wohin? fragt man bei contrahō, adveniō, conveniō, concurrō, cōgō, colligō, appellō, abdō, nūntiō.	b) **Umgekehrt merke:** Bei pōnō, locō, collocō, statuō, cōnstituō, cōnsistō und cōnsīdō, īnscrībō sowie numerō fragt der Lateiner immer **wo?**

c) In zahlreichen Wendungen wird der angegebene Ort vom Lateiner als *Ausgangspunkt* („woher?") angesehen, während der Deutsche entsprechend der Frage „wo?" konstruiert. So erklären sich die Ausdrücke:

ā tergō	im Rücken	ab omnī parte beātus	in jeder Beziehung glücklich
ā fronte	vorn	ab aliquō stāre	auf jmds. Seite stehen
ab utrāque parte	beiderseits	ex pedibus labōrāre	an den Füßen leiden
ā dextrā (parte)	rechts	ex equō pūgnāre	zu Pferde kämpfen
ā sinistrā (parte)	links		

Das Verbum finitum im einfachen und erweiterten einfachen Satz

76 I. Genus, Numerus, Person

1. Das Passiv: sprachliche Entwicklung

Die idg. Grundsprache und das älteste Latein besaßen **zwei** genera verbi: das **Aktiv** und das **Medium**. Die Medialform hob hervor, daß die Handlung, die das Subjekt vollzieht, auf dieses *irgendwie zurückwirkt.* Es bedeutete also:

Puer lūdō dēlectā**tur**: Der Knabe **erfreut sich** an dem Spiel.

Der Knabe, der **sich** an dem Spiel *erfreut,* **wird** durch das Spiel **erfreut.** So schloß die mediale Funktion der Form delectatur die Möglichkeit **passivischer** Verwendung von vornherein mit ein.

Im Lateinischen hat letztere im Laufe der Zeit den Vorrang gewonnen, hat sich das **Medium zum Passiv** entwickelt, durch welches das Subjekt als der **leidende** Mittelpunkt der Handlung bezeichnet wird. In beschränktem Umfang ist jedoch auch das *Medium* in der lateinischen Sprache *lebendig geblieben.*

2. Das reflexive Medium

1. Ante oculōs nostrōs mare pandēbātur. (II, 8)	Vor unseren Augen *breitete sich* das Meer aus.

2. Parēs cum paribus facillimē congregantur. (II, 31) 3. Quī aequō animō malīs immīscētur, malus est. (Sen.) 4. Tempora mūtantur. (Sprichw.)

Das reflexive Medium muß meistens durch *reflexive Verben* wiedergegeben werden, z. B.:

augērī	sich vergrößern	lavārī	(sich) baden
dēlectārī	sich erfreuen	movērī	sich bewegen
fallī	sich täuschen	mūtārī	sich ändern
induī	sich anziehen	offerrī	sich darbieten
invenīrī	sich finden		

3. Übersetzung des lateinischen Passivs

a) 1. Hesternā tuā disputātiōne dēlectātus sum = das Gespräch gestern mit dir hat mich erfreut. (Cic.) 2. Frātrī sūmpta mihīque toga est. (Ov.)

b) 3. Laudāmur, sī piī et industriī sumus = man lobt uns ... (I, 22) 4. Nūllā rē melius peccātur quam clementiā. (I, 37)

c) 6. Rhodanus nōnnūllīs locīs vadō trānsītur = die Rhône läßt sich ... durch eine Furt überqueren. (Caes.) 7. Tū sī animō regeris, rēx es, sī corpore, servus. (I, 28)

d) 8. Is pāgus appellābātur Tigurīnus. (Caes.) 9. Nāvigantibus movērī videntur, quae stant. (Cic.) 10. Perīculīs nōn terrēmur. (I, 23) 11. Īgnis exstinguitur. (Cic.) 12. Nāvēs mersae sunt. (II, 3) 13. Nāvis appulsa est. (II, 6) 14. Flectimur, nōn frangimur. (I, 28) 15. Rumpitur arcus, quem nimium tetendistī. (Sprichw.)

Die deutsche Sprache bevorzugt gegenüber der lateinischen die aktivische Ausdrucksform; diese wird in der Übersetzung erreicht

a) durch entsprechende Umwandlung des Prädikats und der in Frage kommenden Satzglieder, wenn der Anlaß (1) oder die handelnde Person (2) genannt sind,

b) wenn diese fehlen (3) oder ein unpersönlicher Ausdruck vorliegt (4) durch „man",

c) durch ein phraseologisches reflexives Hilfsverb, z. B. sich lassen, sich fühlen, sich sehen (6, 7),

d) durch ein eigenes aktives Verbum (8, 9)

appellārī, dīcī, nōminārī	heißen
habērī, putārī	gelten
vidērī	scheinen,

ein dem transitiven stammverwandtes intransitives („starkes") Verbum (10, 11, 12)

terrērī	erschrecken
exstinguī	erlöschen
mergī	sinken,

oder die intransitive Bedeutung des gleichen Verbums (13, 14, 15)

appellī	landen
frangī, rumpī	brechen, platzen

4. Das deutsche „man"

1. Quae volumus, ea crēdimus libenter. (II, 15) 2. Nātūram sī sequēmur, numquam aberrābimus[1]. (Cic.) 3. Apēs[2], ut aiunt, dēbēmus imitārī. (Sen.) 4. C. Mūcium mē vocant. (II, 3) 5. Ut salūtāveris, ita salūtāberis. (I, 22) 6. Dōnec eris fēlīx, multōs numerābis amīcōs. (I, 35) 7. Dēlīberandum est saepe, statuendum semel. (Sprichw.)

---

[1] aberrāre abirren. [2] apis, -is f. Biene

Im Sinne des deutschen **„man"** wird ferner verwendet:

1. die 1. Pers. Plur. Akt., wenn der Redende sich selbst einschließt (1, 2);
2. die 3. Pers. Plur. bei dīcunt, aiunt, trādunt, ferunt, nārrant, vocant, appellant, putant u. ä., wo hominēs (= „die Leute") zu ergänzen ist (3, 4);
3. die 2. Pers. Sing. und das Gerundivum, besonders in Sätzen moralisierenden Inhalts (5, 6, 7).

Vgl. 80 a, α.

5. Die erste Person Plural

1. Quaerentī mihī, quānam rē possem prōdesse quam plūrimīs, nūlla māior occurrēbat, quam sī optimārum artium viās trāderem meīs cīvibus; quod complūribus iam librīs mē arbitror cōnsecūtum. Nam cohortātī sumus ad philosophiae studium. (Cic.) 2. Cum esset Caesar in citeriōre Galliā, ita ut suprā dēmōnstrāvimus, crēbrī[1] ad eum rūmōrēs[2] adferēbantur omnēs Belgās, quam tertiam esse Galliae partem dīxerāmus, contrā populum Rōmānum coniūrāre. (Caes.)

Die 1. Pers. Plur. kann an Stelle der 1. Pers. Sing. stehen. Dieses geschieht gelegentlich in der Poesie, und wenn ein Autor über seine schriftstellerische Tätigkeit berichtet (1). Cäsar erzählt von sich selbst als Schriftsteller in der 1. Pers. Plur., als Feldherr in der 3. Pers. Sing. (2).

77 II. Vom Gebrauch der Tempora

1. Das Perfektum

a) 1. Fēriae fuērunt. (I, 8) 2. Fuimus Trōēs, fuit Īlium et ingēns glōria Teucrōrum. (Verg.) 3. Deum colit, quī nōvit. (II, 26)

b) 4. Deus bonīs omnibus explēvit mundum. (Cic.) 5. Ego pācis semper laudātor[3], semper auctor fuī. (Cic.)

c) 6. Equus et asinus ad pīstrīnum migrābant; asinus subitō exclāmāvit: „Vae mihi miserō!" (I, 20)

Das **Perfektum** bezeichnet:

a) als **perfectum praesens** (1, 2, 3) seinem Namen entsprechend etwas in der Gegenwart des Redenden *Vollendetes*, einen durch eine abgeschlossene Handlung hervorgerufenen *Zustand*; z. B. nōvī = ich habe kennengelernt, ich *kenne*;

b) als **konstatierendes Perfekt** (4, 5) eine *Feststellung*, ein Urteil über eine Handlung der Vergangenheit. In beiden Fällen steht auch im Deutschen das Perfekt;

c) als **perfectum historicum** (6) in der Erzählung eine abgeschlossene Handlung der Vergangenheit auf die Frage: **was geschah da** oder **darauf?** Im Deutschen wird es durch das Imperfekt, im Französischen durch das passé défini wiedergegeben.

Zusatz:

1. Nihil sine māgnō vīta labōre dedit (= gibt) mortālibus. (Hor.) 2. Bene vīxit, quī bene latuit. (Sprichwort) 3. Nēmō nisi vīctor pāce bellum mūtāvit. (Sall.)

In Sprichwörtern und Sentenzen, die ja aus den Erfahrungen der Vergangenheit gewonnen sind — vgl. unser: „Es ist noch kein Meister vom Himmel gefallen" —, steht das perf. *gnomicum*, das durch das *Präsens* zu übersetzen ist.

---

[1] crēber, crēbra, -um häufig. [2] rūmor, -ōris m. Gerücht. [3] laudātor, -ōris Lobredner.

2. Das praes. historicum

1. Aliquandō prope Rhodum īnsulam nāvigābāmus; subitō pīrātae prōvolant. (I, 5) 2. Caesar dat negōtium Senōnibus reliquīsque Gallīs, quī fīnitimī Belgīs erant, uti ea, quae apud eōs gerantur, cōgnōscant. (Caes.)

In *lebhafter Darstellung* werden oft Ereignisse der Vergangenheit, wie wenn sie sich vor den Augen des Schriftstellers abspielten, im **praes. historicum** erzählt.

3. Das Imperfektum

1. Prīncipiō gentium nātiōnumque imperium penes[1] rēgēs erat. Populus nūllīs lēgibus tenēbātur; arbitria[2] prīncipum prō lēgibus erant. Prīmus Nīnus[3] veterem mōrem mūtāvit. (Justin.) 2. Imperium Rōmānum senātus et magistrātūs administrābant. (I, 9) 3. Quotannīs Rōmānī novōs magistrātūs creābant. (I, 9) 4. Servus mīlitēs Rōmānōs, quī in statiōne erant, alliciēbat. (II, 10)

Die Bezeichnung **Imperfectum** drückt aus, daß eine Handlung *sich entwickelte* oder noch *andauerte*, also noch nicht *vollendet* war, als eine andere eintrat (vgl. 1 c).
Das Imperfektum schildert *Zustände* (1, 2), öfter *wiederholte* Handlungen (3) oder als imperf. de *conatu* (vergeblich) *versuchte* Handlungen (4) der Vergangenheit.

4. Das Futurum

Crās apud tē erō : Morgen bin ich bei dir. (I, 6)

Das lateinische Futurum wird im Deutschen meistens durch ein Präsens wiedergegeben, wenn durch ein Zeitadverbium (z. B.: crās) oder durch den Zusammenhang der Hinweis auf die Zukunft bereits gegeben ist.

III. Vom Gebrauch der Modi

78

1. Der Indikativ

1. Māgna fuit quondam capitis reverentia[4] cānī. (Ov.) 2. Venter praecepta nōn audit. (Sprichw.)

Der **Indikativ**, der Modus der **Wirklichkeit**, stellt den Inhalt einer Satzaussage als **Tatsache** hin. Die Negation ist **non**.

a) 1. a) Prō Pompēiō ēmorī poss**um**. (Cic.)	... *könnte* ich sterben.
b) Bonus vātēs poter**ās** esse. (Plaut.)	Du *hättest* ... sein *können*.
2. Aut nōn suscipī bellum oport**uit** aut gerī prō dīgnitāte populī Rōmānī oport**et**. (Liv.)	Man *hätte* ... nicht dürfen, oder man *müßte* ... führen.
3. Turpī illī prōditiōnī[5] mors fu**it** praeferenda. (Liv.)	Man *hätte* ... vorziehen müssen.
4. Longum *est* omnia ēnārrāre[6]. (Cic.)	Es *wäre* zu weitläufig ...
5. Āmentis erat, cum aciem vidērēs, pācem cōgitāre. (Cic.)	Es *wäre* unsinnig *gewesen* ...

---

[1] penes m. Akk. bei. [2] arbitrium, -iī Entscheidung. [3] Ninus König von Assyrien. [4] reverentia, -ae Ehrfurcht. [5] prōditiō, -ōnis Verrat. [6] ēnārrāre aufzählen.

In den Ausdrücken

1. des *Könnens* (1 a, 1 b) und *Müssens* (2, 3);

2. in den unpersönlichen Ausdrücken des *Möglich-*, *Nötig-*, *Angemessenseins* (4, 5), wie:

tuum est	es wäre deine Pflicht	aequum (iūstum) est	es wäre billig (gerecht)
longum est	es wäre (zu) weitläufig	decet, convenit	es gehörte sich
difficile est	es wäre schwierig	u. ä.	

steht abweichend von der deutschen Sprachauffassung für die *Gegenwart* der **Ind. Präs.**, für die *Vergangenheit* der **Ind. Imperf.** oder **Perf.**

Zusatz:

Hierhin gehören auch Wendungen wie:

quis ignōrat	wer wüßte nicht?
crēdō, opīnor	dächte ich
quis nōn audīvit	wer hätte nicht gehört?
numquam putāvī (oder putāram)	ich hätte nie geglaubt

b) 1. Prope oblītus sum, quod māximē fuit scrībendum. (Cic.) — Fast hätte ich vergessen, was ich ... hätte schreiben müssen.

2. Brūtum nōn minus amō quam tū, paene dīxī, quam tē, Attice. (Cic.) — ... fast hätte ich gesagt, ...

Paene und **prope** (= fast, beinahe) werden mit dem **Ind. Perf.** verbunden.

79 2. Der Imperativ

1. Ōrā et labōrā! (I, 6) 2. Date plēnā manū! (I, 9) 3. Virginēs Vestālēs in urbe cūstōdiuntō īgnem focī pūblicī sempiternum! (Cic.) 4. Hominem mortuum nē sepelītō intrā urbem nēve ūritō! (Cic.) 5. Tū nē cēde malīs, sed contrā audentior ītō! (Verg.) 6. Nōlī mē tangere! (II, 15) 7. Antequam vocēris, nē accesseris! (II, 15) 8. Nēminem cito laudāveris, nēminem cito accūsāveris! (II, 34)

Der **Imperativ** drückt die **Aufforderung**, den **Befehl** aus (1, 2).

Die Formen des imper. *futuri* (3, 4, 5) finden sich nur in der Gesetzessprache und bei Dichtern.

Die *Negation* ist **nē**; sie tritt in *Prosa* nur zu den -to-Formen (4).

Im übrigen wird das **Verbot** durch Umschreibung mit **nōlī** (nōlīte) und dem Infinitiv oder durch **nē** (nihil, numquam u. ä.) mit der **2. Pers. Perf. Konj.** (6, 7, 8) ausgedrückt (coni. **prohibitivus**).

80 3. Der Konjunktiv

Der Konjunktiv ist der Modus des **Vorgestellten, Gedachten, nur erst Gewünschten.** Er steht in **Aussage-**, bzw. **Frage-** und **Begehrs**sätzen.

a) Erste Gruppe: Der Konjunktiv in **Aussage-** und **Frage**sätzen. Negation **nōn.**

α) Der coni. potentialis

1. Facile ex amīcō inimīcum faciās, cui prōmissum nōn reddās. (Sprichw.)	Leicht könnte man ... machen ...
2. Fēlīx sum — quis enim neget hoc? — fēlīxque manēbō. (Ov.)	... — wer möchte das bestreiten? — ...
3. Hunc (= Archiam poētam) nōn dīligam, nōn admīrer? (Cic.)	Diesen sollte ich nicht lieben, ...?
4. Dīxerit (dīcat) quispiam tibi propter opēs senectūtem tolerābiliōrem[1] vidērī. (Cic.)	Es könnte jemand sagen, ...
5. Hoc sine ūllā dubitātiōne cōnfirmāverim ēloquentiam rem esse difficillimam. (Cic.)	Das möchte ich ohne Zögern behaupten, ...

6. Cōnfectō proeliō cernerēs, quanta audācia fuisset in exercitū Catilīnae. (Sall.) 7. Hannibal, quod minimē quis crēderet, partem mīlitum dīmīsit. (Liv.)

Der coni. **potentialis** drückt etwas als *möglich Angenommenes* oder eine *höfliche*, mit *Zurückhaltung* geäußerte Behauptung aus.

Der Potentialis der *Gegenwart* (1—5) steht im coni. **praesentis** oder **perfecti** ohne Unterschied in der Bedeutung; deutsch mit Hilfe von: „ich könnte, möchte, dürfte (wohl)". Der Potentialis der *Vergangenheit* (6, 7) steht im coni. **imperfecti** und begegnet vor allem in den Wendungen:

dīcerēs	man hätte sagen sollen
vidērēs, cernerēs	man hätte sehen können
crēderēs, putārēs	man hätte meinen sollen

Merke:

dīcat (dīxerit) quis (od. quispiam)	*man* (jemand) könnte sagen
quis putāret?	*wer* hätte wohl gedacht?
facile appārēret	*man* hätte leicht erkennen können

β) Der coni. irrealis

1. Sine amīcitiā vīta tristis esset. (Cic.) 2. Numquam voluisset id quidem amīcus; sed sī voluisset, pāruissem. (Cic.)

Der coni. **irrealis** bezeichnet eine *Nichtwirklichkeit*. Er verwendet für die Gegenwart das Imperfektum (1), für die Vergangenheit das Plusquamperfektum (2).

Meistens tritt er in Verbindung mit einem Konditionalsatz auf (2).

γ) Der coni. dubitativus

1. Quō mē nunc vertam? Undique cūstōdior. (Cic.) 2. Quid nunc rogem tē, ut veniās? Nōn rogem? Sine tē igitur sim? (Cic.) 3. Quid facerem, iūdicēs? Contenderem contrā tribūnum plēbis prīvātus homō? (Cic.)

Der coni. **dubitativus** steht in der *zweifelnden Frage* und drückt ein Schwanken zwischen mehreren Möglichkeiten aus. In Beziehung auf die *Gegenwart* steht der coni. *praesentis* (1, 2), in Beziehung auf die *Vergangenheit* der coni. *imperfecti* (3). Quid faciam? = was soll ich tun?, quid facerem? = was hätte ich tun sollen?

[1] tolerābilis, -e erträglich.

b) Zweite Gruppe: Der Konjunktiv in **Begehrssätzen**. Negation: **nē**.

α) Der coni. optativus

1. Beneficia sint mūta! (I, 15) 2. Nē Māvors excitet bellī incendium! (I, 15) 3. Vōbīs utinam vērē augurāverim![1] (Cic.) 4. Utinam patricius essem, utinam nē plēbēius essem! (I, 16) 5. Utinam vōbīscum rūrī fuissem! (I, 18) 6. Ō sī tacuissēs! Philosophus mānsissēs. (Sprichw.)

Der coni. **optativus** drückt einen **Wunsch** aus, und zwar der coni. praes. bzw. perf. (1, 2, 3) einen Wunsch, den der Redende als in der Gegenwart bzw. in der Vergangenheit **erfüllbar**, der coni. imperf. bzw. plusquamperf. (4, 5) einen Wunsch, den er als in der Gegenwart bzw. Vergangenheit **unerfüllbar** ansieht.
Erfüllbare Wünsche *können* (1, 2, 3), unerfüllbare Wünsche *müssen* (4, 5) durch utinam oder durch: ō sī (6) eingeleitet werden.

1. Tū velim nōs absentēs dēfendās! (Cic.) 2. Vellem nē sōla fuissēs! (Ov.) 3. Id nōllem (= utinam nē) dīxissem! (Cic.) 4. Hōs māllem sēcum mīlitēs ēdūxisset! (Cic.)
An die Stelle von utinam kann bei erfüllbaren Wünschen velim, nōlim, mālim, bei unerfüllbaren vellem, nōllem, māllem treten.

β) Der coni. hortativus und iussivus

1. Vim vī nē repellāmus, sed bonō malum vincāmus! (I, 31) 2. Libenter ferās, quod necesse est! (Sen.) 3. Nē cūrēs verba malōrum! (I, 15) 4. Audiātur et altera pars! (I, 32)

Der coni. **hortativus** bezeichnet in der **1. Pers. Plur. Präs.** eine **Aufforderung**, die wir **an uns selber** richten (1); deutsch: „laßt uns!", „wir wollen!"
Der Konjunktiv der **2.** oder **3. Pers. Präs.** drückt als coni. **iussivus** eine **an andere** gerichtete Aufforderung aus (2, 3 ,4).

1. Fac valeās! (Plaut.) 2. Cavē festīnēs! (Cic.)
Fac bzw. cavē (verneinend) können zum coni. iussivus als verstärkende Zusätze treten. Zum coni. prohibitivus siehe 79.

γ) Der coni. concessivus

1. Multa somnia sunt falsa. Sed sint falsa quaedam; contrā vēra quid dīcimus? (Cic.) 2. Nē sint in senectūte vīrēs: nē pōstulantur quidem vīrēs ā senectūte. (Cic.) 3. Fuerint cupidī, fuerint īrātī; sceleris vērō crīmine carent. (Cic.)

Der coni. **concessivus** (Präs. oder Perf.) bezeichnet eine **Einräumung**; deutsch durch Nebensatz, eingeleitet mit „gesetzt daß", „wenn auch", ausgedrückt.

81 IV. Die unabhängige Frage

1. Wort- und Satzfragen

a) 1. Quid est inimīcissimum hominī? — Alter homō. (Sen.) 2. Quō dēvenient[2] opēs? — Unde vēnērunt. (Sen.)
b) 3. Vīsne, ō Dāmocle, fortūnam meam experīrī? (Cic.)

Fragen sind entweder **Wort**fragen oder **Satz**fragen. Wortfragen (1, 2) werden eingeleitet durch Fragepronomina oder Frageadverbia.
Satzfragen (3) sind Entscheidungsfragen, die nur mit „ja" oder „nein" beantwortet werden können.

---

[1] augurāre prophezeien. [2] dēvenīre hinkommen, wohin geraten.

2. Die Fragepartikeln ne, num, nōnne

1. a) Lēgistī**ne** epistulam? (II, 11)	Hast du den Brief **gelesen?**
b) Tū**ne** epistulam lēgistī? (II, 11)	Hast **du** den Brief gelesen?
c) Epistulam**ne** lēgistī? (II, 11)	Hast du **den Brief** gelesen?
2. **Nōnne** omnēs hominēs mortālēs sunt? (II, 11)	Sind nicht alle Menschen sterblich?
3. **Num** tē immortālem esse putās? (II, 11)	Hältst du dich denn für unsterblich?

Satzfragen sind gekennzeichnet durch die Fragepartikeln: **ne, num, nōnne.**

Das enklitische (= sich anlehnende) **ne** wird dem *meistbetonten* Worte angehängt (1a, 1b, 1c). Ob der Fragende eine bejahende oder verneinende Antwort erwartet, ist aus ne nicht zu erkennen.

Bei **nōnne** (2) erwartet der Fragende die Antwort „ja" (deutsch: nicht?), bei **num** (3. die Antwort „nein" (deutsch: „etwa?", „doch wohl nicht?").

3. Doppelfragen

1. **Utrum** prō ancillā mē habēs **an** prō fīliā? (Plaut.) 2. Prō ancillā mē habēs **an** prō fīliā? 3. Mē**ne** habēs prō ancillā **an** prō fīliā?) Behandelst du mich als Magd oder als Tochter?

Doppelfragen beginnen mit:	**utrum**	— **an** (1),	
	ne	— **an** (3),	
	—	— **an** (2).	

1. Quid ad mē venītis? An speculandī[1] causā? (Caes.) 2. Nōn ego tē dictīs offendere voluī. An putās mē parvī facere benevolentiam[2] tuam? (Cic.)

An findet sich auch in einfachen direkten Fragen. Es leitet dann entweder eine spezielle Frage ein, die sich an eine allgemeinere anschließt (1), oder einen rhetorischen Fragesatz, durch den eine vorausgehende Behauptung bewiesen werden soll (2). Deutsch im ersten Falle: „etwa; doch wohl nur", im zweiten Falle: „oder etwa"; „doch wohl nicht?"

4. Die rhetorische Frage

1. Quid populō Rōmānō indīgnius esse potest? (II, 14) = Nihil indīgnius esse potest. 2. Quis nōn paupertātem extimēscit[3]? (Cic.) = Omnēs ... extimēscunt. 3. Quod nōmen umquam in orbe terrārum clārius fuit? (Cic.) = Nūllum nōmen umquam ... fuit.

Eine in lebhafter Rede gebrauchte Frage, auf die *keine Antwort* erwartet wird, die vielmehr den Wert einer *verneinten Behauptung* hat, heißt **rhetorische** Frage.

Die Verbalnomina im Satz

82 Allgemeines

Die Infinitive, Partizipien, das Gerundium, Gerundivum und Supinum werden als **Verbalnomina** bezeichnet, da sie in Form und Verwendung verbale und nominale Elemente in sich vereinen. Die Infinitive, die Supina und das Gerundium sind Verbal*substantive*,

[1] speculārī auskundschaften. [2] benevolentia, -ae Wohlwollen. [3] extimēscere, -ō, -timu fürchten.

die Partizipien und das Gerundivum Verbal*adjektive*. Ihre *verbale* Natur zeigt sich darin, daß sie sich *mit denselben Kasus* wie das verbum finitum verbinden und durch *Adverbien* näher bestimmt werden, ihre *nominale* Natur darin, daß sie in verschiedenen Kasus auftreten können und *syntaktisch* in gleicher Weise gebraucht werden *wie Substantive und Adjektive*.

Der Infinitiv

83 I. Der Infinitiv als Prädikat

Der inf. historicus

1. Interim cottidiē Caesar Haeduōs frūmentum flāgit**āre**. Diem ex diē dūc**ere**[1] Haeduī, cōnferrī, comportārī, adesse dīc**ere**. (Caes.) 2. Catilīna Rōmae multa simul mōlīrī, īnsidiās tendere, parāre incendia, opportūna loca armātīs obsidēre, ipse cum tēlō esse, item[2] aliōs iubēre, hortārī. (Sall.)

Statt des beschreibenden Imperfekts oder des historischen Präsens (77) wird vielfach der *Inf. Präs.* als infinitivus **historicus**, besonders in lebhaft skizzierender Schilderung, verwendet.

84 II. Der Infinitiv als Subjekt oder Objekt

1. 1. Errāre hūmānum est. (I, 4) 2. Accipere quam facere praestat iniūriam. (Sprichw.) 3. In māgnīs et voluisse sat est. (II, 15) 4. Quī nescit tacēre, nescit et loquī. (Sen.) 5. Dīligī mālō quam metuī. (II, 15) 6. Caesar Rhēnum trānsīre dēcrēverat. (Caes.)

Der Infinitiv kann als **Subjekt** oder als **Objekt** gebraucht werden. Er steht als *Subjekt* namentlich bei unpersönlichen Ausdrücken (1, 2, 3), als *Objekt* bei Verben, die einer *Ergänzung* bedürfen, besonders bei Ausdrücken des Könnens, Wollens, Müssens, Aufhörens, Anfangens, Beschließens, Gewöhnens u. ä. (4, 5, 6).

Merke:

nōn dubitāre m. Inf. sich nicht scheuen, etwas zu tun; n. d., quīn nicht zweifeln, daß; verērī m. Inf. sich scheuen, etwas zu tun; v., nē fürchten, daß (vgl. 105, 1; 108, 2a).

Vgl.: frz. mentir est une honte; il faut, il vaut mieux se taire; désirer, aimer mieux, devoir, oser, pouvoir. savoir, vouloir faire qch.

2. Das Prädikatsnomen beim Infinitiv

1. Semper est honestum virum bonum esse. (Cic.) 2. Pauperem esse nōn dēdecorī est. (Sprichw.) 3. Mihi neglegentī esse nōn licet. (Cic.) 4. Vōbīs necesse est fortibus virīs esse. (Liv.) 5. Ego nōlō Caesar esse. (II, 15) 6. Nōn potes dīves esse fēlīx. (Sen.) 7. Dionȳsius fortis esse didicerat. (Cic.)

Das **Prädikatsnomen** steht beim *Subjekts*infinitiv im *Akkusativ*, wenn ein *Beziehungswort fehlt* (1, 2); ist ein Beziehungswort vorhanden, so richtet es sich meist nach diesem (3, 4).

Beim *Objekts*infinitiv richtet sich das Prädikatsnomen nach dem zum regierenden Verbum gehörigen *Subjekt*, steht also im *Nominativ* (5, 6, 7).

---

[1] dūcere, hier = (etw.) hinziehen. [2] item ebenso, auch.

Übersetzung übergeordneter Verben

1. Caesar Bibracte īre contendit. (Caes.)	C. marschierte eilends ...
2. Neglēcta incendia solent sūmere vīrēs. (II, 3)	... nehmen meist ...
3. Mīlitēs flūmen trānsīre nōn dubitāvērunt. (Caes.)	... überschritten ohne Zögern ...
4. Dēsinēs timēre, sī spērāre dēsieris. (II, 1)	Du fürchtest nicht mehr, wenn du nicht mehr hoffst.
5. Id facere perge! (II, 36)	Mach so weiter!

Das dem Infinitiv übergeordnete Verbum läßt sich vielfach durch ein *Adverbium übersetzen*, z. B.: contendere, properāre, fēstīnāre, mātūrāre = schleunigst, solēre, assuēvisse, cōnsuēvisse = gewöhnlich, meistens, nōn dubitāre = unbedenklich, dēsinere = nicht mehr, nōn dēsinere = unaufhörlich, pergere = weiter.

Zusatz:

1. Athēniēnsēs undique premī bellō coeptī sunt. (Nep.) 2. Veterēs ōrātiōnēs legī sunt dēsitae. (Cic.)

Bei einem passiven Infinitiv gebraucht man statt coepī und dēsiī die passiven Formen coeptus und dēsitus sum. Deutsche Übersetzung mit Hilfe von „man" (vgl. 76, 1).

85 III. Der accusativus cum infinitivo

1. Sprachgeschichtliche Einführung

a) Englisch:	b) Französisch:	c) Deutsch:
I see } him come I hear }	Je le vois } venir Je l'entends }	ich sehe } ihn kommen. ich höre }

Verben der sinnlichen Wahrnehmung sind hier mit *zwei Objekten* verbunden:

1. einem Objektsakkusativ (him, le, ihn)
2. einem Infinitiv (come, venir, kommen).

d) Labiēnus suōs fugere vidēbat. (Caes.) { L. sah (das): die Seinen flohen. / L. sah, daß die Seinen flohen.

Das Lateinische hat diese Konstruktion ebenfalls ausgebildet und zur Bezeichnung der abhängigen Aussage mit zahlreichen transitiven, schließlich auch mit intransitiven und unpersönlichen Verben und Ausdrücken verbunden, die einen Objektsakkusativ nicht zu sich nehmen können (z. B.: Ā deō mundum regī necesse est. [Cic.]) Letzteres war möglich geworden, weil das Sprachgefühl sich inzwischen in der Weise gewandelt hatte, daß der Akkusativ nicht mehr als Objekt des regierenden Verbums, sondern als Subjekt des Infinitivs und *mit diesem zusammen als eine Einheit* empfunden wurde. Man bezeichnet diese Konstruktion daher als **accusativus cum infinitivo** (a. c. i.).

2. Der Gebrauchsumfang des a. c. i.

Wie der einfache Infinitiv kann auch der a. c. i. sowohl als Objekt wie auch als Subjekt gebraucht werden.

a) Der a. c. i. als Objekt

α) nach verba sentiendi, cogitandi und dicendi

1. Vēre terram flōribus vestīrī vidēmus. (I, 30) 2. Omnibus hōrīs aliquid atrōciter fierī vidēmus aut audīmus. (Cic.) 3. Caesar nostrōs nōn īnferiōres esse intellēxit. (Caes.) 4. Rōmānīs Aesōpī fābulās valdē placuisse putāmus (I, 30) 5. Sciō mē nihil scīre. (I, 30) 6. Nōnnūllī scrīptōrēs antīquī dīcunt Aesōpum inventōrem fābulae fuisse. (I, 30) 7. Quī negat esse Deum, spectet modo sīdera caelī. (I, 30)

Zum Ausdruck einer **Aussage** steht der a. c. i. nach Verben, die ein sinnliches oder geistiges **Wahrnehmen** (1, 2, 3), **Denken** (4, 5) oder **Mitteilen** (6, 7) bedeuten (verba sentiendi, cogitandi und dicendi). Innerhalb des a. c. i. stehen auch Prädikatsnomina (3, 6) im Akkusativ.

Verba sentiendi sind: animadvertere, audīre, cernere, vīdēre, sentīre, cōgnōscere, intellegere u. ä.

Verba dicendi sind: dīcere, respondēre, nārrōre, negāre, fatērī, docēre, nūntiāre, scrībere, prōmittere, simulāre (dissimulāre) (so tun, als ob [nicht]), certiōrem facere, tradere u. v. a.

Verba cogitandi sind: scīre, nescīre, ignorare, crēdere, exīstimāre, putāre, oblīvīscī u. ä.

Über eine andere Konstruktion nach Verben der Wahrnehmung (vgl. 88, 2).

β) nach Verben des Affekts

1. Salvum tē advenīre gaudeō. (Plaut.) 2. Catilīna hanc urbem ex suīs faucibus ēreptam esse lūget. (Cic.)

Auch mit den Verben des **Affekts** wie: gaudēre, laetārī, dolēre, lūgēre, mīrārī (sich wundern), glōriārī (sich rühmen), querī, aegrē ferre u. ä. *kann* sich ein a. c. i. verbinden.

An Stelle des a. c. i. kann auch ein quod-Satz stehen (vgl. 109, 1 a, α).

γ) nach Verben des Wollens

1. Sine mē tecum vīvere! (II, 1) 2. Dumnorīx ā Sequanīs impetrat, ut per fīnēs suōs Helvētiōs īre patiantur. (Caes.) 3. Tē domī manēre iussī. (II, 28) 4. Caesar pontem iubet rescindī. (Caes.) 5. Tribūnī mīlitēs castrīs ēgredī vetuērunt. (II, 30) 6. a) Mundus vult dēcipī. (Sprichw.) b) Iuppiter vōs omnēs salvōs esse voluit. (Cic.) 7. Cum agrum vīs tibī frūgēs ferre, ager tibī colendus est (II, 15) 8. Vōs haec audīre cupiō. (Cic.)

Über den Kreis der Ausdrücke sentiendi und dicendi hinaus hat der a. c. i. seinen Anwendungsbereich ausgedehnt auf folgende **Verben des Wollens:**

1. sinere und patī zulassen (1, 2);
2. iubēre befehlen, vetāre verbieten, cogere zwingen, prohibere hindern (3, 4, 5);
3. velle, nōlle, mālle, cupere (6, 7, 8). Bei letzteren steht der a. c. i. jedoch nur dann, wenn der von ihnen *abhängige Infinitiv ein eigenes Subjekt hat* (vgl. 84, 1).

Das Genus des Verbums entspricht dem Genus im unabhängigen Satz: *Caesar pontem rescindī iubet* ∼ *pōns rescindātur.*

Vgl.: „Heiß mich nicht reden, heiß mich schweigen!“ (Goethe), ich lasse ihn kommen. Frz. Je le fais, laisse venir; engl. I let, make him come.

b) Der a. c. i. als Subjekt

nach unpersönlichen Ausdrücken

1. Mundum ā Deō regī appāret. (II, 4) 2. Nāvēs Rōmānās tempestāte afflīctās esse fāma est. (II, 4) 3. Etruscōs decimō fere a. Chr. n. saeculō in Italiam invāsisse opīniō est. (II, 4) 4. Nōmen Rōmae Etruscum esse vērī simile est. (II, 4) 5. Mendācem memorem esse oportet. (Sprichw.) 6. Senēs est aequum senibus obsequī. (Ter.)

Als Subjekt steht der a. c. i. bei zahlreichen **unpersönlichen** Ausdrücken, die ihrer Bedeutung nach entweder Verben dicendi, sentiendi, des Affekts oder einem mit dem a. c. i. zu verbindenden Ausdruck des Begehrens entsprechen, z. B.:

fāma est, fas est, trāditum est, opīniō est, vērī simile est, apertum est, appāret, cōnstat, mīrum est, aequum est, iūstum est, pār est, decet, dēdecet, turpe est, oportet, necesse est.

3. Besonderheiten

a) Der a. c. i. futuri

1. Nōs māgnō studiō in litterās incubitūrōs esse prōmittimus = Māgnō studiō in litterās incumbēmus. (II, 2) 2. Spērō tē mihi semper fīdum futūrum esse (fore). (II, 2) 3. Nōs tibi semper fīdos futūrōs esse (fore) iūrāmus. (II, 2)

Bei spērāre, promittere, pollicērī, spondēre, vovēre, iurāre, minari u. a. steht der a. c. i. **futuri**, wenn das, was jmd. hofft, verspricht, schwört oder androht, in der *Zukunft liegt* (entsprechend dem unabhängigen Satz).

b) Reflexiv beim a. c. i.

1. Ariovistus dīxit nōn sē Gallīs, sed Gallōs sibi bellum intulisse. (II, 12) 2. Cicāda dīxit domicilium suum tempestāte prōstrātum esse. (II, 12)

Da der a. c. i. ein Satz**teil**, kein eigener Satz ist, muß ein innerhalb des a. c. i. stehendes Personal- oder Possessivpronomen der dritten Person, falls es sich auf das Subjekt des regierenden Satzes bezieht, durch das **Reflexiv**pronomen ausgedrückt werden.

c) Vergleichssätze im a. c. i.

1. Decet cāriōrem esse patriam nōbīs quam nōsmet ipsōs. (Cic.) 2. Ego C. Caesarem nōn eadem dē rē pūblicā sentīre, quae mē, sciō. (Cic.)

Bei Vergleichssätzen im a. c. i. steht auch das zweite Subjekt, wenn es kein eigenes Verbum hat, im Akkusativ.

Vorschläge zur Übersetzung

1. Vectīgālia nervōs esse reī pūblicae semper dūximus. (Cic.)
   a) Wir waren immer der Meinung, Steuern seien das Rückgrat des Staates.
   b) Steuern sind, wie wir seit jeher meinen, . . .
   c) Steuern sind nach unserer Meinung . . .
2. Amīcum fallere turpe est.
   a) Den Freund zu betrügen, ist schimpflich.
   b) Wenn man den Freund betrügt, so ist das . . .
   c) Betrug am Freund ist schimpflich.
3. Piscēs natāre oportet. (Sprichw.) — Fische müssen schwimmen.
4. Quem nostrum id īgnōrāre arbitrāris? (Cic.) — Wer von uns, meinst du, wüßte das nicht?

Über den a. c. i. in verschränkten *Relativsätzen* vgl. 103.

1. Servus exīre vetitus est. (II, 30) 2. Milo Clōdium accūsāre nōn est situs. (Cic.) 3. Dare vēla iubēmur. (Ov.) 4. Sī Vēiōs migrābimus, āmīsisse victī patriam vidēbimur. (Liv.) 5. Verrēs fāna[1] spoliāvisse dīcitur. (Cic.) 6. Lycūrgī[2] temporibus Homērus fuisse trāditur. (Cic.) 7. Postēs[3] tremuisse feruntur. (Ov.)

Dem a. c. i. im Aktiv entspricht im Passiv der n. c. i.; (vgl. 60, 1)

a) er steht bei iubērī, vetārī, sinī (1, 2, 3) und bei den verba sentiendi, cogitandi und dicendi (4, 5) in allen Personen und Zeiten; dīcitur er soll; vidētur er scheint, anscheinend;

b) von trādī und ferrī sind nur trāditur, trāduntur, fertur, feruntur in persönlicher Konstruktion gebildet.

Vgl.: Engl. Necessity is said to be the mother of invention; it is generally believed to be true.

Das Partizip

87 I. Allgemeines

1. Das Partizip als Adjektiv

1. a) Agricola arāns lentē incēdit. (I, 39) b) Equus agricolae arantis fatīgātus est. (I, 39) 2. Vōs, quī multās perambulāstis[4] terrās, quam cultiōrem Italiā vīdistis? (Varro) 3. Male partum male disperit[5]. (Sprichw.) 4. Nihil difficile amantī. (Sprichw.)

Das **Partizip** ist seiner Form nach ein **Adjektiv**, und manche Partizipien, wie attentus, doctus, dīligēns, praestāns, sind ganz zu Adjektiven geworden.

Wie andere Adjektive kann das Partizip dekliniert (1), gesteigert (2) und auch substantiviert werden (3, 4). Als ursprüngliche Partizipien erklären sich Substantive wie: peccātum, praeceptum, adulēscēns u. a.

2. Das Partizip als Verbalform

1. a) Vigilāns dormit. (Sprichw.) b) Vigilāns dormiēbat (dormīvit). c) Vigilāns dormiet. 2. Discite monitī! (Sprichw.) 3. Omnēs triclīnium intrant cēnātūrī. (II, 2)

Als **Verbalform** kennzeichnet das Partizip das *Zeitverhältnis*, das zwischen der durch das übergeordnete Verbum und der durch das Partizip ausgedrückten Handlung besteht. Es bezeichnet nämlich:

a) das Part. **Präs.** die *gleichzeitige* Handlung (1);

b) das Part. **Perf.** die *vorzeitige*, vollendete Handlung (2);

c) das Part. **Fut.** die *nachzeitige* Handlung (3).

3. Das Partizip in Verbindung mit esse und habere

1. Nōn ūnō diē Rōma aedificāta est. (I, 24) 2. Bellum scrīptūrus sum, quod populus Rōmānus cum Iugurthā gessit. (I, 40) 3. Ad fidem tuam cōnfugiō, quam cōgnitam et perspectam habeō. (Cic.)

---

[1] fānum Heiligtum. [2] Lycūrgus (sagenhafter) spartanischer Gesetzgeber des 9. Jahrh. [3] postēs, -ium m. Tür(pfosten). [4] perambulāre durchwandern. [5] disperīre zugrunde, verlorengehen.

Das Part. Perf. Pass. in Verbindung mit esse bildet innerhalb der Konjugationssysteme die Formen des passiven Perfektstammes (1). Aus den Part. Fut. Akt. und den Formen von esse ist die coniugatio periphrastica activa zur Bezeichnung der nahen Zukunft (= im Begriffe sein) geschaffen worden (vgl. 43, I).

Das Part. Perf. Pass. + habeo dient schließlich zur nachdrucksvollen Bezeichnung des dauernden Zustandes (3). Es lebt im Romanischen fort: ego habeō dōnatum[1] > franz. j'ai donné; litterae, quās scrīptās habeō > la lettre, que j'ai écrite.

88 II. Das participium coniunctum

1. Das Partizip attributiv und prädikativ

1. Honestum est laudārī ā laudātō virō. (I, 24) 2. Agmina adulēscentium cantantium (= singender J.) per urbem incēdēbant. (I, 39) 3. Gāius ad Metaurum fortiter pugnāns (= in tapferem Kampf) mortem occubuit. (II, 2) 4. Ariōnī nautae ōrantī (= als Bittendem; auf seine Bitten) concēdunt, ut ultimum canat. (II, 6)

Wie ein gewöhnliches Adjektiv kann das Partizip ferner sowohl als **Attribut** (1, 2) wie auch als **Prädikativum** (3, 4) verwendet werden (vgl. 57, III) und **richtet sich** dann (wie das Adjektiv) in Kasus, Numerus und Genus nach seinem **Beziehungswort.**

Da das Partizip in dieser Verwendung mit seinem Beziehungswort und durch dieses **mit dem Satzganzen eng verbunden** ist, bezeichnet man es als participium **coniunctum.**

Vorschläge zur Übersetzung des part. coni.

1. Nocet empta dolōre voluptas. (II, 8)
   a) Vergnügen, mit Schmerz erkauft, schadet.
   b) V., das mit Sch. erkauft ist, . . .
   c) Wenn V. mit Sch. erkauft wird, so schadet es.

2. Caesar veritus nāvium multitūdinem ex altō refūgerat. (Caes.)
   a) Cäsar, die Menge der Schiffe fürchtend, war vom offenen Meer geflohen.
   b) Aus Furcht vor der Menge der Sch. war C. geflohen.
   c) Da (weil) C. die Menge der Sch. fürchtete, war er geflohen.

3. Suēbī agrīs expulsī ad Rhēnum pervēnērunt. (Caes.)
   a) Aus ihrem Land vertrieben, kamen die Sueben an den Rhein.
   b) Als (nachdem) die S. vertrieben waren, kamen sie an den Rh.

4. Carcere dīcuntur clausī spērāre salūtem, atque aliquis pendēns in cruce vōta facit.
   a) Es soll Leute geben, die auf Rettung hoffen, selbst wenn sie im Kerker eingeschlossen sind, und manch einer tut noch ein Gelübde, obwohl er schon am Kreuz hängt.
   b) Sogar im Kerker hofft man . . ., und selbst am Kreuz . . .

5. Cottidiē aliquid addiscēns senex fīō. (Sprichw.)
   a) Indem ich jeden Tag etwas lerne, werde ich alt.
   b) Ich werde alt und lerne noch jeden Tag.

---

[1] dōnāre schenken.

6. Timeō Danaōs et dōna ferentēs. (Verg.)
   Ich fürchte die Danaer, auch wenn sie Geschenke bringen.

7. Crepusculō solūtus, quā vīsum est, vagor. (Phaed.)
   Wenn es Abend wird, löst man mir die Ketten, und ich kann nach Belieben herumlaufen.

8. Ab urbe conditā. Ante Chrīstum nātum.
   Nach der Gründung der Stadt. Vor Christi Geburt.

9. Caesar queritur dē Milōne per vim expulsō. (Cic.)
   Caesar beschwert sich über die gewaltsame Vertreibung Milos.

Eine Partizipialkonstruktion kann **übersetzt** werden:

1. durch ein deutsches Partizip (1a, 2a, 3a);
2. durch eine adverbiale Bestimmung (2b, 4b);
3. durch einen beigeordneten Satz, eingeleitet mit: und dann (7), und daher, und dennoch;
4. durch einen Nebensatz, und zwar je nach dem inneren Verhältnis, in dem sie zur Satzaussage steht,
   a) einen Relativsatz (1b),
   b) einen Kausalsatz (da, weil [2c]),
   c) einen Temporalsatz (als, nachdem, während [3b]),
   d) einen Konditionalsatz (wenn, falls [1]),
   e) einen Modalsatz (indem; dadurch, daß [5a]),
   f) einen Konzessivsatz (obgleich, wenn auch [6]);
      bei verneintem Partizip: ohne, daß; ohne zu.
   g) einen Adversativsatz (obwohl [4a]),
5. ein abstraktes Substantiv (8, 9).

Vgl.: „Vereint sind auch die Schwachen mächtig". (Schiller) Frz. j'aurai trop de force ayant assez de coeur; engl. the hardest knife, ill used, will use its edge.

2. Der accusativus cum participio

1. Dīc, hospēs, Spartae, nōs tē hīc vīdisse iacentēs. (Cic.) 2. Hamilcar, ut Carthāginem vēnit, multō aliter ac spērāverat rem pūblicam sē habentem cōgnōvit. (Nep.) 3. Poētae lāmentantēs indūcunt fortissimōs virōs. (Cic.)

Ein Akkusativ mit *prädikativem Part. Präs.* (a. c. p.) steht:

1. bei Verben der sinnlichen Wahrnehmung wie: vidēre, audīre, animadvertere, cōgnōscere u. ä., wenn die Wahrnehmung als eine *unmittelbare* bezeichnet werden soll (1, 2) (sonst vgl. 85, 2a, α);
2. bei facere, fingere, indūcere (3) in der Bedeutung „*lassen*" (= in einer Schrift, einem Bühnenstück darstellen, auftreten lassen).

3. Direktes Reflexivum in einer Partizipialkonstruktion

Scīpiō ōrātiōnem māgnificam dē rēbus ab sē gestīs est exōrsus. (Liv.)

Partizipialkonstruktionen sind, wie Infinitivkonstruktionen (vgl. 85, 3b), Satz*teile*, nicht eigene Sätze. Wie in dem Satz: Vir sapiēns hominēs sē laudantēs aspernātur, kann daher ein von einem Partizip abhängiges Reflexivum entweder auf das Beziehungswort des Partizips (hominēs) oder auf das Subjekt des Satzes (Vir sapiēns) hinweisen. Der Sinnzusammenhang ist in solchen Fällen entscheidend.

89 III. Der Ablativus absolutus

1. Entstehung und Wesen des abl. abs. Übersetzungsvorschläge

1. Māgnus gubernātor et scissō nāvigat vēlō. (II, 6)
Ein großer Steuermann fährt auch mit zerrissenem Segel.
. . ., wenn das Segel zerrissen ist.

2. a) Caesar concilium Galliae prīmō vēre indicat. (Caes.)
Caesar setzt zu Frühlingsanfang eine Volksversammlung in Gallien an.
b) Hieme nōndum cōnfectā Caesar in fīnēs Nerviōrum contendit. (Caes.)
Noch ehe der Winter zu Ende ist, begibt sich Caesar eilends in das Gebiet der Nervier.

3. Labiēnus ventō intermissō cursum nōn tenuit. (Caes.)
Labienus konnte wegen Windstille den Kurs nicht halten.
. . ., weil der Wind sich gelegt hatte, . . .

4. Ceutrōnēs locīs superiōribus occupātīs itinere exercitum prohibēre cōnantur. (Caes.)
Die Ceutronen versuchen durch die Besetzung höher gelegener Plätze unser Heer am Vorbeimarsch zu hindern.
. . . besetzen höher gelegene Plätze und versuchen dadurch . . .

5. Duōbus lītigantibus[1] tertius gaudet (Sprichw.)
Wenn zwei sich streiten, freut sich der Dritte.

6. Nēmō mūtātum Catōnem totiēns mūtātā rē publica vidit. (Cic.)
Niemand hat Cato sich wandeln sehen, obwohl der Staat sich so oft gewandelt hat.

7. Hostēs abiectīs armīs terga vertērunt. (Caes.)
Die Feinde warfen die Waffen weg und flohen.

8. Animadvertit Caesar Sēquanōs trīstēs capite dēmissō terram intuērī. (Caes.)
Caesar bemerkte, daß die Sequaner bedrückt, den Kopf gesenkt, zu Boden starrten.

Aus adverbialen Bestimmungen des Mittels (1), der Zeit (2), des Grundes (3), der Art und Weise (4), die durch ein mit einem *Partizip* (Adjektiv) *verbundenes Nomen im Ablativ* ausgedrückt waren, hat sich im Lateinischen eine zweite Partizipialkonstruktion entwickelt, die als ein **selbständiger, von den übrigen Satzteilen losgelöster, geschlossener Ausdruck** empfunden wurde, der **ablativus absolutus.**

Vgl.: „Er weint und fleht, die Hände zum Zeus erhoben" (Schiller); frz. Calchas s'est avancé, l'oeil farouche, l'air sombre, et le poil hérissé; engl. this done, he went away.

2. Substantiv oder Adjektiv statt Partizip

1. Numā rēge (rēgnante) templum Iānī clausum est. (II, 7) 2. Fuit annus Cn. Pompēiō M. Crassō cōnsulibus (= 55 v. Chr.). (Caes.) 3. Rōmānī Hannibale vīvō (vīvente) numquam sē sine īnsidiīs futūrōs exīstimābant. (Nep.) 4. Flūmine plēnō nōn cernis aquam. (II, 7)

An die Stelle des Partizips kann in der Konstruktion des abl. abs. auch ein *prädikatives Substantiv* (wie dux, cōnsul, rēx, comes, puer) oder *Adjektiv* (wie vīvus, invītus, propitius, īnscius) treten.

3. Übersetzt wird der abl. abs. wie das part. coni. (vgl. 88, 1)

Für die Übersetzung ins Lateinische: Kommt das Subjekt des Satzes, der durch eine Partizipialkonstruktion wiedergegeben werden soll, im übergeordneten Satze in irgendeiner Form vor, so ist das part. coniunctum, andernfalls der abl. absolutus anzuwenden.

---

[1] lītigāre streiten.

4. Besonderheiten

a) 1. Cōgnitō vīvere Ptolemaeum cōnsilium in Aegyptum nāvigandī omissum est. (Liv.) 2. Praemissīs, quī Gallōrum animōs dōnīs conciliārent, Hannibal Hibērum[1] cōpiās trāiēcit. (Liv.) 3. Quaesītō, an Caesar vēnisset, Arminius, ut licēret cum frātre colloquī, ōrāvit. (Tac.)

An die Stelle des „Subjekts" eines abl. abs. kann bei Späteren auch ein a. c. i. (1) oder ein Nebensatz (2, 3) treten.

b) 1. Meās *mihi* ancillās *invītō mē* ēripis. (Plaut.) (Statt: Meās ancillās mihi invītō [Dat.] ēripis.) 2. *Ipsō praesente*[2] dē virtūte *eius* timidius dīcerem. (Cic.) 3. *Lēgātīs audītīs* hortātus, ut in eā sententiā permanērent, *eōs* domum remittit. (Caes.) 4. Ā Caesare *perfectō* dēmum *scelere* māgnitūdo *eius* intellēcta est. (Tac.)

Die Konstruktion des abl. abs. erscheint bisweilen auch da, wo man, ein part. coniunctum erwartet.

Der abl. abs. ist gewählt, da durch diese Konstruktion der durch den abl. abs. ausgedrückte Gedanke nachdrücklicher hervorgehoben werden soll.

Das Gerundivum und Gerundium

90 I. Das Gerundivum

1. Die sprachgeschichtliche Entwicklung

Clāmor ad caelum **volvendus** per aethera vāgit. (Enn.)	Ein Schrei, bis zum Himmel dringend (sich wälzend), gellt durch die Luft.
Superstitiōne tollendā nōn tollitur religiō.	Dadurch, daß der Aberglaube beseitigt wird, beseitigt man nicht auch die Religion.

Wie das volvendus (= sich dahinwälzend) in dem Verse des Ennius noch bezeugt, war das bereits dem ältesten Latein angehörige Gerundivum ursprünglich ein *mediales Part. Präs.* Seine einstige Präsensbedeutung lebt außerdem noch fort in Bildungen wie oriundus = sich herleitend, abstammend, secundus (von sequi) = sich anschließend, folgend (der zweite) u. a. Beim Übergang des Mediums ins Passiv (vgl. 76, 1) nahm das Gerundivum die Bedeutung eines part. praes. passivi an; saxum volvendum hieß jetzt also: ein Stein, der *gewälzt wird.* In dieser Bedeutung tritt es auch noch später auf, z. B. in dem Satz: Consul plebe placanda rem publicam servet. = (Dadurch, daß das Volk beruhigt wird ...) Der Konsul möge durch Beruhigung der Plebs den Staat retten.

In der weiteren Entwicklung hat das Gerundivum dann die besondere Bedeutung des „Müssens" angenommen. Zu dieser scheint es durch die Verbindung mit der Negation gelangt zu sein: iniūria non ferenda bedeutete zunächst: „ein Unrecht, das nicht ertragen wird" = „das nicht zu ertragen ist" und daher: „das nicht ertragen *werden darf*". Dementsprechend nahm dann das positive iniūria ferenda est die Bedeutung an: „das Unrecht *muß* ertragen *werden*".

---

[1] Hibērus, -ī Ebro. [2] praesēns, -entis gegenwärtig.

2. Bedeutung, Konstruktion

a) 1. Id Polybius, haudquāquam[1] spernendus auctor, trādit. (Liv) 2. Optanda mors est sine metū mortis morī. (Sprichw.) 3. Ex multīs malīs minimum ēligendum est. (Sprichw.) 4. Dōnātī nōn sunt ōra īnspicienda caballī[2]. (Sprichw.) 5. Dolōrēs fortiter patiendī sunt. (II, 16)

b) 6. Eundum est, quō fāta vocant. (Sprichw.) 7. Ūtendum est dīvitiīs, nōn abūtendum. (Sen.)

c) 8. Tibi (= ā tē) tacendum est; discipulīs Pȳthagorae per quīnque diēs tacendum erat. (Sen.) 9. Caesarī omnia ūnō tempore erant agenda. (Caes.) 10. Et quiēscentī agendum est et agentī quiēscendum. (Sen.)

a) Das Gerundivum ist ein **Verbaladjektiv** mit **passiver** Bedeutung (1, 2), die sich auch bei den Deponentien erhalten hat (5). Es hat für gewöhnlich die Bedeutung des **Müssens** (3, 5), verneint, des **Nicht-Dürfens** (4). Oft kann es im Deutschen durch Adjektive auf *-lich*, *-wert*, *-würdig* wiedergegeben werden, z. B.: laudandus mit „löblich", memorandus mit „erwähnenswert", admīrandus mit „bewunderungswürdig".

Das Gerundivum kann sowohl attributiv (1, 2), als auch in Verbindung mit esse als Prädikatsnomen gebraucht werden. Im letzteren Falle bildet es die coniugatio periphrastica passiva (3, 4, 5) (vgl. 43, II). Über die prädikative Verwendung des Gerundivums s. u.

b) *Intransitive Verben* haben ein *unpersönliches* Passiv (ire: itur, itum est). Nach itum est wurde eundum est = man muß gehen (6) gebildet.

Auch transitive Verben, wenn sie ohne Objekt auftreten, lassen im Lateinischen ein unpersönliches Passiv zu (10).

c) Die *Person, die etwas tun muß* oder *nicht tun darf*, steht im dat. auctoris (8, 9, 10) (vgl. 63, 3).

Ab urbe oppūgnandā *(noch nicht erfolgte Handlung)* Poenum absterruērunt cōnspecta moenia *(vollendete Handlung)*. (Liv.)	Von der Erstürmung der Stadt schreckte den Punier der Anblick der Befestigungswerke ab.

Wie das Part. Perf. Pass. zur Bezeichnung der **vollendeten** (vgl. 87, 2b), so kann das Gerundivum zum Ausdruck einer **bevorstehenden** (oder sich noch vollziehenden) Handlung **attributiv** zu einem Substantiv gesetzt werden.

3. Prädikativer Gebrauch

1. Senātus Lentulō prōvinciam administrandam trādidit. (II, 10) 2. Captīvī praetōrī trāditī sunt Rōmam dūcendī. (Liv.) 3. Domōs nostrās et patriam ipsam vel dīripiendam vel īnflammandam relīquimus. (Cic.) 4. Caesar pontem in Ararī faciendum cūrat. (Caes.)

Bei den Verben: **übergeben** (dare, trādere), **überlassen** (committere, permittere, concēdere, relinquere), **übernehmen** (suscipere), **besorgen, lassen** (cūrāre) kann zu dem Objekt, im Passiv zu dem Subjekt (2) derselben ein **Gerundivum als prädikativer Zusatz** (vgl. 57, III) zur Bezeichnung der Absicht oder des Zweckes hinzugefügt werden.

[1] haudquāquam keineswegs. [2] caballus, -ī Pferd.

91 II. Das Gerundium

1. Die sprachgeschichtliche Entwicklung

Das Gerundium ist bereits in vorhistorischer Zeit aus dem Gerundivum entstanden. Aus Wendungen wie:

avidus vīsendī rēgis	entwickelte sich ein:
avidus vīsendī	begierig auf das, was zu sehen ist, begierig zu sehen;

d. h.: das Gerundium ist allem Anschein nach aus dem Gerundivum, dem ein *Nomen nicht beigefügt* war, hervorgegangen und hat dabei *aktive* Bedeutung angenommen.

2. Bedeutung, Konstruktion

1. Natāre salūbre est; artem natandī puerī discimus; natandō nautae vītam servāvērunt. (I, 40) 2. Breve tempus aetātis satis longum est ad bene beātēque vīvendum. (Cic.) 3. Iniūriās ferendō māiōrem laudem quam ulcīscendō merēberis. (Cic.) 4. Hostēs erant et virtūte et numerō pūgnandō parēs. (Caes.)

Das Gerundium ist ein Verbal**substantiv** mit **aktiver** Bedeutung. Es vertritt die casus obliqui des **inf. praes. act.** (1). Als Verbalform wird es durch Adverbien näher bestimmt (2) und kann Objekte (3) zu sich nehmen.

Die Kasus des Gerundiums werden entsprechend den Kasusregeln gebraucht. Der Akkusativ tritt nur in Verbindung mit Präpositionen (ad, in) auf (2). Der Dativ des Gerundiums steht nach Adjektiven und Verben, die den Dativ regieren wie ūtilis, pār (4), studēre, praeesse, operam dare, außerdem nach decemvirī, trēsvirī u. ä. zur Angabe der Aufgabe, die ihnen zugewiesen ist (z. B.: decemvirī agrōs mētiendō [Liv.]).

92 III. Besonderheiten im Gebrauch des Gerundiums und Gerundivums

1. Gerundium im Wechsel mit Gerundivum

Gerundium:	*Gerundivum:*
1a. Nōbilēs Rōmānī perītissimī erant cīvitātem regendī.	1b. Nōbilēs Rōmānī perītissimī erant cīvitātis regendae.
2a. Virī doctī dēlectantur librōs legendō.	2b. Virī doctī dēlectantur librīs legendīs.
3a.	3b. Nautae nāvī reficiendae operam dant.
4a.	4b. Caesar **ad** conventūs agendōs profectus est.
5a.	5b. Māxima dīligentia adhibenda est **in** ēligendīs amīcīs.

6. Haec rēs mihi imprīmīs vidētur causa fuisse facinus mātūrandī[1]. (Sall.) 7. Catilīna opprimundae reī pūblicae cōnsilium cēpit. (Sall.) 8. Cicerō multa pollicendō effēcerat, ut Q. Cūrius cōnsilia Catilīnae sibi prōderet. (Sall.) 9. Rōmānī magis dandīs quam accipiundīs beneficiīs amīcitiās parābant. (Sall.)

Im Wechsel mit dem **Genetiv** oder **Ablativ** des **Gerundiums** mit **Akkusativobjekt** findet sich das **Nomen** im **entsprechenden Fall** mit **attributivem Gerundivum;** letzteres ist die Regel im **Dativ** oder **im präpositionalen** Ausdruck.

---

[1] mātūrare zur Reife (Ausführung) bringen.

2. Gerundivkonstruktion mit fruī, ūtī usw.

1. Modus tenendus est voluptātis fruendae. (Sprichw.) 2. Hostibus spēs potiundī oppidī discessit. (Caes.) 3. Bona huic Hēracliō Verrēs omnia ūtenda trādidit. (Cic.) 4. Tuō tibi iūdiciō est ūtendum. (Cic.)

Auch die Deponentien fruī, fungī, ūtī, vescī, potīrī, ursprünglich *transitive* Verben, können ein Gerundivum bilden und schließen sich in den obliquen Kasus dieser Gerundivkonstruktion an (1, 2, 3). *In Verbindung mit* esse jedoch werden sie nur *unpersönlich* gebraucht und regieren dann den Ablativ (4).

3. Gerundivum bei mei, tui usw.

1. Hostēs ad Caesarem in castra vēnērunt sui purgandī causā. (Caes.) 2. Tui, ō Tullia, videndī mīrum mē tenet dēsīderium. (Cic.)

Dem Genetiv der Personalpronomina mei, tui, sui, nostrī, vestrī gleicht sich das hinzutretende Gerundivum an, indem es ohne Rücksicht auf Numerus (1) und Genus (2) nur in der Form auf -i auftritt.

93 Die Supina

1. Supinum auf -um

1. Ad templum Apollinis eāmus ōrātum et sacrificātum! (II, 24) 2. Lūcilius ad circum Flāminium it lūdōs spectātum. (II, 24) 3. Pompēius cōnfīrmat sē prius occīsum īrī ā Clōdiō quam mē violātum īrī. (Cic.)

Das **Supinum auf -um** steht bei *Verben der Bewegung* und bezeichnet den *Zweck*, die *Absicht*; deutsch: Infinitiv mit „um zu" (1). Er kann einen Objektsakkusativ bei sich haben (2).

Verbunden mit īrī dient das Supinum auf -um als Ersatz für den fehlenden Inf. Fut. Pass. (3).

Das Supinum auf -um ist der Akkusativ eines Verbalsubstantivs der u-Deklination. Der Akkusativ drückte ursprünglich die Richtung auf die Frage „wohin?" aus (vgl. 61, a). Eāmus ōrā**tum** hieß also: Wir wollen **zum** Beten gehen! Aus der Bezeichnung der Richtung entwickelte sich dann die Bezeichnung der Absicht.

2. Supinum auf -u

1. Istaec lepida sunt memorātuī. (Plaut.) = Das ist reizend zu erzählen. 2. Catilīna optimum factū crēdēbat exercitum augēre. (Sall.) = Catilina hielt es für das beste (zu tun), sein Heer zu vergrößern. 3. Cīvitās, incrēdibile memorātū est, quantum brevī crēverit. (Sall.)

Das **Supinum auf -u** kommt nur von wenigen Verben vor. Es endigte als ursprünglicher *Dativ* zunächst auf -ui und antwortete auf die Frage „*in welcher Hinsicht?*" (1).

Das Supinium auf -u steht *nach Adjektiven* wie facilis, difficilis, ūtilis, optimus, iūcundus u. ä., sowie nach fās est, nefās est es ist (gottgesetztes) Recht, Unrecht.

Vgl.: frz. cela est bien aisé à dire, mais difficile à faire (aber: il est difficile de faire).

B. Satzreihe und Satzgefüge

94 Koordination und Subordination

I. Beiordnung (Satzreihe)

1. Scīre volō: quoi (= cui) reddidistī. (Plaut.) 2. Dionȳsia[1] hīc sunt hodiē; apud mē sīs volō. (Ter.) 3. Putō interfuistī, Habinna. (Petron.) 4. Rogō: scrībās mēque haesitātiōne[2] līberēs. (Plin. min.) 5. Moneō: patienter resistās. (Plin. min.) 6. Date operam! nam nunc argūmentum[3] exōrdiar. (Plaut.) 7. Prīmum mihi Plautus nōmen Lūxuriae indidit[4], tum illam mihi esse gnātam[5] voluit Inopiam. Sed ea quid hūc introierit[6] . . . accipite. (Plaut.)

Die ursprüngliche Form, mehrere untereinander inhaltlich verbundene Gedanken auszudrücken, war die **Beiordnung (Koordination)** kleiner, in sich selbständiger Sätze. Sie hat sich in der volkstümlichen Rede und der diese nachahmenden Komödie erhalten (1, 2, 3, 6, 7) und Spuren im Briefstil hinterlassen (4, 5). Die Sätze stehen entweder unverbunden nebeneinander (1—5), oder der Sinnzusammenhang wird durch Konjunktionen verdeutlicht (6, 7).

II. Unterordnung (Satzgefüge)

1. Quī fuit rāna[7], nunc est rēx. (Sprichw.) 2. Ut quiētem habeās, perde aliquid! (Sprichw.) 3. Nescīs, quid vesper sērus[8] vehat (Sprichw.) 4. Amīcitia, quae dēsinere potuit, vēra numquam fuit. (Sprichw.) 5. Āgnōscī[9] amat, quī, quod agit, ostendit. (Sen.)

Aus der Beiordnung hat sich die **Unterordnung (Subordination)** entwickelt. Diese scheidet bei der Zusammenfügung der Sätze den wichtigeren Gedanken vom weniger wichtigen und drückt ersteren durch den **Hauptsatz**, letzteren durch den **Nebensatz** aus.

Die **Nebensätze** werden nach ihrer **Aussageweise** — wie die Hauptsätze — eingeteilt in a) Behauptungssätze (1, 4, 5), b) Begehrssätze (2), c) Fragesätze (3);

nach den **Satzteilen, die sie vertreten,** in a) Subjektsätze (1, 5), b) Objektsätze (3, 5), c) Attributsätze (4), d) Adverbialsätze (2);

nach dem **einleitenden Wort** in a) Fragesätze (3), b) Relativsätze (1, 4, 5), c) Konjunktionalsätze (2).

Im folgenden wird die letztere Einteilung zugrunde gelegt.

95 Zum Satzbau

I. Der Aufbau des erweiterten einfachen Satzes

1. Helvētiī omnium rērum inopiā adductī lēgātōs dē dēditiōne[10] ad Caesarem mīsērunt. (Caes.) 2. Aliēna melius hominēs vident quam sua. (Sprichw.) 3. Damnum[11] appellandum est cum malā fāmā lucrum. (Sprichw.) 4. In nūllum avārus bonus est, in sē pessimus. (Sprichw.) 5. Ti. Semprōnius cōnsul Messānam vēnit; eī fretum[12] intrantī rēx Hierō classem obviam dūxit. (Liv.)

---

[1] Dionȳsia, -ōrum Fest zu Ehren des Dionysos-Bacchus in Athen, an dem Tragödien und Komödien aufgeführt wurden. [2] haesitātiō, -ōnis Zaudern, Zweifel. [3] argūmentum, -ī Einleitung (des Dramas). [4] = dedit. [5] = nātam Tochter. [6] introīre eintreten. [7] rāna, -ae Frosch. [8] sērus, -a, -um spät. [9] āgnōscere anerkennen. [10] dēditiō -ōnis Übergabe. [11] damnum, -ī Verlust. [12] fretum, -ī Meerenge.

Anfang und Ende sind die Tonstellen eines Satzes; so gilt als Regel: das **Subjekt** steht am **Anfang**, das **Prädikat** am **Ende** des Satzes (1); die übrigen Satzteile schließen sich entsprechend ihrer Sinnzugehörigkeit einem dieser tragenden Satzglieder an.

Steht abweichend von dieser Regel ein anderes Wort am **Satzanfang** oder **-ende**, so ist es **hervorgehoben** (2, 3, 4) oder es steht in besonders enger **Verbindung** mit seinem **Nachbarsatz** (5).

II. Der Aufbau der lateinischen Periode

1. **Cn. Servīlius** cōnsul levibus proeliīs cum Gallīs factīs et ūnō oppidō īgnōbilī expūgnātō, *postquam* dē collēgae exercitūsque caede audīvit, iam moenibus patriae metu*ēns*, nē abesset in discrīmine extrēmō, ad urbem **intendit.** (Liv.)

Der Konsul Cn. Servilius hatte den Galliern einige kleine Gefechte geliefert und eine einzige, unbedeutende Landstadt erobert. Da hörte er von dem blutigen Ende des Amtsgenossen und seines Heeres. Nun fürchtete er bereits für die Mauern seiner Vaterstadt. Um daher im Augenblick der höchsten Gefahr ihr nicht fern zu sein, marschierte er in Richtung auf die Hauptstadt.

2. Hannibalī victōrī, *cum* cēterī circumfūs*ī* grātulārentur suādērentque, *ut* tantō perfūnct*us* bellō diēī quod reliquum esset noctisque īnsequentis quiētem et ipse sibi sūmeret et fessīs daret mīlitibus, **Maharbal,** praefectus equitum, minimē cessandum *ratus*: „immō, *ut*, *quid* hāc pūgnā sit āctum, sciās, diē quīntō“, **inquit,** „victōr in Capitōliō **epulāberis. sequere**; cum equite, *ut* prius vēnisse quam ventūrum sciant, **praecēdam.**“ (Liv.)

Die übrigen (Feldherren) umringten den siegreichen Hannibal, gratulierten ihm und rieten, er möge nach Beendigung eines solchen Krieges für den Rest des Tages und die folgende Nacht sich selber Ruhe gönnen und sie auch den übermüdeten Soldaten gewähren. Maharbal, der Reiterführer, war dagegen der Meinung, man dürfe keineswegs zaudern, und erklärte: „Im Gegenteil; du sollst wissen, was in dieser Schlacht geleistet wurde: in vier Tagen wirst du als Sieger auf dem Kapitol speisen. Folge mir; ich eile mit der Reiterei voraus; (die Römer) sollen eher von deiner Ankunft wissen als von deiner Absicht, zu kommen.“

Die klassische Literatursprache liebt im Gegensatz zur Umgangssprache die **kunstvoll gegliederte Periode.** Deren Aufbau entspricht im allgemeinen dem des erweiterten einfachen Satzes. Doch kann die Stellung der einzelnen Glieder derselben je nach der Bedeutung, die sie innerhalb des Satzganzen haben, gegenüber dem im Satz 1 vorgeführten Grundtyp mannigfach geändert werden. Im allgemeinen läßt sich sagen, daß Nebensätze oder Partizipialkonstruktionen, deren Inhalt dem des Hauptsatzes zeitlich vorausgeht, gewöhnlich vor dem Prädikat des Hauptsatzes stehen. So können kausale, temporale, konditionale, auch finale Nebensätze vor dem Hauptverbum stehen, konsekutive Nebensätze treten hinter das Verbum des Hauptsatzes; ein Begriff, der Haupt- und Nebensatz gemeinsam ist, steht beiden voran.

Bei der **Übersetzung ins Deutsche** tritt gemäß dem andersgearteten Stilgefühl an die Stelle der **unterordnenden** weitgehend die **beiordnende** Satzfügung.

Die Modi in Nebensätzen

Wie im Hauptsatz, so drückt auch im Nebensatz der **Indikativ** etwas **Tatsächliches,** der **Konjunktiv** etwas **Gedachtes, Vorgestelltes** aus.

96 I.

Äußerliche Abhängigkeit

1. a) Dumnorīx Helvētiīs erat amīcus, quod ex eā cīvitāte Orgetorīgis fīliam in mātrimōnium dūxerat. (Caes.)
... weil er geheiratet hatte.

2. a) Caesar īsdem ducibus ūsus est, quī nūntiī ab Icciō vēnerant. (Caes.)
C. nahm dieselben Leute zu Führern, die als Boten gekommen waren.

Innerliche Abhängigkeit

b) Caesar Haeduōs graviter accūsat, quod ab iīs nōn sublevētur. (Caes.)
... weil er von ihnen nicht unterstützt werde.

b) Gallī virgultīs collēctīs, quibus fossās compleant, ad castra pergunt. (Caes.)
Die G. sammelten Reisig, mit dem sie den Graben füllen wollten, und ...

3. Petunt ā Vercingetorīge Haeduī, ut ad sē veniat. (Caes.) = Die Häduer bitten Vercingetorix, zu ihnen zu kommen. 4. Rōmānī ā Prūsiā pōstulāvērunt, nē Hannibalem, inimīcissimum suum, sēcum habēret, sibīque redderet. (Nep.) = Die Römer forderten von Prusias, Hannibal, ihren Todfeind, nicht bei sich zu behalten und ihnen auszuliefern. 5. Hodiē expertus sum, quam cadūca fēlīcitās esset. (Curt.) = Heute habe ich erfahren, wie schwankend das Glück ist.

Der Inhalt eines Nebensatzes kann sowohl als *objektive Tatsache* (1a, 2a) wie auch als *Gedanke* oder *Aussage* des *grammatischen* oder *logischen Subjekts* des *übergeordneten Satzes* (1b, 2b) ausgedrückt werden. Nebensätze der ersteren Art gelten als *äußerlich abhängig* und stehen im *Indikativ*. Letztere werden als **innerlich abhängige** Nebensätze bezeichnet und stehen im Konjunktiv (coni. **obliquus**).

Innerlich abhängig sind außerdem: **abhängige Begehrssätze** (3, 4) und **indirekte Fragesätze** (5), da beide Vorstellungen des Subjektes des übergeordneten Satzes wiedergeben (vgl. 100, 104, 105).

Als Ausdruck der engen inneren Beziehungen eines innerlich abhängigen Nebensatzes zum übergeordneten Satz ist anzusehen, daß das Tempus des Verbums durch das des regierenden Satzes nach den Gesetzen der **consecutio temporum** (vgl. 99, 1) bestimmt wird und ein Personal- oder Possessivpronomen der 3. Person, wenn es sich auf das Subjekt des regierenden Satzes bezieht, ein **Reflexivum** sein muß.

97 II. Attractio modi

1. Quis eum dīligat, quem metuat, aut eum, ā quō sē metuī putet? (Cic.) = Wer könnte den lieben, den er fürchtet, oder den, von dem er sich gefürchtet glaubt? 2. Avārī plūs semper appetunt nec eōrum quisquam inventus est, cuī, quod habēret, esset satis. (Cic.) = Die Geizigen wollen immer mehr haben, und keiner findet sich unter ihnen, dem genügen würde, was er hat. 3. Nōbīs multa disputāta sunt in Hortēnsī vīllā, cum eō postrīdiē vēnissēmus, quam apud Catulum fuissēmus. (Cic.) = Wir haben im Landhaus des H. lange Gespräche geführt, als wir am Tag, nachdem wir bei C. gewesen waren, dorthin kamen.

Der Konjunktiv als Modus der unterordnenden Verbindung (coniungere) von Sätzen hat im Schrifttum der klassischen Zeit so sehr an Boden gewonnen, daß er oft auch in Nebensätzen auftritt, die sich an einen konjunktivischen Frage- oder Nebensatz anschließen und, da sie den Gedanken desselben ergänzen, auch dessen Modalität annehmen. Diese Erscheinung wird als *Modusangleichung* bezeichnet.

Die Tempora in Nebensätzen

98 1. Indikativische Nebensätze

Bezogene Tempora

a) 1. Plūs potest, quī plūs valet. (Sprichw.) 2. Iuventus, simul ac bellī patiēns erat, in castrīs ūsum mīlitiae discēbat. (Sall.) 3. Quantum habēbis, tantus eris. (Sprichw.) 4. Quod ūnī dīxeris, omnibus dīxeris. (Sprichw.)

b) 5. Terra numquam sine ūsūrā[1] reddit, quod accēpit. (Cic.) Deutsch: empfängt. 6. Haerēbant in memoriā, quaecumque Themistoclēs audierat et vīderat. (Cic.) Deutsch: was Th. sah und hörte. 7. Quī simul mentītus erit (deutsch: lügt), eī nōn iam crēdētur. (II, 25)

c) 8. Caesar Commium, quem ipse rēgem cōnstituerat, cuius virtūtem probābat, mittit. (Caes.)

Die enge Zusammengehörigkeit des lateinischen Haupt- und Nebensatzes zeigt sich vor allem darin, daß **das Tempus des Nebensatzes auf das des Hauptsatzes bezogen** wird. In indikativischen Nebensätzen wird stets zum Ausdruck gebracht, ob die Handlung des Nebensatzes mit der des Hauptsatzes zeitlich *zusammenfällt* oder ihr *vorangeht*. Es wird bezeichnet:

a) die **Gleichzeitigkeit** durch **gleiche** Tempora im Haupt- und Nebensatz (1—4);

b) die **Vorzeitigkeit:**

gegenüber einem Präsens des Hauptsatzes durch ein Perfekt des Nebensatzes (5),

gegenüber einem Präteritum des Hauptsatzes durch ein Plusquamperfekt des Nebensatzes (6),

gegenüber einem Futurum I des Hauptsatzes durch ein Futurum II des Nebensatzes (7);

c) das praes. historicum (vgl. 77, 2) gilt als Tempus der Vergangenheit (8).

99 2. Konjunktivische Nebensätze

1. consecutio temporum

a) 1. Dō, ut dēs. (I, 16) 2. Dīcam, quid sentiam. (Sen.) 3. Nōn quī fuerimus, sed quī nunc sīmus, vidē. (Sen.) 4. Quid sit futūrum crās, fuge quaerere. (Hor.) 5. Ōrāvimus tē, ut nōbīs propitia essēs. (I, 16) 6. Sēquanī, cum per sē minus valērent, Germānōs sibi adiūnxerant. (Caes.) 7. Lēgātīs convocātīs Caesar, quae ex Volusēnō cōgnōvisset, ostendit. (Caes.) 8. Nōn fuerat mihi dubium, quīn tē Tarentī vīsūrus essem. (Cic.)

b) 9. Catilīna aliōs hortārī, uti semper intentī[2] parātīque essent. (Sall.) 10. Quantum cēterīs prōfutūrī sīmus, nōn facile dīxerim. (Cic.) 11. Tū nē quaesieris, quem mihi, quem tibi fīnem dī dederint. (Hor.) 12. Catilīna Cethēgō atque Lentulō mandat, opēs factiōnis cōnfirment. (Sall.) 13. Caesar praesidia dispōnit, castella commūnit, quō facilius (Helvētiōs) prohibēret. (Caes.)

---

[1] ūsūra, -ae Zins. [2] intentus, -a, -um angespannt.

a) In *innerlich abhängigen Nebensätzen* (vgl. 96) wird das konjunktivische Tempus ebenfalls auf das Tempus des Hauptsatzes bezogen und durch die Gesetze der **consecutio temporum** bestimmt:

α) Steht im *Hauptsatz* ein Tempus der *Gegenwart* oder *Zukunft*, so steht im *Nebensatz*		
	bei *Gleichzeitigkeit*	der *coni. praes.* (1, 2),
	bei *Vorzeitigkeit*	der *coni. perf.* (3),
	bei *Nachzeitigkeit*	die coniug. periph. fut. auf *-urus sim* (4);
β) Steht im *Hauptsatz* ein Tempus der *Vergangenheit*, so steht im *Nebensatz*		
	bei *Gleichzeitigkeit*	der *coni. imperf.* (5, 6),
	bei *Vorzeitigkeit*	der *coni. plusquamperf.* (7),
	bei *Nachzeitigkeit*	die coniug. periphr. fut. auf *-urus essem* (8).

b) Der infinitivus historicus gilt als Tempus der Vergangenheit (9), das perfect. potentiale (10) und prohibitivum (11) als Tempus der Gegenwart; das praes. hist. gilt als Tempus der Gegenwart oder Vergangenheit (12, 13).

2. Mittelbare Abhängigkeit

1. Tū accūsas eum, quī sē praesidiō *mūnierit*, ut vītam suam *posset* dēfendere. (Cic.) (posset = kann.) 2. Num *arbitrāris* nōs īgnōrāre, quid cōnsiliī *fēceris?* (Cic.) 3. *Cōnstituī* ad tē venīre, ut tē *vidērem.* (Cic.) 4. *Incessit* cupīdō[1] scīscitandi[2], ad quem rēgnum Rōmānum ventūrum *esset* (werde) (Liv.) 5. *Cōnstitit* rēx incertus, quantum *esset* hostium (wie stark die Feinde seien). (Liv.) 6. Satis mihi multa verba *fēcisse* videor, quārē *esset* hoc bellum necesssārium (nötig ist). (Cic.)

Das Tempus eines innerlich abhängigen Nebensatzes 2. Grades (1: posset) richtet sich nach dem Tempus des Nebensatzes 1. Grades (1: munierit).

Innerlich abhängige Nebensätze, die von einem verbum infinitum (2, 3, 4) oder Adjektiv (5) abhängen, richten sich nach dem verbum finitum des Hauptsatzes. Eine Ausnahme bildet meistens der Inf. (das Part.) *Perfekt* (6).

Die Arten der Nebensätze

(nach dem Einleitungswort)

100 I. Indirekte Fragesätze

1. Dīc mihi, quōcum vīxeris, ego tibi dīcam, quālis sīs. (II, 22) 2. Quid vesper ferat, incertum est. (II, 22) 3. Xenophōntī cōnsulentī, sequerēturne Cȳrum: „Dē rēbus", inquit Sōcratēs, „incertīs ad Apollinem cēnseō referendum[3]." (Cic.) 4. Lacedaemoniī quaesīvērunt, num Philippus sē esset etiam morī prohibitūrus. (Cic.) 5. Ex mē quaesierās, nōnne putārem tot saeculīs vērum invenīrī potuisse. (Cic.) 6. Utrum doleam necne, nihil interest. (Cic.) 7. Māgnum inter mortālēs certāmen fuit, vīne corporis an virtūte animī rēs mīlitāris magis prōcēderet. (Sall.) 8. Vultū an nātūrā sapiēns sīs, multum interest[4]. (Sprichw.)

---

[1] cupīdō, -inis Begierde. [2] scīscitārī zu erfahren suchen. [3] dē alqā rē referre ad alqm. zur Entscheidung vorlegen. [4] interest es besteht ein Unterschied.

Fragen, die von Ausdrücken *sentiendi* und *dicendi* abhängen, werden **indirekte Fragen** genannt. Sie werden wie die direkten Fragen eingeleitet (vgl. 81). In indirekten Fragen ist *ne* und *utrum* durch „*ob*" (3, 6, 7), *num* durch „*ob etwa*" (4), *nōnne* durch „*ob nicht*" (5) zu übersetzen. *nōnne* kommt nur in Verbindung mit *quaerere* vor. *necne* im zweiten Glied einer Doppelfrage heißt „*oder nicht*".

Indirekte Fragesätze sind *innerlich abhängig* (vgl. 96; 104, 2a).

Zusatz:

1. Aristotelem exceptō Platōne haud sciō an rēctē dīxerim prīncipem philosophōrum. (Cic.) 2. Dubitō, an Thrasybūlum prīmum omnium pōnam. (Nep.)

Nach nesciō, dubitō, incertum est u. ä. ist an = ob nicht. Daher bedeutet nesciō an: vielleicht; nesciō an nōn: schwerlich. Der Ausdruck hat sich aus einer Doppelfrage entwickelt, deren erster Teil unterdrückt wurde.

Zu quīn vgl. 108.

II. Relativsätze

101 1. Die Modi in Relativsätzen

a) Der Indikativ

1. Beātī iī sunt, quibus id satis est, quod habent. (I, 21) 2. Ubi amīcī, ibi opēs. (Sprichw.) 3. Quidquid cōnāris, quō perveniās, cōgitēs! (II, 32) 4. Vir bonus, quōcumque[1] it, patriam sēcum fert. (Sprichw.)

Der Indikativ in Relativsätzen deutet an, daß sie eine **objektive Feststellung** enthalten (1, 2). Sind sie durch verallgemeinernde Relativa eingeleitet, so wird der Indikativ im Deutschen vielfach mit dem Konjunktiv oder mit Hilfe von „*mögen*" wiedergegeben (3, 4).

b) Der Konjunktiv

Im Relativsatz steht der **Konjunktiv**, wenn die durch ihn ausgedrückte attributive Bestimmung als eine bloß **vorgestellte** bezeichnet werden soll. Dabei ergeben sich folgende Möglichkeiten:

α) Obliquer, potentialer, irrealer Relativsatz

1. Zēnō, philosophus Graecus, appellat beātam vītam eam sōlam, quae cum virtūte dēgātur = ... das tugendhaft gelebt wird. (Cic.) 2. Nōn exercitus neque thēsaurī praesidia rēgnī sunt, vērum amīcī, quōs neque armīs cōgere neque aurō parāre queās = ... die man wohl weder mit Waffen erobern, noch mit Gold erkaufen kann. (Sall.) 3. Nōn esset id prīncipium, quod gīgnerētur aliunde = Das wäre kein Anfang, der anderswoher stammte. (Cic.)

Die Aussage gibt eine **fremde Meinung** wieder (1), oder sie ist **potential** (2) oder **irreal** (3).

β) Finaler Relativsatz

4. Helvētiī domī nihil habēbant, quō famem tolerārent = ... um (damit) ihren Hunger zu stillen. (Caes.) 5. Artaxerxēs Themistoclī Māgnēsiam urbem dōnāverat, quae eī pānem praebēret, Lampsacum autem, unde vīnum sūmeret = ... damit es ihm sein Brot liefere ... damit er von dort seinen Wein beziehen könne. (Nep.)

Die Aussage ist **final**; *quī = ut iī, ubi = ut ibi, unde = ut inde* usw.

Vgl.: frz. je cherche quelqu'un qui me rende ce service; engl. The Anglo-Saxons took from the Britain land, on which they might settle.

---

[1] quōcumque wohin auch immer.

γ) Kausaler Relativsatz

6. Ō fortūnāte adulēscēns, quī virtūtis tuae Homērum praecōnem invēneris! (II, 41)

Der Nebensatz drückt ein **kausales** Verhältnis aus; *quī = cum tū.*

δ) Adversativer Relativsatz

7. Egomet, quī sērō ac leviter Graecās litterās attigissem, tamen, cum vēnissem Athēnās, complūrēs ibi diēs commorātus cum virīs doctissimīs disputāvī = Ich, der ich mich erst spät und nur flüchtig mit griechischem Wissen befaßt hatte, habe mich doch, als ich nach Athen kam, nach mehrtägigem Aufenthalt schon mit den größten Gelehrten unterhalten. (Cic.)

Der Nebensatz hat **adversativen** Sinn; *quī = cum ego* „obgleich ich".

ε) Konsekutiver Relativsatz

8. Nōn is sum, quī mortis perīculō terrear. (II, 41) 9. Nūlla tam modesta fēlīcitās est, quae malīgnitātis dentēs vītāre possit = Kein Glück ist so bescheiden, daß es den Zähnen der Bosheit entgehen könnte. (Val. Max.) 10. Māior sum, quam cuī possit fortūna nocēre = Ich bin zu groß, als daß mir das Schicksal schaden könnte. (Ov.) 11. Nihil est, quod metuat sapiēns. (II, 41) 12. Semper inveniuntur, quī blandientibus aurēs praebeant. (II, 41) 13. Quisnam fluvius est, quem nōn recipiat mare? = Wer ist denn der Fluß, den das Meer nicht aufnimmt? (Plaut.) 14. Quis hominum dīgnus est, quī cum dīs immortālibus comparētur? (II, 41)

Der konsekutive Relativsatz nennt die Folgen, die sich aus einer im übergeordneten Satz genannten Eigenschaft ergeben; er steht daher besonders nach:

1. *tam, is, tālis* (von der Art, daß), Komparativ + *quam* (8, 9, 10),
2. *est, sunt* (es gibt Leute), *inveniuntur* (es finden sich), *nōn dēsunt, habet* (11, 12),
3. *quis est, quid est* (13),
4. *dīgnus, indīgnus, idōneus, aptus* (14).

Vgl.: frz. il n'y a point de siècle que nous connaissions aussi bien que le siècle de Louis XIV.

102 2. Relativer Anschluß

Neoclēs uxōrem Acarnānam cīvem dūxit, ex quā nātus est Themistoclēs. *quī*, cum esset minus probātus pa- rentibus, ā patre exhērēdātus est. *quae contumēlia* nōn frēgit eum, sed ērēxit. tōtum sē dēdidit reī pūblicae dīligentius amīcīs fāmae- que serviēns. *quō* factum est, ut brevī tempore illūstrārētur. (Nep.)	N. nahm eine Acarnanierin zur Frau, von der Th. geboren wurde. Da dieser von den Eltern weniger geschätzt wurde, enterbte ihn der Vater; diese Schmach ließ ihn nicht zusammenbrechen, sondern erstarken: er widmete sich ganz dem Staat und diente noch eifriger den Freunden und dem eignen Ruhm; so kam es, daß er in kurzer Zeit berühmt wurde.

Selbständige Sätze werden oft durch ein relatives Pronomen oder Adverbium eingeleitet, das die inhaltliche Verbindung zu einem Wort des voraufgegangenen Satzes herstellt (Zeile 3: *qui* = Themistokles) oder — häufig in Verbindung mit einem Abstraktum — den Gesamtinhalt des Satzes wiederholt (Zeile 5: *quae contumelia*, Zeile 8: *quo*). Im Deutschen entspricht diesem Relativpronomen ein Demonstrativum mit einer *koordinierenden Konjunktion*, wie: *und, denn, also, daher, aber* usw.

Mit Hilfe dieses Relativums wurden Übergänge gebildet, die formelhaft geworden sind, wie: *quō factō, quibus rēbus gestīs = darauf*; *quō factum est, ut = daher*; *quae cum ita sint = unter diesen Umständen*; quod erat demonstrandum = das war zu beweisen.

103 3. Relative Verschränkung

Ein Relativsatz ist oft mit einem zweiten Nebensatz in der Weise verschmolzen, daß letzterer vorweggenommen und das **Relativpronomen von dem Verbum dieses zweiten Nebensatzes abhängig** ist. Diesen Vorgang bezeichnet man als **relative Verschränkung.**

Aberat omnis dolor, quī sī adesset, nōn molliter Balbus ferret. (Cic.)	Es fehlte jeder Schmerz, *und sollte* dieser sich einstellen, würde Balbus ihn nicht gelassen ertragen.

Dieser Satz ist hervorgegangen aus:

Aberat omnis dolor
davon abhängig: quem nōn molliter Balbus ferret (1. Nebensatz),
davon abhängig: sī adesset (2. Nebensatz)

quem ist abhängig von *adesset* und dadurch zu *quī* geworden; in der Übersetzung beginne man bei dem Relativpronomen mit einem neuen Satz und übersetze dieses wie beim relativen Anschluß durch ein Demonstrativum; also: *quī sī* = und *wenn dieser.*

1. Catilīna retorquet oculōs ad hanc urbem, quam (et eam) ex suīs faucibus ēreptam esse lūget. (Cic.)	C. wendet seine Augen zurück zu dieser Stadt *und* beklagt es, daß sie ihm aus den Klauen gerissen ist.
2. Britanniae pars interior ab iīs incolitur, quōs nātōs esse in īnsulā ipsī dīcunt. (Caes.)	Das Innere Britanniens bewohnen die Stämme, die, *wie sie selbst behaupten,* der Insel entstammen.
3. Pudīcitia imprīmīs retinenda est, quā āmissā omnis virtūs ruit. (Sen.)	Die Schamhaftigkeit müssen wir uns vor allem erhalten; *denn* mit ihrem Verlust bricht jede Tugend zusammen.

Anstelle des zweiten Nebensatzes kann auch eine *Infinitiv-* oder *Partizipialkonstruktion* stehen; man übersetze wie beim relativen Anschluß (1); soll der lateinische Relativsatz erhalten bleiben, so kann man einen *präpositionalen Ausdruck* (3) oder bei der Infinitivkonstruktion einen *parenthetischen Satz* benutzen (2).

Zusatz:

1. Quam quisque nōrit artem, in hāc sē exerceat. (II, 33) = Jeder übe sich in der Kunst, die er versteht.
2. Sunt fīrmī et cōnstantēs ēligendī amīcī, cuius generis est māgna pēnūria. (Cic.) = . . . eine Art Menschen, an der großer Mangel herrscht.

Ein Substantiv, auf das sich ein Relativum bezieht, wird gern in den Relativsatz hineingezogen, wenn dieser voransteht (1) oder wenn es mit diesem zusammen einen erklärenden Zusatz bildet (2). Im Deutschen steht das betr. Substantiv immer im Hauptsatz, im zweiten Fall in Form einer Apposition.

III. Konjunktionalsätze

104 ut (adeo ut, simul ut, prout)

1. Ut valēs? (Plaut.) 2. Ut sapiēns habet cor! (Plaut.)

ut ist ursprünglich ein Fragepronomen mit der Bedeutung **wie**; es kommt in unabhängigen Frage- und Ausrufesätzen vor.

1. ut beim Indikativ

a) ut comparativum

1. Est, ut dīcis, Antōni. (Cic.) 2. Ut hominēs sunt, ita mōrem gerās[1]. (Sprichw.) 3. Pater Atticī, prout ipse amābat litterās, omnibus doctrīnīs[2] fīlium ērudīvit. (Nep.)

ut comparativum, häufig mit *sīc, ita, tam, adeō* im Hauptsatz, deutsch: *wie*; *prout* (3): *je nachdem, in dem Maße wie.*

b) ut adversativum

4. Ut errāre potuistī, sīc dēcipī nōn potuistī. (Cic.)

ut adversativum, immer in Verbindung mit *ita, sīc*, deutsch: (*zwar*) — *aber*, (*wenngleich*) — *so doch.*

c) ut causale

5. Catilīna, ut erat parātus ad omnia dissimulanda, pōstulāre ā patribus coepit, nē quid dē sē temere crēderent = Catilina, bereit, wie er war, alles zu leugnen, bat die Senatoren, sich nicht leichtfertig eine Meinung über ihn zu bilden. (Sall.)

ut causale, zur Einführung einer Erklärung oder Begründung, deutsch: (bereit) *wie er war*, oder: *da er bereit war.*

d) ut temporale

6. Pompēius, ut equitātum suum pulsum vīdit, aciē excessit. (Caes.) 7. Ariovistus, ut semel Gallōrum cōpiās proeliō vīcit, superbē et crudēliter imperat. (Caes.) 8. Ut quisque Verris animum aut oculos offenderat, in lautumias statim coniciēbātur = Sobald einer V.' Zorn oder Mißfallen erregt hatte, wurde er sofort in die Steinbrüche geschickt. (Cic.)

ut temporale, oft verstärkt durch *prīmum, simul* oder *semel*, verbindet sich mit dem perf. oder praes. historicum (deutsch: *sobald als* mit dem Plusquamperfekt oder Imperfekt [6], *seitdem* mit dem Perfekt [7], in Iterativsätzen mit dem entsprechenden Tempus [8]).

2. ut beim Konjunktiv

a) ut interrogativum

1. Vidēs, ut altā stet nive candidum Sōracte. (Hor.)

ut dient zur Einleitung einer **indirekten Frage,** deutsch: *wie.*

b) ut concessivum

2. Ut dēsint vīrēs, tamen est laudanda voluntās. (Ov.). 3. Nē sit sānē summum malum dolor, malum certē est. (Cic.)

ut concessivum (verneint: **nē**) gibt dem Nebensatz eine die Aussage des Hauptsatzes einschränkende Bedeutung, deutsch: *gesetzt, daß*; *angenommen, daß.*

c) ut consecutivum

4. Tam labōriōsus est, ut post sē nōn respiciat. (Sprichw.) 5. Virtūtēs ita cōnexae sunt, ut omnēs omnium participēs sint nec alia ab aliā possit sēparārī. (Cic.) = Die Tugenden sind so verflochten, daß alle an allen teilhaben und eine nicht von der anderen getrennt werden kann. 6. Potest fierī, ut, quī diū vīxerit, parum vīxerit. (Sen.) 7. Drūsō

[1] mōrem gerere sich fügen, sich (jmd. gegenüber) einstellen. [2] doctrīna, -ae wissenschaftliches Fach.

contigit, ut ūsque ad Albim prōcēderet. (II, 32) 8. Amīcīs quoniam satisfēcī, reliquum est, ut egomet mihi cōnsulam. (Nep.) 9. Mōs erat, ut corpora mortuōrum extrā mūrōs cremārentur. (I, 27) 10. Quis locus per hōs annōs tam fīrmum habuit praesidium, ut tūtus esset? (daß er *gewesen wäre*) (Cic.)

ut consecutivum (verneint: **ut nōn**, fortgeführt: **neque**) drückt Folge oder Wirkung aus, deutsch: *daß, so daß.*

Konsekutivsätze unterliegen nicht der cons. temp., da sie nicht innerlich abhängig sind; es steht in ihnen das gleiche Tempus, das sich fände, wenn ihr Inhalt durch einen Hauptsatz ausgedrückt wäre (5, 6).

ut consecutivum steht vornehmlich

1. nach *is, tālis, tantus, ita, tam, adeō* u. ä. (4, 5);
2. nach unpersönlichen Ausdrücken des *Geschehens, Folgens, Übrigseins,* z. B. *fit, accidit, ēvenit; contingit; sequitur (daraus folgt); reliquum est, relinquitur, (es bleibt noch); fierī potest (es ist möglich); mōs (mōris) est, cōnsuētūdō est, lēx est* u. ä. (7, 8, 9).

Hängt der Konsekutivsatz von einem *verneinten* oder *fragenden* Ausdruck ab, so wird das lat. *Präs.* durch das *Imperf.*, das lat. *Imperf.* oder *Perf.* durch das *Plusquamperf.* wiedergegeben (10).

d) ut finale

α) 11. Nōn vīvimus, ut edāmus, sed edimus, ut vīvāmus. (I, 28) 12. Nē pereant, lege māne rosās! (Sprichw.) 13. Turnus manipulōs[1], nē ducem suum nēve sēcrētum imperium habērent, ex Latīnīs Rōmānīsque mīscuit = T. mischte seine Scharen aus Latinern und Römern, damit sie nicht ihren eigenen Führer und geheime Befehle hätten (Liv.) 14. Minus perferte, māius nē veniat malum. (Phaedr.) 15. Ubiī petunt atque ōrant, ut sibi parcat. (Caes.) 16. Tē hortor, ut maneās in sententiā nēve cuiusquam vim aut minās pertimēscās[2]. (Cic.) 17. Pīrātae Arīōnī concessērunt, ut ultimum caneret. (II, 6) 18. Impellimur nātūrā, ut prōdesse velīmus quam plūrimīs. (Cic.) 19. Sōl efficit, ut omnia flōreant. (Cic.)

ut finale (verneint: **nē**, fortgeführt: **nēve, neu**) leitet Nebensätze ein, die eine *Absicht*, einen *Zweck* ausdrücken, deutsch: *damit, auf daß, um zu.* Sie sind innerlich abhängig,

ut finale steht auch in Sätzen die, von Verben des *Wollens* und *Strebens* abhängig sind, also von Verben, die bedeuten:

id agere, contendere, ēnītī, operam dare	streben	hortārī, monēre	ermahnen
		impellere	antreiben
assequī, impetrāre	erreichen	imperāre, mandāre	befehlen
concēdere, permittere	erlauben	optāre	wünschen
cūrāre, prōspicere, prōvidēre, vidēre	sorgen	ōrāre, petere, precārī, rogāre	bitten
dēcernere	beschließen, entscheiden	persuādēre	überreden
		pōstulāre	fordern
efficere, facere, perficere	bewirken	suādēre	raten

Deutsch: *daß* oder *Inf. mit zu.*

Vgl.: frz. je te souhaite que tu ailles bien; pour qu'on vous obéisse, obéissez aux lois.

---

[1] manipulus, -ī Haufe, Schar. [2] pertimēscere, -ō, -uī sehr fürchten

β) 20. a) Hās epistulās dīcam mē accēpisse. (Plaut.) b) Dīcam tuīs, ut librum meum dēscrībant[1] ad tēque mittant. (Cic.) 21. a) Caesar monuit eius diēī memoriam in eārum cohortium virtūte cōnstāre. (Caes.) b) Immortālia nē spērēs, monet annus. (Hor.) 22. Antōnius (Atticō) scrīpsit, nē timēret, statim ad sē venīret, sē eum dē prōscrīptōrum[2] numerō exēmisse[3]. (Nep.)

Manche verba *dicendi* und *sentiendi* haben verschiedene Bedeutung, je nachdem sie mit dem a. c. i. oder dem *Finalsatz* verbunden sind. So bedeutet:

dīcere (nūntiāre, scrībere)	mit a. c. i.	mitteilen	mit ut	auffordern
monēre	„ „	erinnern	„ „	(er)mahnen
concēdere	„ „	zugeben	„ „	erlauben
persuādēre	„ „	überzeugen	„ „	überreden
cēnsēre	„ „	meinen	„ „	beschließen
auctōrem esse	„ „	berichten	„ „	raten
vidēre	„ „	sehen	„ „	achtgeben

105 ne

Quoniam post mortem nihil est malum, nē mors quidem est malum. (Cic.)

Die Verneinung **nē** kommt in klassischer Zeit im Hauptsatz nur als Einleitung des Verbots, des Wunsches und der Einräumung (80 b) und — verbunden mit **quidem** — in der Bedeutung „*auch nicht, nicht einmal*" vor.

1. nach verba timendi

1. Multī timent, ne bellum nōbīs immineat. (I, 23) 2. Labiēnus veritus, nē hostium numerum sustinēre nōn posset, litterās Caesarī mīsit. (Caes.) 3. Omnēs labōrēs tē excipere videō; timeō, ut sustineās. (Cic.) 4. Improbī semper sunt in metū, nē poenā afficiantur aliquandō. (Cic.)

Man wünscht, daß *nicht* geschehe, was man fürchtet. Daher schließt sich an einen Ausdruck des *Fürchtens* (*timeō, metuō, vereor, perīculum est* u. ä.) im Lateinischen ein *Begehrssatz* an, dessen *nē* deutschem „*daß*", *nē nōn* oder *ut* deutschem „*daß nicht*" entspricht.

Zusatz:

1. Puerī probī culpam fatērī nōn verentur. (II, 29) 2. Mūcius timēns scīscitārī[4], uter Porsenna esset, scrībam prō rēge obtruncat[5]. (Liv.)

verērī, timēre, metuere mit *Infinitiv* haben die Bedeutung: *sich scheuen, Bedenken tragen* (vgl. 87, 1).

2. nach verba impediendi

1. Quid tē impedit, nē ipse quoque dominō meō serviās? (I, 29) 2. Hoc et potuistī prohibēre, nē fieret, et dēbuistī. (Cic.) 3. Atticus, nē qua sibi statua pōnerētur, restitit. (Nep.) 4. Rēgulus in senātum vēnit; sententiam nē dīceret, recūsāvit. (Liv.)

Auf die Verben des *Verhinderns, Widerstrebens, Abschreckens, Sich-weigerns,* wie *impedīre, prohibēre, dēterrēre, resistere, recūsāre,* die alle ein Streben, daß etwas **nicht** geschehe, enthalten, folgt ein mit *nē* eingeleiteter Begehrssatz, deutsch: *daß* oder *Inf. mit zu.* prohibēre meist mit a. c. i.

---

[1] dēscrībere hier: abschreiben. [2] prōscrīptus, -ī der Geächtete. [3] eximere, -ō, -ēmi, -ēmptus herausnehmen. [4] scīscitārī sich erkundigen. [5] obtruncāre niederhauen.

Vgl.: Du bist ihm ein Hindernis, daß sich der Schwyzer nicht dem neuen Fürstenhaus will unterwerfen (Schiller); frz. la pluie empêche qu'on n'aille se promener; on craint qu'avec Hector Troie un jour ne renaisse; engl. we were afraid lest the enemies might march northwards.

3. Über **nē** als Einleitung **verneinter Konzessiv-** und **Finalsätze** vgl. 104, 2.

106 cum

Cum (altlt. quom) ist ursprünglich der neutrale acc. sing. zum Relativpronomen **qui**.

1. cum beim Indikativ

a) cum temporale

1. Cum Caesar in Galliam vēnit, alterīus factiōnis[1] prīncipēs erant Haeduī, alterīus Sēquanī. (Caes.) 2. Conōn fit praetor, cum apud Aegos flūmen cōpiae Athēniēnsium sunt dēvictae. Sed tum āfuit. (Nep.)

cum temporale deutet an, daß zwischen den Handlungen des Haupt- und Nebensatzes nur ein *äußeres, zeitliches*, kein *inneres*, irgendwie *ursächliches Verhältnis* besteht; im Hauptsatz steht meist *tum, eō diē, eō tempore* u. ä.; deutsch: *in dem Augenblick, da; zu der Zeit, als; damals, als.*

b) cum iterativum

3. Duplex est onus, cum, quod necesse est, molestē ferimus. (II, 14) 4. Discipulī, cum cāsam Sōcratis vidēbant, rīdēbant. (I, 10)

cum iterativum drückt die *Wiederholung* in der Gegenwart oder Vergangenheit aus, deutsch: *jedesmal, wenn.*

c) cum coincidens

5. Dē tē, Catilīna, cum quiēscunt, probant, cum patiuntur, dēcernunt, cum tacent, clāmant = In deinem Fall, C., bedeutet die Ruhe (der Senatoren) Zustimmung, ihr passives Verhalten Entschlossenheit, ihr Schweigen begeisterten Zuruf. (Cic.) 6. Multī, cum aliīs maledīcunt, sibi ipsīs convīcia[2] faciunt. (Sen.)

cum coincidens gibt an, *wie das im Hauptsatz Ausgesagte hervorgerufen und verwirklicht* wird; Haupt- und Nebensatz stimmen im Tempus überein; deutsch: *indem; wenn; dadurch, daß.*

d) cum inversum

7. Vix Arīōn undās tetigerat, cum delphīnus ē marī ēmersit. (II, 6) 8. Iam plēna nox erat, cum Eumolpus ōstium pulsat. (Petr.)

cum inversum beim *perf.* oder *praes. hist.*, oft verstärkt durch *repente, subitō*, leitet einen Nebensatz ein, der den *Hauptgedanken* enthält, während dieser, oft in Verbindung mit *vix, aegrē, iam, nōndum*, einen Nebenumstand mitteilt; das Tempus des Hauptsatzes ist Imperf. oder Plusquamperf.; deutsch: *als.*

2. cum beim Konjunktiv

a) cum historicum

1. Cum asinus tē implōrāret, eī āfuistī. (I, 20) 2. Caesarī cum id nūntiātum esset Helvētiōs per prōvinciam nostram iter facere cōnārī, mātūrat[3] ab urbe prōficīscī. (Caes.) 3. a) (Cae-

---

[1] factiō, -ōnis Partei. [2] convīcium Vorwurf. [3] mātūrāre (reifen) eilen.

sar), cum prīmum per annī tempus potuit, ad exercitum contendit. (Caes.) b) (Caesar), cum prīmum pābulī cōpia esse inciperet, ad exercitum vēnit. (Caes.)

cum historicum beim Konj. *Imperf.* oder *Plusquamperf.* schließt dem erzählten Hauptfaktum ein *untergeordnetes*, aber zu ihm *in sachlicher Beziehung* stehendes Ereignis an. Wie nahe in ihrer Bedeutung *cum temporale* und *cum historicum* stehen, zeigen die Sätze 3a und 3b. Deutsch: *als*.

b) cum causale

4. Cum sīs mortālis, quae sunt mortālia, cūrā! (II, 38)

cum causale dient zur Angabe eines *Grundes*, deutsch: *da, weil*.

c) cum concessivum

5. Cum loquī nōn possit, tacēre nequit. (Sprichw.)

cum concessivum bezeichnet eine *Einräumung*; deutsch: *obgleich, obwohl, wenn auch*

d) cum adversativum

6. Equitum nostrōrum erat quīnque mīlium numerus, cum hostēs nōn amplius octingentōs equitēs habērent. (Caes.)

cum adversativum drückt einen *vergleichenden Gegensatz* aus; deutsch: *während, wohingegen.*

c) cum modale

7. Ingressus est urbem Antōnius, cum dextrā sinistrāque minārētur = A. zog in die Stadt ein, wobei er mit beiden Fäusten drohte. (Cic.)

cum modale leitet einen Nebensatz ein, der — im Gegensatz zum cum coincidens — die *näheren Umstände* oder die *Begleiterscheinungen* der Haupthandlung enthält: *cum dīxi = indem (dadurch, daß)* er sagte, *cum dīceret = indem (wobei)* er sagte.

Vgl.: frz. disant und en disant.

107 quo, quominus

1. quo beim Indikativ

1. Domine, quō vādis? (II, 3) 2. Quō quid est melius, eō est rārius. (Sprichw.)

quo ist ursprünglich *interrogatives Adverbium* mit der Bedeutung *wohin?* (1) oder der *Ablativ* des *Relativpronomens* (2); letzteres leitet als *abl. mensurae* beim Komparativ einen *Vergleichssatz* ein; deutsch: *je* — (desto); vgl. 72, 2.

2. quo beim Konjunktiv

1. Corrūpisse dīcitur A. Cluentius iūdicium pecūniā, quō inimīcum (suum) innocentem condemnāret = A. C. soll das Gericht bestochen haben, seinen Gegner unschuldig zu verurteilen (Cic.) 2. Nōn soleō temere contrā Stoicōs disputāre, nōn quō illīs admodum assentiar, sed pudōre impedior = Ich pflege nicht ohne weiteres gegen die Stoiker zu sprechen, nicht um ihnen ganz und gar zuzustimmen, sondern die Ehrfurcht hindert mich. (Cic.) 3. Lēgem brevem esse oportet, quō facilius ab imperītīs teneātur. (Sen.)

Der Konjunktiv gibt dem mit **quo** eingeleiteten Satz **finalen** Sinn, *quō = ut eō*; deutsch: *quō* damit dadurch (1), *nōn quō*: *nicht als ob* (eigentlich: nicht um dadurch) (2), *quō* beim *Komparativ damit desto* (3).

3. quominus

1. Aliquamdiū poēta, quōminus verba faceret, dolōribus animī impediēbātur. (II, 25) 2. Nōn deterret sapientem mors, quōminus reī pūblicae suīsque cōnsulat. (Cic.) 3. Epamīnōndās nōn recūsāvit, quōminus lēgis poenam subīret. (Nep.)

quōminus = *ut eō minus* leitet nach den Verben *des Verhinderns, Widerstrebens, Sichweigerns* einen **Begehrssatz** ein; deutsch: *daß* oder *Inf. mit zu.*

Statt quōminus steht auch *nē*, vgl. 105, 2, nach verneintem Hauptsatz *quīn*, letzteres häufig nach *nōn recūsō*; vgl. 108.

Zusatz:

Frāter meus ad omnia perīcula princeps esse nōn recūsāvit. (Cic.)

Nōn recūsāre = *velle* verbindet sich oft mit dem Infinitiv.

108 quin

1. Entstehung

1. Quī fit, Maecēnās, ut nēmō ... contentus vīvat? (Hor.) 2. Quīn expergīsciminī[1]? (Sall.)

Aus dem altlat. abl. modi quī? (von qui-s) und der Negation *-ne* ist *quīn* entstanden (vgl. 26, 2). *Quī* lebt in „*quī fit?*" (wie kommt es?) und „*quīn?*" (wie nicht?, warum denn nicht?) zur *Einleitung direkter Fragen* fort.

quīn dient *zur Einleitung eines Nebensatzes* nach *negativem Hauptsatz*; die Verneinung kann durch eine Negation, durch ein die Aussage einschränkendes Adverb (*aegrē*) oder durch eine rhetorische Frage ausgedrückt sein.

2. nach verneinten verba dubitandi und impediendi

a) 1. Nōn dubitō, quīn in virtūte dīvitiae sint. (II, 40)

b) 2. Hannibal, quīn ērumperet, ubi vellet, prohibērī nōn potuit. (Liv.) 3. Hostēs aegrē abstinent, quīn castra oppūgnent. (Liv.) 4. Praeterīre nōn potuī, quīn scrīberem ad tē. (Cic.) 5. Paulum āfuit, quīn Fabius Vārum interficeret. (Caes.)

Es leitet einen **indirekten** Fragesatz ein

a) nach verneinten Ausdrücken des *Zweifelns*; (zu *dubitāre* m. Inf. vgl. 84, 1)

b) nach verneinten Verben des *Hinderns, Widerstrebens, Unterlassens* und dem unpersönlichen Ausdruck *nōn multum* (*paulum, nihil*) *abest*; deutsch: *daß.*

3. quin consecutivum

a) 1. Quis in circum māximum vēnit, quīn is dē avāritiā tuā commonērētur = (... wie würde der nicht an deine Habsucht erinnert) ohne an deine Habsucht erinnert zu werden? (Cic.) 2. Scrīpsit Antōnius facere sē nōn posse, quīn litterīs Caesaris pārēret = A. schrieb, er bringe es nicht fertig, ... nicht zu gehorchen (Cic.) 3. Fierī nūllō modō poterat, quīn Cleomenī parcerētur = (Es ließ sich unmöglich einrichten, daß C. nicht geschont wurde) C. mußte geschont werden. (Cic.)

b) 4. Quis est, quīn (= quī nōn) cernat, quanta vīs sit in sēnsibus? (Cic.) 5. Hōrum nihil est, quīn (= quod nōn) intereat. (Cic.)

[1] expergīscī, -or, -perrēctus sum aufwachen

quin steht

a) im Sinne von *ut nōn* in **verneinten Konsekutivsätzen**;

b) im Sinne von *quī nōn*, quod nōn in **verneinten konsekutiven Relativsätzen** (vgl. 101 b, ε); daß es auch auf altes *quī-ne* zurückgeht, zeigt „*is*" in Satz 1; deutsch: *daß nicht*.

Merke:

facere nōn possum, quīn	ich kann nicht umhin, zu
fierī potest, ut	möglicherweise
ficrī nōn potest, ut	auf keinen Fall
fierī nōn potest, quīn	auf jeden Fall

109 quod (quia, quoniam, quando)

1. quod beim Indikativ

a) Kausales quod

α) 1. Dīligī iucundum est, quod tūtiōrem vītam efficit. (II, 39) 2. Gaudeō, quod domī es. (II, 29) 3. Multī mīrantur, quod Germānicum revocāvī. (II, 32)

Der Satz mit **kausalem quod** gibt den **objektiven Grund** für das im Hauptsatz Ausgesagte an; er steht besonders häufig nach Verben des *Affekts* wie *gaudēre, mīrarī, querī* und der *Affektsäußerung* wie *grātiās agere*; deutsch: *daß*. An Stelle des quod-Satzes steht nach Verben des Affekts häufig a. c. i. (vgl. 85, 2a, β).

β) 4. Quia mūtārī nātūra nōn potest, idcircō[1] vērae amīcitiae sempiternae sunt. (Cic.) 5. Vōs, Quirītēs[2], quoniam iam nox est, in tēcta vestra discēdite! (Cic.) 6. „Ut quīmus", aiunt, quandō „ut volumus" nōn licet = Man sagt: „So gut ich kann", da es ja nicht angeht, zu sagen: „So gut ich will". (Ter.)

Dem kausalen quod entsprechen **quia:** *weil*, **quoniam** und **quandō:** *da ja*.

b) Faktisches quod

α) 1. Māgnum beneficium nātūrae est, quod necesse est morī. (II, 39) 2. Quod hoc ūnum agis, ut tē meliōrem cottīdiē faciās, et probō et gaudeō. (Sen.) 3. Sī stultus es, sapienter agis, quod tacēs. (I, 37) 4. Senectūs hōc beātior est quam media aetās, quod auctōritātis habet plūs, labōris minus = Das Alter ist insofern glücklicher als die mittleren Jahre, als es mehr Ansehen genießt, aber weniger zu leisten braucht. (Cic.) 5. Bene mihi ēvenit[3], quod mittor ad mortem. (Sokrates bei Cic.)

β) 6. Quod mē Agamemnonem aemulārī[4] putās, falleris. (Nep.) 7. Quod scīre vīs, quā quisque in tē fidē sit, difficile dictū est dē singulīs = Wenn du wissen willst, wie treu dir ein jeder ist, — von einzelnen ist das schwer zu sagen. (Cic.)

Der Nebensatz mit **faktischem quod** enthält eine **Tatsache**; die enge Beziehung zum *kausalen quod* zeigt (2).

α) Im Hauptsatz wird häufig durch ein Demonstrativum auf den Nebensatz hingewiesen. Bei *facere, fit, accidit, ēvenit* steht im Hauptsatz oft ein das Ereignis beurteilendes *bene, male, commodē*[5], *opportūnē, opportūnissima rēs* u. ä.; deutsch: *die Tatsache, daß*.

---

[1] deshalb. [2] Quirītēs, -ium die Römer (als Mitglieder der Volksversammlung). [3] ēvenit es ergibt sich. [4] nacheifern. [5] commodus, -a, -um bequem.

β) Der quod-Satz kann auch die **Meinung** oder den **Wunsch eines anderen** anführen oder ein **Faktum** nennen, zu dem im Hauptsatz **Stellung genommen** wird; deutsch: *was das betrifft, daß; wenn.*

Merke:

accidit (accēdit), ut	es geschieht, daß
bene accidit, quod	es trifft sich gut, daß
accēdit, quod	hinzukommt, daß

2. quod beim Konjunktiv

a) 1. Caesar Haeduōs graviter accūsat, quod ab iīs nōn sublevētur = ... nicht unterstützt werde. (Caes.) 2. Eōrum ūsum dīmīseram, nōn quod iīs suscēnsērem, sed quod eōrum mē pudēbat = Ich habe den Verkehr mit ihnen abgebrochen, nicht als ob ich ihnen gezürnt hätte, sondern weil ich mich ihrer schämte. (Cic.)

b) 3. Sī animum vīcistī potius quam animus tē, est, quod gaudeās. (Cic.) 4. Nihil habeō, quod accūsem senectūtem. (Cic.)

a) Der *Konjunktiv* beim *faktischen quod* ist Ausdruck der *innerlichen Abhängigkeit*; auch im Deutschen steht der Konjunktiv.

nōn quod (verneint: *nōn quod nōn*) weist einen von einem Dritten fälschlich angenommenen Grund zurück (2); deutsch: *nicht als ob, nicht wie wenn.*

b) Nach *nihil est, quod*; *habeō, quod* u. ä. (*es ist Grund vorhanden*) hat der Konjunktiv *potentiale Bedeutung.*

Zusatz:

Die Konjunktion quod hat im Vulgärlatein ihre Gebrauchssphäre auf Kosten des a. c. i. und anderer Konjunktionen immer weiter ausgedehnt. Als meistgebrauchte Konjunktion ist sie in die romanischen Sprachen eingedrungen (frz. que; ital. che).

110 dum, donec, quoad, nedum

1. Manē dum! (Plaut.) 2. Abī modo! ego dum hoc cūrābō. (Plaut.)

dum, ein neutraler **Akkusativ der Ausdehnung** wurde ursprünglich adverbiell gebraucht in der Bedeutung: *eine Weile, dieweilen, unterdessen, so lange.* Wie das deutsche „*so lange*" zur Konjunktion „*solange*" geworden ist, so hat sich, als die Beiordnung in die Unterordnung überging, auch das Adverbium „*dum*" zur Konjunktion „*dum*" entwickelt.

nōndum = noch nicht.

1. dum, donec, quoad beim Indikativ

a) dum = solange (wie)

1. Dum spīrāmus, spērāmus. (Sprichw.) 2. Vulgus trucīdātum est, dōnec īra et diēs permānsit = ... solange der Zorn und das Tageslicht anhielten. (Tac.) 3. Dōnec eris fēlīx, multōs numerābis amīcōs. (I, 35) 4. Dōnec grātus eram tibī, Persārum viguī rēge beātior = Solange ich dir genehm war, fühlte ich mich mächtiger und glücklicher als der Perserkönig. (Hor.)

In der Bedeutung *„solange wie"* stehen **dum, donec, quoad** bei gleichem Tempus im Haupt- und Nebensatz und drücken die **gleichlange Dauer** der **gleichzeitigen Begebenheiten** aus (1, 2, 3). Schildert der Nebensatz jedoch einen **Zustand** oder eine **wiederholte Handlung** in der **Vergangenheit**, so steht das **Imperfektum** (4).

b) dum = solange bis

1. Homō regī dēbet, dum incipit posse sē regere. (Sen.) 2. Quoad dēdita arx est, caedēs tōta urbe factae = bis die Burg erobert war, gab es Gemetzel in der ganzen Stadt. (Liv.) 3. Mihi ūsque cūrae erit, quid agās, dum, quid ēgeris, scierō. (Cic.)

Wenn der Nebensatz einen **Zeitpunkt** angibt, verbinden sie sich mit dem **Präsens, Perfekt** oder **Futurum II**; deutsch: *solange bis; bis dahin, daß.*

c) dum = während

1. Dum vītant stultī vitia, in contrāria currunt. (Hor.) 2. Dum haec in colloquiō geruntur, Caesarī nūntiātum est equitēs Ariovistī propius accēdere. (II, 37)

dum *„während"* steht beim **Präsens** zur Bezeichnung einer **Nebenhandlung, in welche die Haupthandlung** des übergeordneten Satzes **hineinfällt**; dieses Präsens ist, wenn im übergeordneten Satz ein Präteritum steht, ein praes. historicum.

2. dum, donec, quoad beim Konjunktiv

a) dum = damit unterdessen

1. Lupus observāvit, dum dormītārent canēs = Der Wolf lag auf der Lauer, bis die Hunde eingeschlafen waren (Plaut.) 2. Assiduō studiō rōbur[1] adhibendum est, dōnec bona mēns sit, quod bona voluntās est. (Sen.)

b) dum = wenn nur

1. Pereant amīcī, dum inimīcī ūnā intercidant = Mögen die Freunde zugrunde gehen, wenn nur die Feinde mit ihnen fallen! (Sprichw.) 2. Dummodo sit dīves, barbarus ipse placet. (Ov.) 3. Tertia aderit, modo nē Pūblius rogātus sit. (Cic.)

a) **dum, donec, quoad** in der Bedeutung *„bis"*, „damit unterdessen" leiten einen **Finalsatz** ein: *dum — ut intereā.*

b) **dum**, wofür auch **modo** oder — zusammengesetzt — **dummodo** stehen, dient ferner zur Einleitung eines **bedingten Wunsches** (Negation: **ne**); das Tempus entspricht dem der unabhängigen Wunschsätze (6), *wenn, wofern nur.*

Vgl.: frz. zu a) jusqu'à ce que mit Konj. zur Bezeichnung eines erwarteten Ereignisses, zu b) pourvu que, supposé que, verneint: à moins que mit dem Konj.

Zusatz:

nedum

Vix in ipsīs tēctīs et oppidīs frīgus vītātur, nēdum in marī et viā sit facile abesse ab iniūriā temporis = ... geschweige denn, daß es ... leicht ist, den Unbilden der Witterung zu entkommen. (Cic.)

nedum knüpft an einen negativen Satz einen zweiten in Form eines konjunktivischen Nebensatzes an; *geschweige denn.*

---

[1] rōbur, -oris, n. (Hartholz), Kraft.

111 ubi, simulac, postquam

1. Selbständiger Gebrauch

1. Helvētiī, ubi dē Caesaris adventū certiōrēs factī sunt, lēgātōs ad eum mittunt. (Caes.) 2. Hostēs, ubi prīmum nostrōs equitēs cōnspēxērunt, impetū factō nostrōs perturbāvērunt. (Caes.) 3. Hostēs, simulatque sē ex fugā recēpērunt, statim ad Caesarem lēgātōs mīsērunt. (Caes.) 4. Ubi neutrī trānseundī initium faciunt, Caesar suōs in castra redūxit. (Caes.) 5. Hamilcar postquam mare trānsiit, māgnās rēs secundā gessit fortūnā. (Nep.)

ubi, ubi primum, simulac, simulatque, deutsch: *sobald, sowie*, und **postquam (posteaquam)**, deutsch: *nachdem*, verbinden sich in der **Erzählung einmaliger Begebenheiten der Vergangenheit** mit dem **perf.** oder **praes. historicum**; das Deutsche verlangt hier Plusquamperfekt.

2. Bezogener Gebrauch

a) bei ubi usw. = sobald erst (nur)

1. Ubi cōnsul gladium ēdūxerit, quis illī fīnem statuet? (Sall.) 2. Mihi plaudō ipse domī, simulac nummōs contemplor in arca[1] (Hor.) 3. Hostēs, ubi aliquōs singulārēs ex nāvī ēgredientēs cōnspēxerant, impedītōs adoriēbantur. (Caes.)

b) bei postquam = seitdem

4. Hannibal annō tertiō, postquam domō profūgerat, Āfricam accessit. (Nep.) 5. Postquam rēs eōrum prospera vidēbātur, invidia orta est = Seitdem ihre Lage günstig schien . . . (Sall.) 6. Hostīlia cūria minor mihi esse vidētur, postquam est māior. (Cic.)

Neben dem *selbständigen* gebraucht das Lateinische bei den genannten Konjunktionen auch ein *bezogenes Tempus*; vgl. 98. Dabei treten die Tempora aller drei Zeitstufen auf.

a) Bezogenes Tempus findet sich bei der **Schilderung zukünftiger Handlungen** (1); deutsch: *sobald erst*, und in **Iterativsätzen der Gegenwart** und **Vergangenheit** (2, 3); deutsch: *sobald nur.*

b) Für **postquam** gilt besonders: es verbindet sich mit dem Plusquamperfekt nach einem abl. mensurae, der den zwischen den Handlungen des Haupt- und Nebensatzes verflossenen **Zeitraum angibt** (4); deutsch: *nachdem mit Plusquamperf.*, oder um eine **Handlung** oder einen **Zustand** auszudrücken, die noch **fortdauern**, wenn die Handlung des Hauptsatzes einsetzt (5, 6); deutsch: *seitdem.*

112 antequam, priusquam

1. antequam, priusquam beim Indikativ

1. Plūs dolet quam necesse est, quī ante dolet quam necesse est. (Sen.) 2. Hostēs terga vertērunt nec prius fugā dēstitērunt, quam ad flūmen Rhēnum pervēnērunt. (Caes.)

Der **Indikativ** nach **antequam und priusquam** (auch: ante . . . quam, prius . . . quam) drückt ein rein **temporales Verhältnis** aus; deutsch: *bevor.*

---

[1] arca, -ae Geldkiste.

2. antequam und priusquam beim Konjunktiv

1. Eumenēs prius in aciem exercitum ēdūxit, quam mīlitēs suī scīrent cum quibus arma cōnferrent = ... bevor seine Soldaten (wußten) wissen konnten ... (Nep.) 2. Adversāriī nōn prius distractī sunt, quam alterum anima relinqueret. (Nep.) 3. Quīdam tunc vīvere incipiunt, cum dēsinendum est; quīdam ante vīvere dēsiērunt, quam inciperent. (Sen.)

Der **Konjunktiv** gibt dem Satz mit **antequam** oder **priusquam** häufig **finalen** Sinn. In „priusquam mīlitēs suī (!) scīrent" steckt „nē scīrent".

113 si, nisi, sive (seu), sin

1. Die Einleitung der Bedingungssätze

1. Tū, sī animō regeris, rēx es, sī corpore, servus. (I, 28) 2. Vītis, nisi fulta[1] est, ad terram fertur. (Cic.) 3. Reddam, sī repōscēs; reddam, sī nōn repōscēs. (Plin. min.) 4. Ēdūc tēcum omnēs tuōs; sī minus, quam plūrimōs = Nimm alle deine Anhänger mit aus der Stadt; wenn *(das)* weniger (zu bewerkstelligen ist, dann) möglichst viele! (Cic.) 5. Mercātūra, sī tenuis est, sordida putanda; sīn māgna et cōpiōsa est, nōn est admodum vituperanda = Ist der Handel bescheiden, muß man ihn für unehrenhaft ansehen; wenn er aber ausgedehnt und ertragreich ist, so ist er nicht so sehr zu verwerfen. (Cic.) 6. Sīve habēs quid, sīve nihil habēs, scrībe tamen. (Cic.)

si leitet den **positiven Konditionalsatz** ein; deutsch: *wenn.*

nisi verneint den **ganzen Inhalt** des Satzes; deutsch: *wenn nicht.*

si non verneint ein **einzelnes Wort**; deutsch: *wenn* **nicht**.

si minus tritt für **si non** ein, wenn das **Verbum nicht wiederholt** wird; deutsch: *wenn* **nicht**, *sonst, andernfalls.*

sin, sin autem stellt einen **Bedingungssatz dem vorhergehenden gegenüber** und hebt ihn auf; deutsch: *wenn aber.*

sive ... sive (seu-seu) leitet einen **disjunktiven** — immer indikativischen — **Bedingungssatz** ein; deutsch: *sei es, daß ... sei es, daß; mag ... mag.*

2. Die Modi im Bedingungssatz

Der Gebrauch der Modi in Konditionalsätzen entspricht dem der unabhängigen Aussagesätze.

Indikativ

1. Sī diēs est, lūcet. (Cic.) 2. Nisi cōnfēstim[2] id facis, ego tē trādam magistrātuī. (Nep.)

Der **Indikativ** im Bedingungs- und Folgerungssatz kennzeichnet den **realen Fall.**

Konjunktiv

a) 1. Sī quis gladium apud tē sānā mente dēposuerit, repetat īnsāniēns[3], reddere peccātum sit. (Cic.)

b) 2. Bona mēns nōn emitur; sī vēnālis esset, nōn habēret emptōrem = Gute Gesinnung gibt es nicht zu kaufen; wäre sie verkäuflich, fände sie keinen Käufer. (Sen.) 3. Hectora quis nōsset, fēlīx sī Trōia fuisset. (II, 26)

---

[1] fulcīre, -iō, fulsī, fultus stützen. [2] cōnfēstim unverzüglich. [3] īnsānīre nicht bei Verstande sein.

c) 4. Helvētiī, mūrum sī perrumpere possent, cōnātī sunt. (Caes.) 5. Temptāta rēs est, sī prīmō impetū Ardea capī posset = Man machte den Versuch, ob ... (Liv.)

a) Der **potentiale** Fall: Bedingung und Folgerung werden durch den *Konj. Präs.* bzw. *Perf.* als **möglich** hingestellt; deutsch: *wenn etwa, ... wohl.*

b) Der **irreale** Fall: Bedingung und Folgerung sind als **unmöglich** gekennzeichnet; für die *Gegenwart* steht *Konj. Imperf.*, für die *Vergangenheit Konj. Plusquamperf.*; deutsch: *wenn.*

c) Nach Verben wie *conari, temptare* = versuchen, *exspectare* hat **si** die Bedeutung *ob.*

Zusatz: Irrealsätze in der Abhängigkeit

a) 1. Tanta mihi cum eō necessitūdō[1] est, ut sī mea rēs esset, nōn magis labōrārem. (Cic.)
b) 2. Dīc mihi, Appī Claudī, quidnam factūrus fuissēs, sī eō tempore cēnsor fuissēs? (Liv.)
c) 3. Vergīnius exclāmāvit nōn sē superstitem fīliae futūrum fuisse (hätte sie überlebt), nisi spem ulcīscendae mortis eius habuisset. (Liv.) 4. An cēnsēs, ūllam anum[2] tam dēlīram futūram fuisse (wäre so wahnwitzig), ut somniīs crēderet, nisi ista cāsū nōnnumquam concurrerent? (Cic.)

a) Irreale Bedingungs- und Behauptungssätze in konjunktivischer Abhängigkeit unterscheiden sich im allgemeinen nicht von den unabhängigen Sätzen.

b) Im *Behauptungs-* bzw. *Fragesatz* tritt jedoch die coni. periph. fut. ein, wo unabhängig das Plusquamperfekt stehen würde.

c) Bei *infinitiver Abhängigkeit* steht im *Behauptungssatz* der *Gegenwart* und *Vergangenheit* der Infinitiv auf *-urum fuisse.*

114 quasi, velut si, tamquam si

1. Q. Māximī sermōne ita cupidē fruēbar, quasi iam dīvīnārem illō exstīnctō fore nēminem, unde discerem = ... als ob ich schon geahnt hätte ... (Cic.) 2. Sīc vīve cum hominibus, tamquam sī deus videat; sīc loquere cum deō, tamquam hominēs audiant. (Sen.)

quasi (aus quam si), auch tamquam (si), velut si, ut si, deutsch: *gleich als ob* (wenn), *wie wenn, leiten* einen *Vergleichssatz* ein, der eine nur *angenommene* Bedingung enthält. Das Verbum steht daher im *Konjunktiv* (vgl. 113, 2); es richtet sich nach der cons. temp. Im Hauptsatz steht oft ein korrelatives *ita* (1), sic (2), *similiter* u. dgl.

115 etsi, quamquam, quamvis, licet

1. etsi, tametsi, etiamsi, quamquam beim Indikativ

1. Caesar, etsī prope exācta[3] iam aestās erat, tamen (in Menapiōs) exercitum dūxit. (Caes.) 2. Avus tuus mē malīs verbīs vulnerāvit, quamquam benīgnus fueram. (I, 8)

Mit diesen Konjunktionen werden **Konzessivsätze** eingeleitet; deutsch: *etsī, tametsī wenn auch, obwohl*; *etiamsī auch wenn*; *quamquam obgleich.*

2. quamvis, licet beim Konjunktiv

1. Nūlla avāritia sine poenā est, quamvīs sit ipsa satis poenārum. (Sen.) 1. Fremant omnēs licet; dīcam, quod sentiam. (Cic.)

---

[1] necessitūdō, -inis, f. Verbundenheit. [2] anus, -ūs Greisin. [3] exigere, -ō, -ēgī, -āctus ausführen, vollenden.

Die ursprünglichen Verbformen sind zu Konjunktionen verblaßt; deutsch: *quamvis wie sehr auch, obgleich*; *licet* (beim Konj. Präs. und Perf.) *mag auch, mag immerhin.*

Vgl.: frz. quoique, bien que beim Konjunktiv; engl. though meist mit Indikativ.

116 Oratio obliqua

Gibt jemand die Worte eines anderen im originalen Wortlaut wieder, so heißt diese Form der Rede **oratio recta** (gerade, direkte Rede).

Sind sie aber, meist abhängig von einem verbum dicendi, in die Form eines Berichtes gebracht, so wird diese wegen der damit verbundenen Verschiebungen als **oratio obliqua** (schräggestellte, indirekte Rede) bezeichnet.

oratio recta	oratio obliqua
1. Culpa abest, sī cōnsilium abest. (I, 20)	**Iūdex dīxit** culpam abesse, sī cōnsilium abesset.
2. Cūr nōn prius ad mē vēnistī? Num tū quoque in eōrum es numerō, quī medicō sē committere verentur? (II, 29)	**Medicus** Sextum **interrogat,** cūr nōn prius ad *sē vēnerit*; num *is* quoque *in* eōrum *sit* numerō, quī medicō sē committere vere*antur*.
3. Mihi sīquid ā tē opus esset, ad tē venīrem; tū sīquid mē vīs, ad mē venīre tē oportet.	**Ariovistus respondit,** sīquid *ipsī* ā Caesare opus esset, sēsē ad *eum ventūrum fuisse*; sīquid *ille sē velit*, *illum* ad *sē* venīre opor*tēre*. (Caes.)
4. Vōs moenia nunc (cum Alpēs superātis) trānscenditis nōn Ītaliae modo sed etiam urbis Rōmānae.	**Hannibal ostentat** ... moenia *eōs tum* trānscendere nōn Ītaliae modo sed etiam urbis Rōmānae, (Liv.)
5. Paulisper intermittite proelium vōsque ex labōre reficite! Post ex castrīs ērumpite!	**Galba mīlites certiōrēs fēcit,** paulisper intermitt*erent* proelium *sēque* ex labore refi*cerent*, post ex castrīs ērum*perent*. (Caes.)
6. Quid est levius aut turpius quam auctōre hoste dē summīs rēbus capere cōnsilium?	**L. Aurunculēius exclāmāvit,** quid *esse* levius aut turpius quam auctōre hoste dē summīs rēbus capere cōnsilium. (Caes.)

1. Alle **Hauptsätze** der indirekten Rede, soweit sie **Aussagesätze** sind (1, 3, 4), stehen im a. c. i.; desgleichen die **rhetorischen Fragen** (6), da diese ihrem Wesen nach ebenfalls Aussagesätze sind (vgl. 81, 4; 85, 2, a, α).

2. **Aufforderungssätze** (5), **echte Fragen** (2) und **alle Nebensätze** stehen im **Konjunktiv.** Das Tempus wird bestimmt durch die **cons. temp.** (vgl. 99; 100; 104, 2).

3. **Pronomina** der **ersten Person** werden zu **Reflexiven** (2, 3) der **dritten Person** ([3] ipsi = sibi ipsi).

Pronomina der zweiten Person werden, falls sie **Reflexiva** sind, zu **Reflexiva** der **dritten Person** (3), andernfalls durch **ille, is** ausgedrückt (2, 3, 4).

Pronomina der dritten Person bleiben erhalten (2). **Hic** (hier) der direkten Rede wird zu **ibi, nunc** zu **tum** (4).

Zu **venturum fuisse** (3) vgl. 113, Zusatz.

ANHÄNGE

I. Aus der Wortbildungslehre

1. Der Wortfamilie:

reg-ere, rēx (aus **rēg**-s), **rēg**-nāre, **rēg**-num, **rēg**-ius, **rēg**-ālis, **rēg**-īna, **reg**-imen, **rēg**-ulus usw.
ag-ere, āc-tor, (aus **ag**-tor), **ag**-men, **ag**-itāre, **ag**-ilis, **ag**-ilitās usw.

ist die Lautverbindung **reg-** bzw. **ag-** gemeinsam. Diese bezeichnen wir daher als die **Wurzeln** der zu jenen Wortfamilien gehörigen Wörter.

2. **ag-itā-** (-re), **ag-ili-** (-s).

Aus der Wurzel erwächst durch Anhängung bestimmter stammbildender Elemente der **Wortstamm**.

Wörter wie rēx, lēx, vōx, dux, pēs, rēs usw. weisen keine besonderen stammbildenden Elemente auf. Da in ihnen also der Wortstamm mit der Wurzel zusammenfällt, nennen wir sie **Wurzelnomina**.

3. Im übrigen werden Wörter teils durch *Ableitung*, teils durch *Zusammensetzung* von vorhandenen Wörtern gebildet. Dasjenige Wort, von dem ein anderes abgeleitet wird, heißt **Stammwort**; so ist agere Stammwort für agitāre, agitāre Stammwort für agitātor.

A. Neubildung von Wörtern durch Ableitung

I. Ableitung von Substantiven

Substantive können abgeleitet werden von 1. Verben (z. B. clām-or von clāmāre), 2. Substantiven (z. B. victōr-ia von victor), 3. Adjektiven (z. B. superb-ia von superbus).

Die wichtigsten Ableitungssilben sind:

1. **-a** (Gen. -ae), **-us** (Gen. -ī), **-tor** (Fem. tr-īx)

scrīb-a der Schreiber, serv-us der Hüter, imperā-tor der Feldherr, dēfēn-sor der Verteidiger (aus dēfend-tor; vgl. 7, 5b).

Sie dienen zur Bezeichnung der *handelnden Person*, die eine bestimmte Tätigkeit berufs- oder gewohnheitsmäßig ausübt oder die, wie in condi-tor, servā-tor, līberā-tor (z. B. Arminius, līberātor Germāniae), durch eine einmalige Handlung geschichtliche Bedeutung erlangt hat.

2. **-tr-um**, eine Weiterbildung von -tr (der Schwundstufe zu -tor; vgl. 6, 1b), **-ulum** (-ula),**-bulum, -culum, -mentum, -men**

arā-trum der Pflug, claus-trum (von claudere) der Riegel, iac-ulum der Wurfspeer, tēg-ula der Ziegel, vocā-bulum das Wort, piā-culum das Sühnemittel, medicā-mentum das Heilmittel, sōlā-men das Trostmittel

zur Bezeichnung des *Mittels* oder *Werkzeugs*.

3. **-iō** (Gen. -iōnis), **-tiō** (mit -t-, -d- zu -ssiō, -siō; vgl. § 7, 5b), **-us** (Gen. -ūs)

obsid-iō die Belagerung, saltā-tiō das Tanzen, fossiō (von fod-ere) das Graben, dīvīsiō die Teilung, curs-us der Lauf

zum Ausdruck einer *Tätigkeit*.

4. **-ia** (-itia), **-ium, -or, -tās, -tūdō**

audāc-ia die Kühnheit, laet-itia die Freude, stud-ium der Eifer, splend-or der Glanz, pie-tās die Frömmigkeit, cōnsuē-tūdō die Gewohnheit

zur Bildung von *Abstrakten*.

5. **-ulus, -olus** (a), **-culus, -elus**

hort-ulus das Gärtchen, fīli-olus das Söhnchen, vi-ola das Veilchen, puella (aus *puer-ula) das Mädchen, Calig-ula das Stiefelchen, libellus (aus *libr-elus) das Büchlein, stēlla (aus *stēr-ela) der Stern

zur Bildung von Verkleinerungswörtern (Deminutiven). Vgl. deutsches -lein in Kind-lein, Mädel.

II. Ableitung von Adjektiven

Bei den Adjektiven, die von Substantiven oder Verben gebildet werden können, sind folgende Ableitungssilben besonders bemerkenswert.

1. **-nus, -ānus, -īnus, -ēnsis**

   Faler-nus aus Falerii kommend, urb-ānus aus der Stadt kommend, städtisch, dīv-īnus von den Göttern kommend, göttlich, Athēni-ēnsis aus Athen stammend, circ-ēnsis zum Zirkus gehörig

zur Bezeichnung der *Herkunft*, der *Zugehörigkeit*; -ānus ist aus Heimatbezeichnungen wie Rōmānus entnommen und zu Analogiebildungen wie pāg-ānus, oppid-ānus usw. verwendet worden.

2. **-tus, -ātus, -ītus**

   hastā-tus, rōbus-tus mit Speeren, mit Kraft versehen, falc-ātus mit Sicheln versehen, fortu-ītus zufällig

drücken den Begriff des *Versehenseins* mit etwas aus.

3. **-ius, -icus, -īvus, -ālis, -āris**

   rēgius königlich, bell-icus kriegerisch, aest-īvus sommerlich, nāv-ālis zu Schiffen gehörig, mīlit-āris den Soldaten betreffend

bezeichnen die *Zugehörigkeit* zu jmd. oder etw.

4. **-ilis, -bilis**

   ūt-ilis brauchbar, frag-ilis zerbrechlich, amā-bilis liebenswürdig, nō-bilis kenntlich

drücken die *Fähigkeit* zu etw. oder die *Möglichkeit* aus.

5. **-eus**

   aur-eus golden, ferr-eus eisern

bezeichnet den *Stoff.*

6. **-ōsus** (frz. -eux), **-olentus** (-ulentus)

   glōri-ōsus ruhmvoll, vi-olentus gewalttätig, op-ulentus wohlhabend

bezeichnen die *Fülle.*

7. **-āx, -ulus**

   loqu-āx geschwätzig, aud-āx wer zuviel wagt, crēd-ulus leichtgläubig

drücken eine (meist fehlerhafte) Neigung aus.

III. Ableitung von Verben

1. **-tāre** (-sāre), **-itāre**

   trac-tāre herumzerren, cur-sāre umherlaufen, clām-itāre laut schreien

dienen zur Bezeichnung einer *öfters wiederholten* oder *wirkungsvoll ausgeführten* Handlung. Die mit ihnen gebildeten Verben werden verba frequentātīva bzw. intēnsīva genannt.

2. ā-sc-ere, ē-sc-ere, ī-sc-ere, an Verben der ā-, ē-, ī-Konjugation tretend,

   labā-scere (zu labā-re) ins Wanken kommen, convalē-scere gesund werden, condormī-scere einschlafen

bezeichnen den *Beginn* einer Handlung (verba incohātīva).

B. Wortbildung durch Zusammensetzung

Ein durch Zusammensetzung zweier Wörter gebildetes neues Wort heißt Kompositum; z. B. agri-cola der Land-bauer. Der zweite Teil des neuen Wortes (-cola) ist — wie im Deutschen — meistens das **Grundwort**, der erste Teil (agri-) dessen **Beziehungswort.**

1. In aquae-ductus die Wasserleitung, sacrō-sānctus (durch heilige Handlung geweiht) unverletzlich, maledīcere schmähen

ist die Neubildung durch ein loseres *Zusammenrücken* zweier eng zueinander gehöriger Wörter entstanden.

2. In au-spex (aus *avi-spex) der Vogelschauer, causi-dicus der Sachwalter, māgni-ficus großartig, frūg-i-fer fruchtbar

ist ein Nomen mit einem Verbum.

3. in dē-decus die Schande, prō-cōnsul der Provinzialstatthalter, con-cors einträchtig, per-levis sehr leicht

ist ein Nomen mit einer Präposition *fest verbunden* worden.

4. In den zusammengesetzten Verben ist das Grundwort immer ein Verbum. Das Bestimmungswort ist

a) in pate-facere (aus patēre offenstehen + facere) öffnen, treme-facere (aus tremere zittern + facere) erzittern machen

der Stamm eines Verbums,

b) in aedi-ficāre bauen, tēsti-ficārī als Zeugen anrufen

ein Nomen,

c) in satis-facere Genüge leisten, manū-mittere (aus der Hand lassen) einen Sklaven freilassen

ein Adverbium bzw. der Kasus eines Nomens,

d) in in-clūdere, com-primere, ad-mīrārī

eine Präposition.

II. Bemerkungen zur lateinischen Poesie und zu den wichtigsten Versarten

Der lateinische Vers beruht auf der rhythmischen[1] Abfolge von *Hebung* (Arsis[2]) und *Senkung* (Thesis[2]), denen je nach der Versart eine bestimmte Anzahl langer und kurzer Silben zugeordnet ist.

Zur *Prosodie*[3], d. h. zur Lehre von der Länge und Kürze der Silben, gilt uber das in 4 Gesagte hinaus:

1. Vokal vor Vokal ist kurz: fīnīre aber fīnĭō; eine Ausnahme bilden Eigennamen: Gāī und griechische Wörter: āēr.

2. Benachbarte Vokale eines Wortes können zu einem Diphthong zusammengezogen werden: deinde.

3. i und u können vokalisch oder semivokalisch gebraucht werden:
   parietibus 5- oder 4silbig (i = j),
   suadent 3- oder 2silbig (u = v),
   soluit 3- oder 2silbig (v = u).

4. Schließt ein Wort mit Vokal oder Vokal + m und beginnt das nächste mit Vokal oder h, so werden die beiden Silben verschmolzen (*Synalöphe*[4]), um das harte Aufeinanderprallen (*Hiat*) der Vokale zu vermeiden; sie haben den metrischen Wert nur einer Silbe. Beim Sprechen bekommt die zweite Silbe den Ton, die erste etwa den Wert eines „Vorschlags“ in der Musik; nur das e von *est* verschwindet bei der Synalöphe.

   Amittit merito proprium, qui alienum appetit. (Phädr.)
   Numquam'st fidelis cum potente societas. (Phädr.)

5. Anlautendes h (und in vorklassischer Zeit auslautendes s) bilden nicht Positionslänge: ădhūc.

Zur *Metrik*, d. h. zur Lehre von den verschiedenen Versarten, sei bemerkt:

1. Die kleinste Einheit im Vers ist der Versfuß; die häufigsten Versfüße sind:

Jambus[5]: cadunt (◡ –),	Spondeus[7]: caedunt (– –),	Anapäst[9]: segetes (◡ ◡ –).
Trochäus[6]: inde (– ◡),	Daktylus[8]: plaudite (– ◡ ◡),	

2. Die letzte Silbe eines Verses kann lang oder kurz sein (syllaba *anceps*).

---

[1] Griech. ῥυθμός (rhythmós) die gleichförmige, taktmäßige Bewegung, der Verstakt. [2] ἄρσις (Arsis) ursprünglich das Heben, θέσις (thesis) das Niedersetzen des Fußes beim Takttreten; im Versfuß nennt man die *betonte* Silbe Arsis, die *unbetonte* Thesis. [3] προσῳδία (prosodía) eigentlich der Zugesang; die Lehre von der Silbenmessung. [4] συναλοιφή (synaloiphé) das Zusammenschmelzen, die Vereinigung. [5] ἴαμβος (iambos) auch im Griech. ein Fremdwort, der Jambus. [6] τροχαῖος (trochaios) laufend, schnell. [7] σπονδεῖος (spondeios) der beim Trankopfer (σπονδή) benutzte *feierliche* Verstakt. [8] δάκτυλος (dáktylos) der Finger mit einem langen und zwei kurzen Gliedern. [9] ἀνάπαιστος (anápaistos) der zurückgeschlagene Versfuß (viell. = der umgekehrte Daktylus).

3. **Verse mit vollständigem letztem Versfuß heißen *akatalektisch*, die anderen *katalektisch*[1].**

4. Wortschluß ***innerhalb*** eines Versfußes bezeichnet man als *Zäsur*, Wortschluß ***am Ende*** eines Versfußes als *Dihärese*[2].

Der Jambische Senar

I.

Phaselus ille, quem videtis, hospites,
ait fuisse navium celerrimus,
neque‿ullius natantis impetum trabis
nequisse praeterire, sive palmulis
opus foret volare sive linteo.

— — — — — — — — — — — — — — — —

Sed haec prius fuere; nunc recondita
senet quiete seque dedicat tibi,
Gemelle Castor et Gemelle Castoris. (Catull)

II.

Aesopus auctor quam materiam repperit,
ego polivi versibus senariis,
duplex libelli dos est: quod risum movet
et quod prudenti vitam consilio monet,
calumniari si quis autem voluerit,
quod arbores loquantur, non tantum ferae,
fictis iocari nos meminerit fabulis. (Phaedr.)

Der Vers besteht aus 6 Jamben; er ist akatalektisch.

Die Zäsur liegt meist im dritten Versfuß (Penthemimeres[3]) (I 1, 2, 26, 27; II 1, 2, 4, 5, 7), selten im vierten Versfuß (Hephthemimeres[3]) (I 3, 4, 5, 25; II 3, 6).

I ist die strenge Form (purus); Wort- und Versbetonung stimmen fast überein. II ist die freie Form, die Abweichungen vom Grundschema gestattet. Außer im letzten Versfuß kann die Hebung mit zwei Kürzen statt einer Länge (1, 5, 7), die Senkung mit einer Länge (1, 2, 3), die erste und fünfte Senkung außerdem mit zwei Kürzen (4) ausgefüllt sein. Bis zur Zäsur fallen Wort- und Versbetonung weitgehend zusammen, von da ab streben sie auseinander.

Das Drama der klassischen und nachklassischen Zeit ist im Aufbau des jambischen Verses strenger; je zwei Jamben werden in Anlehnung an griechischen Gebrauch zu einem *Metron* zusammengefaßt; dabei gelten die oben für die Senkungen genannten Freiheiten nur noch für die 1., 3. und 5. Senkung. Der so gebaute Vers heißt *Jambischer Trimeter*.

---

[1] Von καταληκτικός (katalektikós) aufhörend; demgegenüber ἀ-κατάληκτος (a-katálektos) nicht aufhörend. [2] Von διαίρεσις (Dihaíresis) das Trennen, die Teilung. [3] πενθ-ημι-μερής aus fünf halben, d. h. aus $2^1/_2$ Teilen (Versfüßen) bestehend; ἑφθ-ημι-μερής, aus sieben halben, d. h. aus $3^1/_2$ Versfüßen bestehend; τριθ-ημι-μερής, aus drei halben, d. h. aus $1^1/_2$ Versfüßen bestehend.

Der Hinkjambus (Choliambus[1])

Paeninsularum, Sirmio, insularumque
ocelle, quascumque‿in liquentibus stagnis
marique vasto fert uterque Neptunus,
quam te libenter quamque laetus inviso! (Catull)

Der letzte Versfuß schlägt um in einen Trochäus; das Nebeneinander zweier Hebungen gibt dem Vers seinen Namen. Am häufigsten findet er sich in Spottgedichten.

Der Hexameter[2]

Ante mare‿et terras et quod tegit omnia, caelum
unus erat toto naturae voltus in orbe,
quem dixere Chaos; rudis indigestaque moles
nec quicquam nisi pondus iners congestaque‿eodem
non bene iunctarum discordia semina rerum.
nullus adhuc mundo praebebat lumina Titan,
nec nova crescendo reparabat cornua Phoebe,
nec circumfuso pendebat in aere Tellus
ponderibus librata suis, nec bracchia longo
margine terrarum porrexerat Amphitrite. (Ov.)

Der Vers enthält sechs Daktylen, von denen der letzte unvollständig ist; er ist katalektisch.

Die Senkung kann durch eine Länge anstelle zweier Kürzen ausgefüllt sein (1, 2, 3 u. a.). Diese Erscheinung ist im vorletzten Versfuß selten (10); man nennt einen so gebauten Vers *versus spondiacus.* Die Häufung von Spondeen verleiht dem Vers einen schleppenden Rhythmus.

Von Zäsuren ist am häufigsten die Penthemimeres (nach der Hebung im dritten Versfuß (1—3, 5—8, 10), seltener die Trithemimeres (nach der Hebung im zweiten Versfuß), verbunden mit der Hephthemimeres (nach der Hebung im vierten Versfuß) (4, 9).

Bis zur Zäsur liegen Wort- und Versbetonung häufig im Widerstreit, von da ab gehen sie meist zusammen.

Das Elegische[3] Distichon[4]

Mentiris iuvenem tinctis, Laetine, capillis,
    tam subito corvus, qui modo cycnus eras.
Non omnes fallis: scit te Proserpina canum,
    personam capiti detrahet illa tuo. (Mart.)

Das Distichon besteht aus einem daktylischen Hexameter und einem daktylischen Pentameter[5].

Für den Hexameter gelten die obengenannten Gesetze.

---

[1] χωλ-ίαμβος (chol-íambos) der hinkende Jambus. [2] Von ἑξά-μετρος (hexametros) aus sechs Metren (Versfüßen) bestehend. [3] ἐλεγεία (elegeia) die Elegie. [4] Von δί-στιχος (distichos) zweizeilig. [5] Von πεντά-μετρος (pentámetros) aus fünf Versfüßen bestehend.

Der Name Pentameter ist irreführend; am besten stellt man sich den Vers als Hexameter mit unterdrückter Senkung im dritten und sechsten Fuß vor. Nach dem dritten Versfuß ist Dihärese; im vierten und fünften Fuß kommt kein Spondeus vor.

Neben den **in einzelne Versfüße zerlegbaren** gibt es auch **Verse, die ein geschlossenes Ganzes** bilden; ihrer bedient sich nach griechischem Vorbild die lyrische Poesie. Den Namen haben diese Verse meist nach den griechischen Dichtern, denen man ihre Erfindung zuschrieb.

Der Hendekasyllabus[1] (Elfsilbler)

Lugete, o Veneres Cupidinesque
et quantum‿est hominum venustiorum!
Passer mortuus est meae puellae. (Catull)

Der Asklepiadeus (Asklepiades, hell. Dichter)

Maecēnas atavis edite regibus
o et praesidium‿et dulce decus meum! (Hor.)

Dieser Vers bildet vierfach wiederholt die *erste asklepiadeische Strophe.*

Der große Asklepiadeus

Nullam, Vare, sacra vite prius severis arborem
circa mite solum Tiburis et moenia Catili!
Siccis omnia nam dura deus proposuit, neque
mordaces aliter diffugiunt sollicitudines. (Hor.)

Auch hier bilden je vier Verse eine Strophe.

Die übrigen Verse bilden nicht selbständig, sondern nur in Verbindung mit anderen, Strophen.

Der *Glykoneus* (Glykon, hell. Dichter) bildet mit drei vorausgehenden Asklepiadeen

die zweite asklepiadeische Strophe

Iracunda diem proferet Ilio
Matronisque Phrygum classis Achillei,
Post certas hiemes uret Achaicus
Ignis Iliacas domos. (Hor.)

zweimal mit dem Asklepiadeus verbunden

die vierte asklepiadeische Strophe

Navis, quae tibi creditum
debes Vergilium, finibus Atticis
reddas incolumem, precor,
et serves animae dimidium meae. (Hor.)

---

[1] ἕνδεκα-σύλλαβος (Hendeka-sýllabos) aus elf Silben bestehend.

Der *Pherekrateus* (Pherekrates Komödiendichter) bildet mit zwei Asklepiadeen voraus und einem Glykoneus am Schluß

die dritte asklepiadeische Strophe

O navis, referent in mare te novi
fluctus? o, quid agis? fortiter occupa
portum! nonne vides, ut
nudum remigio latus? (Hor.)

Der *sapphische Elfsilbler* (Sappho, frühgr. Dichterin), zweimal wiederholt, und der *Adoneus* (Klagevers auf Adonis) bilden

die sapphische Strophe

Otium, Catulle, tibi molestum‿est:
otio‿exultas nimiumque gestis.
otium‿et reges prius et beatas
perdidit urbes. (Catull)

Der *alkäische Elfsilbler* (Alkäus, frühgr. Dichter), wiederholt, und der *alkäische Neun-* und *Zehnsilbler* bilden

die alkäische Strophe

Eheu fugaces, Postume, Postume,
labuntur anni, nec pietas moram
rugis et instanti senectae
afferet indomitaeque morti. (Hor.)

III. Römische Kunstprosa: Figuren, Tropen, Klauseln

Mit den Kunstmitteln, die die griechische Rhetorik geschaffen hat, darunter den *Redefiguren* und *Tropen*, ist auch die lateinische Prosa veredelt worden.

I. Die **Redefiguren** zerfallen in:

1. **Klang**figuren, 2. **Stellungs**figuren, 3. **Sinn**figuren

1. *Klangfiguren* sind:

a) die **Alliteration,** d. h. die Verbindung von Wörtern mit gleichem Anfangskonsonanten: **V**incere **v**im **v**ī; **p**atent **p**ortae, **p**rōficīscere! Vgl. unser: „mit **M**ann und **M**aus";

b) das **Homoioteleuton** (aus ὅμοιος [homoios] und τελευτή [teleute]), Gleichklang der Endsilben in parallelen Satzgliedern, z. B.: dīligere fōrmam, neglegere fāmam; nōn īnstitūtī, sed imbūtī;

c) die **Paronomasie** (παρονομασία), ein Wortspiel, das auf der Ähnlichkeit des Klanges zweier der Bedeutung nach verschiedener oder entgegengesetzter Wörter beruht; z. B.: neque rēs neque spēs; ex arātōre ōrātor factus est; amōrēs amārōs. Vgl. „Der Rheinstrom ist worden zu einem Peinstrom" (Schiller).

2. *Stellungsfiguren:*

a) die **Anaphora** (von ἀναφέρειν [anapherein] = nach oben bringen), wenn an der Spitze mehrerer Satzteile oder kleinerer Sätze dasselbe Wort steht, z. B.: *sīc* oculōs, *sīc* ille manūs, *sīc* ōra ferēbat;

b) die **Geminatio** (Verdoppelung), wenn dasselbe Wort emphatisch doppelt gesetzt wird: z. B.: *fuit, fuit* quondam in hāc rē pūblicā virtūs;

c) der **Chiasmus** (von χιάζειν [chiazein] = die Form eines χ geben), eine Wortstellung, in der bei kurzen Antithesen die Wörter so gestellt sind, daß sie das zweitemal in umgekehrter Ordnung stehen als beim erstenmal; z. B.:

Cimbri in proeliīs exsultant

×

lāmentantur in morbō;

d) der **Parallelismus,** bei dem (im Gegensatz zum Chiasmus) die Wortstellung in beiden Gliedern dieselbe ist; z. B.: Superāvī dīgnitāte Catilīnam, grātiā Galbam;

e) das **Hyperbaton** (von ὑπερβαίνειν [hyperbainein] = die Gesetze [der natürlichen Wortstellung] übertreten), wenn zusammengehörige Wörter zum Zweck der Hervorhebung auseinandergestellt werden; z. B.: omnium inventor artium; Mārcus ad mē Brūtus vēnit; brevis ā nātūrā nōbīs vīta data est;

f) das **Hysteron proteron** (ὕστερον πρότερον =) das Spätere vorher sagen, z. B.: Moriāmur et in media arma ruāmus!

3. *Sinnfiguren:*

a) die **Antithese** (ἀντίθεσις), das Entgegensetzen; z. B.: Vīta brevis, ars longa. Vgl. unser: „Der Wahn ist kurz, die Reu' ist lang";

b) der **Pleonasmus** (von πλεονάζειν [pleonazein] = überflüssig sein), das Hinzufügen eines schon im Begriffe liegenden Wortes; z. B.: semper solēre; fīnem dedit ōre loquendī. Vgl. unser: „ein weißer Schimmel";

c) die **Ellipse** (ἔλλειψις [elleipsis]), das Auslassen von Wörtern; z. B.: quid posteā? (sc. factum est); sed dē hōc aliō locō (sc. dīcam); num quid Rōmam vīs? (sc. afferrī) = Hast du etwas in Rom auszurichten?
Eine besondere Art der Ellipse ist die **Aposiopese** (von ἀποσιώπησις = das Verstummen), plötzliches Abbrechen einer Rede; z. B.: Dē nostrum omnium — nōn audeō tōtum dīcere; er wollte hinzufügen „lībertāte āctum erat". Vgl. Schiller: „Was, Tell? Ihr wolltet? — Nimmermehr";

d) das **Anakoluth** (ἀν-ακόλουθον = nicht folgend), das „aus der Konstruktion fallen" und den Satz nicht so zu Ende führen, wie man nach den ersten Worten erwarten sollte; z. B.: Sī, ut Graecī dīcunt omnēs aut Grāiōs esse aut barbarōs, vereor, nē Rōmulus barbarōrum rēx fuerit. Nach dem einleitenden „sī" erwartet man: omnēs aut Grāiī sunt aut barbarī. Dieses ist jedoch von dīcunt abhängig gemacht;

e) die **Brachylogie** (βραχυλογία), Kürze des Ausdrucks. Sie tritt in ihrer gewöhnlichsten Form auf, wenn das gemeinsame Prädikat zweier Sätze nur einmal gesetzt wird; z. B.: Tū adeptus es, quod nōn multī hominēs (sc. adeptī sunt).
Sie zeigt sich u. a. auch da, wo ein Adverbium ein Urteil über die Handlung, nicht die Art und Weise der Handlung angibt; z. B.: male reprehendis = du tust Unrecht, wenn du tadelst;

f) das **Zeugma** (τὸ ζεῦγμα), die Verbindung: zwei oder mehr Substantive werden zu einem Verbum gesetzt, von denen nur eines der Bedeutung nach zu ihm paßt; z. B.: oculōs dextramque precantem prōtendit;

g) die **Klimax** (κλῖμαξ), die Leiter: die Figur der Steigerung; z. B.: Vultū, vōce, lacrimīs eum implōrābat.

II. Unter einem **Tropos** (von τρέπειν [trepein] = wenden) versteht man in der Rhetorik den (von der schlichten Umgangssprache abgewandten) **uneigentlichen** Ausdruck.

a) Die **Metapher** (μεταφορά = das Anderswohintragen) überträgt ein Wort auf einen anderen Begriff, wie wenn der Jäger „Löffel" für „Ohren" sagt. Die Metapher ist ihrem Wesen nach ein Vergleich; z. B.: flōs iuventūtis; hirundō, nūntia vēris; caecus timor; segetēs sitiunt.

b) Die **Hyperbel** (ὑπερβολή), die Übertreibung; z. B.: Procella flūctūs ad sīdera tollit; Tē plūs oculīs meīs amō.

c) Die **Metonymie** (μετωνυμία = Umnennung) ersetzt die *eigentliche* Bezeichnung durch eine mit ihr in *unmittelbarer Verbindung* stehende andere; z. B.: bellum durch Mārs; gladius durch ferrum; in bellō durch in armīs, in pāce durch in togā.

d) Die **Ironie** (ὁ εἴρων [eiron] einer, der sich anders ausspricht, als er meint) der Tropos des Gegenteils; z. B.: praeclāram grātiam (= malam grātiam) refers. Vgl. unser: „Das ist ja heiter!"

e) Die **Litotes** (ἡ λιτότης), die bescheidene Schlichtheit, der Tropos, bei dem weniger gesagt als gemeint ist; z. B.: nōn rārō = saepissimē; nōn īgnōrāre = sehr gut wissen.

f) Das **Oxymoron** (ὀξύμωρος, scharf-stumpf-sinnig), die witzige Verbindung zweier sich widersprechender Begriffe, z. B.: concordia discors; mūta sōlitūdō indicat, caeca nox ostendit. Vgl. unser: „beredtes Schweigen".

g) Das **Hendiadyoin** (ἓν διὰ δυοῖν) zerlegt einen zusammengesetzten Begriff in seine zwei Teile; z. B.: ōrō atque obsecrō. Vgl. unser: „kreuz und quer".

III. **Prosarhythmus**

Aus der griechischen Rhetorik haben die Römer auch den Prosarhythmus kennengelernt und in Form und Gebrauch für ihre Praxis übernommen. Auch die römischen Redner und Kunstschriftsteller lassen seitdem den Satz und in dem kunstvollen Bau der Periode die einzelnen Satzglieder, um ihnen höhere Klangwirkung zu geben, rhythmisch ausklingen. Die dazu verwendeten metrischen Gebilde werden, da sie den Satz und die Satzglieder abschließen, **Klauseln** (von claudere) genannt. Besonders beliebt waren folgende Formen:

1. der Ditrochäus. ´– ⏑ ´– ⏓ iam diu machinaris
2. der doppelte Kretikus: ´– ⏑ ´– | ´– ⏑ ´– speculabuntur atque custodient
3. der Kretikus + Trochäus: ´– ⏑ ´– | ´– ⏑ vigiliisque esse munitam

Dadurch, daß Längen aufgelöst, Kürzen durch Längen ersetzt werden konnten und mit Hilfe anderer Versfüße neue Klauseln im Laufe der Zeit gebildet wurden, wurde immer größere Mannigfaltigkeit in der Rhythmisierung erzielt.

IV. Der römische Kalender

Unser Datum	I. März, Mai, Juli und Oktober (31 Tage)	II. Januar, August und Dezember (31 Tage)	III. April, Juni, September und November (30 Tage)	IV. Februar (28 Tage)
1	Kalendīs Mārtiīs	Kalendīs Iānuāriīs	Kalendīs Aprīlibus	Kalendīs Februāriīs
2	a. d. VI. Nōnās Mārtiās	a. d. IV. Nōnās Iānuār.	a. d. IV. Nōnās Aprīl.	a. d. IV. Nōn. Febr.
3	a. d. V. „ „	a. d. III. „ „	a. d. III. „ „	a. d. III. „ „
4	a. d. IV. „ „	prīdiē „ „	prīdiē „ „	prīdiē „ „
5	a. d. III. „ „	Nōnīs Iānuāriīs	Nōnīs Aprīlibus	N ōnīs Februāriīs
6	prīdiē „ „	a. d. VIII. Īdūs Iānuār.	a. d. VIII. Īdūs „	a. d. VIII. Īdūs Febr.
7	Nōnīs Mārtiīs	a. d. VII. „ „	a. d. VII. „ „	a. d. VII. „ „
8	a. d. VIII. Īdūs „	a. d. VI. „ „	a. d. VI. „ „	a. d. VI. „ „
9	a. d. VII. „ „	a. d. V. „ „	a. d. V. „ „	a. d. V. „ „
10	a. d. VI. „ „	a. d. IV. „ „	a. d. IV. „ „	a. d. IV. „ „
11	a. d. V. „ „	a. d. III. „ „	a. d. III. „ „	a. d. III. „ „
12	a. d. IV. „ „	prīdiē „ „	prīdiē „ „	prīdiē „ „
13	a. d. III. „ „	Īdibus Iānuāriīs	Īdibus Aprīlibus	Īdibus Februāriīs
14	prīdiē „ „	a. d. XIX. Kal. Februār.	a. d. XVIII. Kal. Māiās	a. d. XVI. Kal. Mārt.
15	Īdibus Mārtiīs	a. d. XVIII. „ „	a. d. XVII. „ „	a. d. XV. „ „
16	a. d. XVII. Kal. Aprīlēs	a. d. XVII. „ „	a. d. XVI. „ „	a. d. XIV. „ „
17	a. d. XVI. „ „	a. d. XVI. „ „	a. d. XV. „ „	a. d. XIII. „ „
18	a. d. XV. „ „	a. d. XV. „ „	a. d. XIV. „ „	a. d. XII. „ „
19	a. d. XIV. „ „	a. d. XIV. „ „	a. d. XIII. „ „	a. d. XI. „ „
20	a. d. XIII. „ „	a. d. XIII. „ „	a. d. XII. „ „	a. d. X. „ „
21	a. d. XII. „ „	a. d. XII. „ „	a. d. XI. „ „	a. d. IX. „ „
22	a. d. XI. „ „	a. d. XI. „ „	a. d. X. „ „	a. d. VIII. „ „
23	a. d. X. „ „	a. d. X. „ „	a. d. IX. „ „	a. d. VII. „ „
24	a. d. IX. „ „	a. d. IX. „ „	a. d. VIII. „ „	a. d. VI. „ „
25	a. d. VIII. „ „	a. d. VIII. „ „	a. d. VII. „ „	a. d. V. „ „
26	a. d. VII. „ „	a. d. VII. „ „	a. d. VI. „ „	a. d. IV. „ „
27	a. d. VI. „ „	a. d. VI. „ „	a. d. V. „ „	a. d. III. „ „
28	a. d. V. „ „	a. d. V. „ „	a. d. IV. „ „	prīdiē „ „
29	a. d. IV. „ „	a. d. IV. „ „	a. d. III. „ „	
30	a. d. III. „ „	a. d. III. „ „	prīdiē „ „	
31	prīdiē „ „	prīdiē „ „		

Der erste Tag jedes Monats hieß Kalendae (abgekürzt: Kal.), von calāre = ausrufen; denn der Eintritt des Neumonds wurde dem Volke durch Ausrufung bekanntgegeben. Die Monatsmitte, der Tag des Vollmonds, hieß Idūs (Id.), der Tag des ersten Viertels Nōnae (Non.). In den Monaten März, Mai, Juli und Oktober (Merkwort: Milmo) fielen die Iden auf den 15., die Nonen auf den 7. Tag, in den übrigen Monaten die Iden auf den 13., die Nonen auf den 5. Tag.

Die übrigen Monatstage wurden durch Rückzählung von diesen Haupttagen aus bestimmt, wobei die beiden Grenztage mitgezählt wurden. So ist ante diem duodecimum (a. d. XII.) Kalendās Decembrēs (statt: diē duodecimō ante Kalendās Decembrēs) = am 20. November; prīdiē Kalendās Māiās (hinter prīdiē ist ante zu ergänzen) = am 30. April.

Vor die zu festen Formeln gewordenen Datenbezeichnungen kann eine Präposition (ad, in, ab, ex) treten, ohne daß etwas an ihnen geändert werden müßte, z. B.: ad ante diem III. Nōnās Aprīlēs = bis zum 3. April.

Die römische Woche umfaßte 8 Tage; der erste (oder letzte) Tag hieß nūndinae (aus novem + di-ēs); an diesem Tage ruhte die Feldarbeit, und die Bauern kamen zu Einkäufen in die Stadt. Das Jahr begann bis 154 v. Chr. mit dem 1. März, von da ab mit dem 1. Januar. Der Name des ersten Monats ist von Iānus abgeleitet, dem Gott aller Anfänge, der des zweiten von den februa (-ōrum), dem in diesem Monat gefeierten Reinigungs- und Sühnefest. Der Mārtius, in dem die Zeit für kriegerische Unternehmungen begann, hat von Mārs (Māvors), dem Kriegsgott, seinen Namen. Aprīlis ist noch nicht endgültig gedeutet, Iūnius nach Iūnō, der altitalischen Fruchtbarkeitsgöttin, benannt. Die Zahlwörter, die in den Namen der übrigen Monate stecken, haben den 1. März als Jahresbeginn zur Voraussetzung. Quīntīlis, der 7. Monat des neuen Kalenders, wurde zu Ehren Cäsars „Iūlius" und der Sextīlis als Huldigung für den ersten Kaiser „Augustus" genannt.

Das Jahr hatte — seit der Kalenderreform Cäsars i. J. 46 — 365 Tage; in jedem vierten Jahre fügte man einen Schalttag ein, indem der 24. Februar doppelt gezählt wurde.

V. Römisches Geld und römische Münzen

Das *Geld* wurde ursprünglich nicht *geprägt*, sondern *gewogen;* Maß war der *As*, eine Bronzemenge vom Gewicht eines römischen Pfundes (*lībra*) = 327,45 g. Im Laufe der Zeit wurde die Menge immer weiter verringert, so daß der *As* nur noch ein Zwölftel seines anfänglichen Gewichtes und zur Zeit der ersten Münzprägungen (im Tempel der Iūnō Monēta auf dem Kapitol) im 3. Jahrhundert nur noch den Wert von etwa 20 Pf. hatte; später sank der Wert noch weiter.

Bronzemünzen (vor dem ersten Punischen Krieg)

uncia ● *as lībrālis* ▮ = 12 unciae

Die Münzen waren mit Götterbildern, auf der Rückseite mit einem Schiff geziert.

Silbermünzen (seit dem ersten Punischen Krieg)

(nummus) *sēstertius* (= sēmis tertius[1] IIS oder HS)	= $2^{1}/_{2}$	assēs	20 Pf.
(nummus) *quīnārius*	= 5	assēs	40 Pf.
(nummus) *dēnārius*	= 10	assēs	80 Pf.

decem (centum, mille) sestertii 10 (100, 1000) Sesterze
decem (centum, ducenta) sestertia 10000 (100000, 200000) Sesterze
decies sestertium 1 Million Sesterze

Der *denarius* von 70 g Silber war im Wert der attischen *Drachme* angeglichen; nach Art der Prägung hieß er auch *serrātus* (gezahnt[2]), nach dem Bild auf der Rückseite *bīgātus* (mit Zweigespann) oder *quadrīgātus* (mit Viergespann).

Goldmünzen (seit Sulla, hauptsächlich erst in der Kaiserzeit)

(nummus) *aureus*, später auch: *solidus* = 25 denarii

Die Goldmünzen trugen häufig das Bild der Kaiser, unter deren Regierung sie geprägt waren, auf der Rückseite Götterbilder.

---

[1] (Zwei und) der dritte halb. [2] eigentlich: gesägt.

VI. Römische Maße

Längenmaße

digitus	Finger(breite)	=	1,875 cm		
uncia	Zoll	=	2,5 cm		
pēs	Fuß	=	12 unciae	=	30 cm
cubitus	Elle	=	1,5 pedēs	=	45 cm
passus	Schritt	=	5 pedēs	=	1,5 m

(Die Länge des passus entspricht unserem Doppelschritt)

1000 *passūs* bilden eine römische Meile

Flächenmaße

iūgerum	Joch	=	1 Morgen (25 ar)

(*uncia* = $\frac{1}{12}$ iugerum)

Hohlmaße

coclear, ligula	Löffel			=	0,01 l
cyathus	Schöpflöffel	=	4 cocleāria	=	0,04 l
acētābulum	Essiggefäß	=	6 cocleāria	=	0,06 l
quārtārius	Viertel	=	2 acētābula	=	0,12 l
hēmina	Hälfte	=	2 quārtāriī	=	0,24 l
sextārius	Sechstel	=	2 hēminae	=	0,48 l

für *trockenen* Inhalt:

sēmimodius	Halbscheffel	=	8 sextāriī	=	4 l
modius	Scheffel	=	2 sēmimodiī	=	8—9 l

für *flüssigen* Inhalt:

congius	Muschel	=	6 sextāriī	=	3 l
cadus, amphora	Krug	=	8 congiī	=	24 l
culleus	Schlauch	=	20 amphorae	=	480 l

Gewichte

siliqua	Schote			=	0,19 g
scrīpulum (scrupulum[1])	Steinchen	=	6 siliquae	=	1,137 g
uncia	Zwölftel	=	144 scrīpula	=	27,29 g
as, libra	Pfund	=	12 unciae	=	327,45 g

Die modernen Maßangaben sind nur annähernd genau.

---

[1] Vgl. unser „Skrupel".

VII. Zur Veranschaulichung der Entwicklung der lateinischen Volkssprache in Gallien

Der Eid Ludwigs des Deutschen

1. Hochsprachliches Latein

Per Dei amorem et per christiani populi et nostram communem salutem. Ab hac die, quantum Deus scire et posse mihi dat, servabo hunc meum fratrem Carolum et ope mea et in quacumque re, ut quilibet fratrem suum servare iure debet, dummodo mihi idem faciat; et cum Lothario nullam umquam pactionem faciam, quae mea voluntate huic meo fratri Carolo damno sit.

(nach Brunot)

2. Vulgärlatein

Pro Deu^{m}[1] amore^{m} et pro christianu^{m} populu^{m} commune^{m} salvamentu^{m}, de istu^{m} die^{m} in abante, in quantu^{m} Deus sapēre[2] et potēre[3] me donat, sic salvare^{h}a[b]eo[4] ego ecce-istu^{m} meum fratre^{m} Carolu^{m}, et in adiuta[5] et in cata-una[6] causa, sic quomo[do] ^{h}omo per directu^{m} suum fratre^{m} salvare debet, in ^{h}oc quid ille mi[hi] alteru^{m}-sic faciat; et apu[d] Lotharu^{m} nullu^{m} placitu^{m} nunquam prēndere-^{h}a[b]eo, qui, meum volu^{m}[7], ecce-istu^{m} meum fratre^{m} Carolu^{m} in damno sit.

3. Altfranzösisch

Pro deo amur et pro christian poblo et nostro commun salvament, d'ist di in avant, in quant Deus savir et podir me dunat, si salvarai eo cist meon fradre Karlo, et in adiudha et in cadhuna cosa, si cum om per dreit son fradra salvar dift, in o quid il mi altresi fazet; et ab Ludher nul plaid nunqua prindrai qui meon vol cist meon fradre Karle in damno sit.

4. Neufranzösisch

Pour l'amour de Dieu et pour le salut du peuple chrétien et notre commun salut, de ce jour en avant, autant que Dieu me donnera savoir et pouvoir, je sauverai mon frère Charles que voici, et en aide et en chaque chose — comme on doit justement sauver son frère — á condition qu'il m'en fasse autant, et je ne prendrai avec Lothaire aucun arrangement qui, par ma volontè, soit au détriment de mon frère Charles que voici.

Am 14. Februar 842 schlossen Ludwig der Deutsche und Karl der Kahle auf dem Felde bei Straßburg in Gegenwart ihrer Heere ein Schutz- und Trutzbündnis zwischen Deutschland und Frankreich. Ludwig schwur in französischer, Karl in deutscher Sprache. Die französische Version dieser Straßburger Eide ist das älteste uns erhaltene romanische Sprachdenkmal.

---

[1] In der späteren Volkssprache ist an die Stelle der verschiedenen lateinischen Kasusendungen der *Obliquus* getreten. Die kleingedruckten Laute waren schon früh verstummt. [2] Für klass. sapĕre. [3] potēre, gebildet nach dēbēre, für klass. posse. [4] Das Futur wurde gebildet aus dem Infinitiv + habeo. [5] Aus dem Frequentativum adiūtāre neu gebildet. [6] Aus griech. κατά (kata) = je [einer]; griech. Bestandteile sind teils aus der Literatur, teils von den Kolonialgriechen Südgalliens her eingedrungen. [7] Neubildung in Anlehnung an volēre, das an die Stelle von klass. velle getreten war.

WORT- UND SACHREGISTER

A

A. = Aulus 13
-a 162
a, ab 55, 113, 120, 171
a-Deklination 17
a-Konjugation 37
abdere 77, 121
se abdicare 113
abducere 72
abesse 107, 88, 113
non multum abest, quin 154
Abhängigkeit
äußerliche 143
innerliche 143
abicere 83
abire 91
Abkürzungen 13
Ablativ 16, 27, **112**, 120
zur Bildung des Adverbiums 27
ablativus absolutus 136
prädikatives Adjektiv oder Substantiv im abl. abs. 136
Ablaut 14
Ableitung
Substantive 162
Adjektive 163
Verben 163
abnuere 84
Absicht
Finalsatz 150
Gerundivum 138
Supinum 140
absolvere 85, 110
abstinere 62, 113, 154
abstrahere 73
absumere 70
abundare 114
abuti 85
accedere 71
accedit, quod (ut) 156
accendere 79
accidere 76
accidit, ut 150
bene a., quod 156
accipere 82, 102
acceptus 107
accumbere 69
accurrere 76
accusare 110
acetabulum 172
acquirere 68
acuere 84
a. d. = ante diem 13, 170
ad 56, 104, 120, 139, 171
adaequare 99
addere 77
adducere 72
adductus 117
adeo, ut
beim ind. 149
beim coni. 150
adesse 88, 104
adhibere 60
adhuc 28
adicere 83
adimere 78
adipisci 86
adire 91, 100
adiungere 74
adiuvare 58, 99
Adjektiv 16
der o/a-Deklination 19
der 3. Deklination 22
des Affekts 117
Steigerung 24
beim abl. 115
beim gen. 109
Rechtschreibung 13
als Attribut 97
als Prädikatsnomen 96
als Prädikatsnomen im abl. abs. 136
bei Pronomen 108
admirari 59
admirationi esse 106
admiscere 62
admittere 72
admodum 28
admonere 60, 110
admovere 64
adolescere 80
Adoneus 168
adoriri 67
adulari 59, 99
adulescens 133
advenire 66, 121
Adverb 26
Steigerung 26
Rechtschreibung 13
zur Übersetzung eines Verbums 130
Adverbialsatz 141
adverbiale Bestimmung 95
adversari 59
cum **adversativum** 153
ut **adversativum** 149
adversativer Relativsatz 147
adversus Adjektiv 106
Präposition 120
advertere 80
aed. = aedilis 13
aegre 152, 154
aegre ferre 131
Aegyptus 18
aemulari 59, 99
aequalis 23
aequor 24
aequum est 132
es wäre b. 125
aes 24
aestimare 111
Affekt 117, 131, 155
afferre 89
afficere 83, 114
affigere 74
affiziertes Objekt 98
affligere 73
affluere 75
ag- 162
agere 78, 162
id agere 150
aggredi 86, 100
agnoscere 80
aio 93
aiunt 123
akatalektisch 165
Akkusativ 27, 98, 156
zur Bildung des Adverbiums 27
acc. cum infinitivo **130**, 137, 155
in der indirekten Rede 161
im abhängigen Irrealis 160
acc. cum participio 135
Aktiv 37, 38, 42, 122
Akzent 12
Albis 22
alkäische Strophe 168
alere 68
Alexander 18
alibi 33
alicubi 33
alicunde 33
alio 33
aliqua 33
aliquantus 32
aliqui, aliqua, aliquod 31
aliquis, aliquid 31, 33
aliquo 33
aliquot 32
-alis 163
aliter 27
aliunde 33

alius 27, 33
allicere 82
Alliteration 168
alloqui 86
Alphabet 11
wie alt? 103
alter 18, 33, 34
Altfranzösisch 173
amans 109
amb- 57
ambiguus 109
ambire 92
amicus 107
amittere 72
amovere 64
amphora 172
amplecti 85
amplius 114
Amtsbezeichnung 13
an 128, 145, 146, 160
Anakoluth 169
Analogie 21, 55, 109, 112
Anapäst 164
Anapher 168
anfangen 129, 130
Anfangsbuchstabe 13
angemessen sein 125
Angleichung 15
angustiae 17
animadvertere 80, 131, 134
animal 21, 23
animo 118
annectere 75
Anrede 95
ante 56, 104, 120, 158, 171
antea 28
antecedere 71
antecellere 77
anteponere 69
antequam 158
antiquitus 28
Antithese 169
-anus 163
aperire 65
  apertum est 132
Aposiopese 169
App. = Appius 13
apparere 62
  appareret 126
  apparet 132
appellare 96, 102, 122
  appellant 123
appellere 76, 121
appetere 68
  appetens 109
apponere 69
Apposition 95, 97
Aprilis 23, 170
aptus 106, 147
apud 120
arbitrari 59
arcere 61
arcessere 67
archaisches Latein 11, 12
arcus 19
ardere 63
arduus 25
arguere 84, 110
-aris 163
arma 19
armiger 18
arridere 63
arripere 81
Arsis 164
as 171
ascendere 79
Asklepiadeus 167
asper 18
aspergere 74
aspernari 59
aspicere 82
Aspirata 12
assentiri 67, 101
assequi 86, 150
Assimilation 15
assistere 77
assuefacere 82
assuescere 80, 115, 129, 130
  assuetus 115
  assuevisse 129, 130
attendere 73
attentus 133
attingere 77
attractio
  modi 143
  relativi 147
attribuere 85
Attribut 95, 97
  Gerundivum als A. 138
  part. coni als A. 134
Attributsatz 141
-atus 163
a. u. c. = ab urbe condita 13, 135
auctorem esse 151
dativus auctoris 106
audacter 20
audere 65
audire 65, 131, 135
  quis non audivit 125
auferre 89
Aufforderung 125, 127, 161
aufhören 129, 130
aufugere 83
aureus 171
Ausdehnung
  räumlich und zeitlich 103, 156
Ausruf 101
Aussagesatz 124, 161
Aussageweise 37
auxiliari 59
ave 94
avehere 73
avertere 80
avidus 109
-ax 163

B

Baumnamen 18
Bedingungssatz 159, 160
Befehl 125
Begehrssatz
  Hauptsatz 127
  im a. c. i. 131
  innerlich abhängig 144
  Relativsatz 146
  ut finale 150
  Verben des Hinderns 151
    quominus 153
Behauptungssatz
  Hauptsatz 124
  im a. c. i. 131, 161
Beiname 13
Beiordnung 141
bello (Punico) 119
bene 14, 27, 155
benevolus 25
beschließen 129, 150
besitzanzeigendes Fürwort 29
Betonung 12, 14
beurteilen 117
bewirken 150
Beziehungswort 97, 134
bezügliches Fürwort 31
bibere 77
bigatus 171
Bildevokal 47
-bilis 163
bitten 150
blandiri 66
bonus 26, 27
bos 21
Brachylogie 169
wie breit? 103
Buchstaben 11
-bulum 162

C

C. = Gaius 13
cadaver 24
cadere 76
cadus 172
caedere 76
calare 171
canere 76
canis 22, 23
capere 39, 82
capessere 67
caput 24
cardinalia 30
carere 61, 113
carpere 70
cavere 64, 99
  cave 127
castra 19
casu 118
ablativus causae 112
cum causale 153
  quod causale 155
  ut causale 149
-ce 13, 30
cedere 71
celare 102
celebrare 115

censere 62, 151
cernere 68, 131
cerneres 126
certiorem facere 131
certo 27
ceterum 27, 103
Chiasmus 169
Choliambus 166
ciere 60
cingere 73
circa 120
circum 56
circumdare 58
circumire 91, 99
circumsedere 64
circumsidere 80, 99
circumsistere 77, 99
circumstare 59
circumvenire 66
cito 27
citra 120
Steigerung 26
civis 22
clades 21
claudere 71
Cn. — Gnaeus 13
coalescere 81
coarguere 84, 110
coclear 172
coepisse 82, 93, 129, 130
coercere 61
cogere 78, 121, 131
cognatus 107
cognoscere 80, 131, 135
cohibere 60
cum coincidens 152
coire 91
colere 68
collabi 85
collidere 71
colligere 78, 121
collis 23
collocare 121
colloqui 86
comburere 70
comedere 78
comere 70
comitari 59
committere 72, 138
commode 155
dativus commodi 104, 106
commonefacere 82, 92, 110
commonere 60, 110
commovere 64
commotus 117
communis 109
ablativus **comparationis** 114
ut **comparativum** 149
compellere 76
comperire 66
complecti 85
complere 60, 114
componere 69
compos 109
comprehendere 79
comprimere 70
con- 56, 104
conari 59, 129, 160
concedere 76, 138, 150, 151
coniunctivus **concessivus** 127
cum **concessivum** 153
ut **concessivum** 149
concidere 76
concīdere 76
concinere 76
concludere 71
concupiscere 81
concurrere 76
concutere 82
condemnare 110
condere 77
coniunctivus **conditionalis** 159
conducere 72, 111
conectere 75
conferre 89
conficere 83
confidere 87
confiteri 65
confligere 73
confluere 75
confodere 83
confugere 83
congerere 70
congius 172
congredi 86
congruere 84
conicere 83
coniungere 74
coniugatio periphrastica
activa 53, 134, 160, 161
passiva 54, 138
conqueri 85
conscendere 80
consciscere 81
conscius 109
conscribere 70
consectari 59
consecutio temporum
im indikativ. Satz 144, 158
im konjunktivischen Satz 144, 146
in der indirekten Rede 161
ut **consecutivum** 149
quin **consecutivum** 154
consenescere 81
consentire 66
consequi 86
conserere 69
considere 80, 121
eo consilio 118
consistere 77, 121
consolari 59
conspergere 74
conspicari 59
conspicere 82
constare 59, 111
constat 132
constituere 84, 121, 129
constringere 75
constructio ad sensum 97
construere 75
consuescere 80, 129, 130
consuetudo 150
consulere 69, 105
consulto 27
consultus 109
consumere 70
contemnere 70
contemplari 59
contendere 75, 130, 150
contentus 115
continere 62
contingere 77
contingit 150
continuo 27
contra 120
contrahere 73, 121
convalescere 81
convenire 66, 121
convertere 80
convincere 79, 110
coquere 74
cor 24
coram 120
Corinthus 18
Corinthi 119
corrigere 73
corripere 81
corruere 84
corrumpere 79
cos. = consul 13
coss. = consules 13
cottidie 27
creare 96, 102
crebro 27
credere 77, 131
crederes 126
credo ich dächte 125
crepare 58
crescere 80
genetivus **criminis** 110
cubare 58
cubitus 172
culleus 172
-culum (-us, -a) 162
cum (Konjunktion) 31, **152**
cum primum 158
cum (Präposition) 56, 118, 120
-cumque 31
cunctari 59
cupere 48, 81, 129
cupidus 109
curare 100, 138, 150
currere 76
cyathus 172
Cyprus 18

D

D. = Decimus 13
Daktylus 164
damnare 110
dare 58, 102, 106, 138
Dativ 98, **103**
Dauer 134

dauernde Eigenschaft 109
de 56, 113, 120
deabus 17
debere 60, 129
decedere 71
decemviri 139
decere 61
decet, dedecet 99, 125, 132
decernere 61, 129, 150
decerpere 70
decidere 76
decipere 82
declarare 102
decrescere 80
decurrere 76
dedere 77
deditus 107
deducere 72
deesse 88, 104
non desunt, qui 147
verba **defectiva** 93
defendere 79, 113
deferre 89
deficere 83, 100
defigere 74
deflectere 75
deflere 60
degere 78
Dehnung 55
deicere 83
Deklination 16
a-Deklination 17
e-Deklination 20
i-Deklination 21
o-Deklination 17
u-Deklination 19
konsonantische Deklination 20
gemischte Deklination 21
Zusammenfassung 23
D. des Adjektivs, o/a-Stämme 19
D. des Adjektivs, konsonantisch 22
D. des Komparativs 24
D. des Zahlworts 35
delectari 121
delectat me 99
delere 60
deligere 78
demere 70
demergere 74
Demonstrativpronomen 29, 33
demum 27
denarius 171
dens 24
Dentalis 12, 15, 21, 55
denuo 28
deponere 69
Deponens 49
deposcere 81
deprehendere 79
descendere 80
desciscere 81
describere 70
deserere 69
desilire 65
desinere 68, 129, 130
desistere 77
despicere 82
destituere 84
destringere 74
destruere 75
detegere 73
deterrere 61, 151
detinere 63
detrahere 73
deus 18
deverti 85
devincere 79
a dextra 121
dicere 72, 102, 131, 151
dicat, dixerit quis 32, 126
diceres 126
dici 96, 133
dicunt 123
dies 20
eo die 152
differre 89
difficilis 25, 27, 140
diffidere 87
diffugere 83
digitus 172
dignus 115, 147
Dihärese 165/167
dilabi 85
diligere 73
diligens 109, 133
dimicare 58
dimittere 72
Diphthong 11, 164
direkte Rede 161
dirigere 73
dirimere 78
diripere 81
diruere 84
dis- 57, 113
discedere 71
discere 81, 102
discernere 68
disiungere 74
disjunktive Frage 128, 145
disjunktive Bedingung 159
dispergere 74
displicere 61
disponere 69
dissentire 66
disserere 69
Dissimilation 15
dissimilis 25
dissimulare 131
dissolvere 85
distare 59
Distichon 166
distinguere 74
distrahere 73
distribuere 85
Distributivum 36
Ditrochäus 170
diu 27
divellere 80
dives 23
divitiae 17
dividere 71
docere 62, 102, 131
doctus 133
dolere 61, 100, 131, 155
domare 58
dominari 59
domus 19
domi 119
domo 113
domum 103
donec 156
Doppelfrage 128, 145
Doppelkretikus 170
Drachme 171
Drama 165
dubitare 101, 146
non dubitare 129, 130, 154
coniunctivus **dubitativus** 126
dubius 25
ducere 72, 102, 106, 111
dum 156
dummodo 157
Nicht dürfen 138

E

e (ex) 56, 113, 120, 171
e-Deklination 20
e-Konjugation 37, 38, 47, 60
eā 33
eādem 33
ēdere 77
edere 78
edicere 72
educere 72
efferre 89
efficere 83, 150
effiziertes Objekt 98
effodere 83
effugere 83, 99
effundere 79
egere 61, 113
ego 28, 97
egredi 86, 113
Eigenname 13
auf -ius 18
Einzahl 16
Einteilungszahl 36
eius, eorum, earum 29
Elativ 25
elegisches Distichon 166
elicere 82
elidere 71
eligere 78, 102
Ellipse 169
eludere 71
-elus 162
emere 78, 111, 116
emergere 74
eminere 61

Endung 16
Verbalendung 37
Engenlaute 12
eniti 150
enklitisch 32, 128
ensis 23
-ensis 163
eo 33
eo-quo 33, 116
eodem 33
-ere, -erunt 48
erga 120
erigere 73
eripere 81
erlauben 150
Ersatzdehnung 14
erudiri 102
erumpere 79
esse 87, 95, 96, 105, 106, 108, 111
est, sunt, qui 147
(nihil) est, quod 156
dativus **ethicus** 105
etiamsi 160
etsi 160
-eus 163
evadere 71, 96
evanescere 81
evellere 80
evenire 66, 96
evenit, ut 150
bene e., quod 155
evertere 80
evolvere 85
exardescere 81
excedere 71
excellere 77
excipere 82
excludere 71
excolere 68
excubare 58
exercere 61
exhaurire 66
exhibere 60
exigere 78
eximere 78
exire 91
existimare 102, 131
expellere 76
expendere 75
experiri 67
expers 109
explere 60, 114
explicare 58
genetivus **explicativus** 107
exponere 69
exprimere 71
exsistere 77, 96
exspectare 160
exstare 59
exstruere 75
extemplo 28
exstinguere 74
extra 120
Steigerung 26
exuere 84

F

f. = filius 13
facere 48, 82, 102, 111, 135, 155
facere non possum 155
fac 127
facilis 25, 140
facile 27, 103
faktisches **quod** 155, 156
Fall 16, 98
fallere 76
falli 122
fallit me 99
falso 27
fama est 132
familiaris 23
familias 17
farcire 66
fas est 132, 140
fascis 23
fasti 19
fateri 65, 131
favere 64, 104
febris 22
Femininum 16
ferre 89
aegre ferre 131, 155
fertur, feruntur 133
ferunt 123
festinare 130
bona fide 118
fidere 87
fieri 92, 96, 111, 150
potest f. 150, 155
bene f. quod 155
figere 74
Figuren 168
filiabus 17
filius 18
dativus **finalis** 106
Finalsatz 146, 150, 151, 157, 159
findere 78
fingere 74, 135
verbum finitum 37, 38
flagitare 102
flectere 75
flere 60
Flexion 16
des Nomens 17
des Verbums 37
florere 61
fluere 75
Flußnamen 16
fodere 83
fons 24
foras 103
foris 119
fortuito 27
fovere 64
Fragesatz
abhängig (indirekt) 143, 144, **145**, 149, 161
unabhängig **127**, 148
a. c. i. im F. 132
Frageadverb 33, 127, 146
Fragepronomen 31, 127, 146
frangere 78
frater 22, 23
fremere 69
frequentativum 163
fretus 115
a fronte 121
frugifer 18
frui 85, 115, 140
sich fühlen 122
Fürwort 31, 96, 132, 135, 143, 161
fugere 83, 99
fugiens laboris 109
fugit me 99
fulcire 66
fulgere 63
fulgur 24
fundere 79
funditus 28
fungi 85, 115, 140
Futurum I 37, 53, 124, 132, 160
II (exactum) 37
a. c. i. futuri 132

G

gaudere 65, 101, 131, 155
Gaumenlaut 17
Geld 171
Gelehrtensprache 11
gemere 69
Gemination 168
gener 18
Genetiv 16, 29, 98, **107**
auf -um 18
Genus
des Nomens 16
des Verbums 37, 121
gerere 70
Gerundium 37, 46, 52, **139**
Gerundivum 37, 46, 52, **137**, 139
Geschlecht 16, 18, 19, 20, 23, 97
geschlossene Aussprache 12
Gewicht 18, 172
gignere 69
Gleichzeitigkeit 133, 144, 145
Gleitlaut 15
gloriari 59, 131
Glykoneus 167
gnarus 109
gnomisches Perfekt 123
gradi 86
grammatisches Subjekt 143
grassari 59
gratias agere 155
gratulari 59
grex 24
griechische Namen auf -as 17
Grundwort 163
Grundzahlen 34
Gutturalis 12, 15, 21, 55

H

habere 60, 102, 111
mit part. perf. pass. 133
mit quod 156
mit Relativsatz 147
hac 33
haerere 63
Halbvokal 11, 12, 164
haurire 66
Hauptsatz 95, 141
Hauptwort 16, 96, 98
Hebung 164
hemina 172
Hendekasyllabus 167, 168
Hendiadyoin 170
Hephthemimeres 176
heri 119
Hexameter 166
Hiat 164
hiberna 19
hiems 21
hic, haec, hoc 29, 33
hic (hier) 33, 161
hinc 33
Hinkjambus 166
hinweisendes Fürwort 29
cum **historicum** 152
infinitivus **historicus** 96, **129**, 145
perfectum **hist.** **123**, 152, 158
praesens **hist.** **124**, 144, 152, 158
wie hoch? 103
hochsprachliches Latein 11, 173
hodie 27
Homoioteleuton 168
horrere 61
hortari 59, 150
coniunctivus **hortativus** 127
huc 33
humilis 25
humus 18
humi 119
Hyperbaton 169
Hyperbel 169
Hysteron proteron 169

I

i-Deklination 21, 22
i-Erweiterung 48
i-Konjugation 37, 47, 48
i-Konjunktiv 48
-ia (-itia) 162
iacēre 61
iacere 83
iam 152
ibi 33, 119, 161
ibidem 33
idem, eadem, idem 30
idoneus 25, 106, 147
Id. = Idus 13, 19, 170
-ier 48
ignarus 109
ignorare 131, 145
quis ignorat 125
ignoscere 80
ilico 28
-ilis 163
illac 33
ille, illa, illud 29, 161
illic 33
illinc 33
illo 33
illuc 33
illudere 71
-im 27
imago 24
immemor 109
imminere 61
immiscere 62
imitari 59, 99
impedire 151, 153, 154
impellere 76, 150
impulsus 117
impendēre 64
impendere 75
imperare 150
Imperativ 37, 38, **125**
Imperfekt 37, 38, 40, **124**, 145, 149, 150, 157
imperitus 109
impetrare 150
implere 60, **114**
implicare 58
imponere 69
impotens 109
imprimere 71
imprimis 28
improviso 27
impune 27
in 56, 99, 104, 120, 139, 171
incedere 71
incendere 79
incensus 117
incertum est 145, 146
incīdere 76
incidere 76
incipere 82, 129, 130
includere 71
incohativum 163
incolere 68
increpare 58
incumbere 69
incurrere 76
inde 33
indefinites Pronomen 31, 33
indicere 72
indidem 33
indigere 61, 113
indignari 59
indignus 115, 147
Indikativ 37, **124**, 144, 146, 152 ff.
indirekte Rede 161
Indogermanisch 11
inducere 72, 135
inductus 117
induere 84
indui 122
indulgere 63
indutiae 17
inesse, 88, **104**
inferre 89
inficere 83
infigere 74
Infinitiv 37, 48, 95, **129**, 145
verbum infinitum 37, 46
inflammatus 117
infligere 73
influere 75
infra 120
Steigerung 26
infringere 78
ingemiscere 81
ingratus 106
ingredi 86, 100
Akkusativ des **Inhalts** 93
inicere 83
inimicitiae 17
inimicus 106
inire 91, 100
inneres Objekt 101
innerhalb welcher Zeit? 119
innerlich abhängig **143**, 145, 150
inquam 94
inquirere 68
inscendere 80
inscius 109
inscribere 70, 96, 121
insecare 58
Inselnamen 16
insequi 86
inserere (reihen) 69
inserere (säen) 68
insidiae 17
insidiari 59
insimulare 110
insistere 77
instare 59
instituere 84
instruere 75
Instrumentalis 16, 27, 98, 114
integer 109
intellegere 73, 131, 146
intendere 75
inter 56, 104, 120
intercedere 71
intercludere 71, 113
interdicere 72, 113
interdiu 28
interea 28
interesse 88, 104
interest 112
interficere 83, 92
interimere 78
interire 91
Interjektion 95
interrogare 102
ut **interrogativum** 149
quin **interrogativum** 154
Interrogativpronomen 31, 33, 127
interrumpere 79
interscindere 78
intra 120
Steigerung 26

intransitiv 99, 100, 104, 105, 138
intro- 57
intueri 65
intus 28
-inus 163
invadere 71
invehi 85, 100
invenire 66, 100, 122
  inveniuntur 147
invidere 64, 104
involvere 85
-io 162
iocari 59
ipse 29
irasci 86
ire 91, 103, 115, 117, 140
  irí 140
Ironie 169
Irrealis 125, 126, 146, 160
irridere 63
irrumpere 79
is, ea, id 29, 33, 147, 150, 161
  eius, eorum, earum 29
istac 33
iste, ista, istud 29
istic 33
istinc 33
isto 33
istuc 32
ita 149, 150, 160
-itare 163
iter 24
iterativ 124, 158
  cum **iterativum** 152
-itus 163
Imperfekt 37 ff., 124, 152, 157, 158, 160
intensivum 163
iterum 27
iubere 63, 131, 133
iucundus 140
iudicare 102
iugerum 172
-ium 162
iungere 74
Iuno Moneta 171
Iuppiter 21
iurare 132
coniunctivus **iussivus** 127
-ius 163
iustum est 125, 132
iuvare 58, 99
  iuvat 99
iuvenis 22, 23
iuxta 120
-ivi 48
-ivus 163

J

Jahreszahlen 35
Jambus 164
  Jambenkürzung 14
  Jambischer Senar 164
  Jambischer Trimeter 164

K

Kal. = Kalendae 13
  Kalendis 170
Kalender 170
Kapitalschrift 11
Kasus 16, 98
katalektisch 165, 166
kaufen 111, 116
kausal 135, 147, 149, 153
  kausaler Relativsatz 147
Klangfiguren 168
Klauseln 168, 170
Klimax 169
können 124, 126, 129
Komödie 141
Komparation 24 ff.
Komparativ 24, 25, 108, 147
ablativus **comparationis** 114
ut **comparativum** 149
Kompositum 55, 99, 104
Konditionalsatz 135, **159**
Konjugation 16, 37 ff.
Konjunktion 95, 141
Konjunktionalsatz 141, 148 ff.
Konjunktiv 37 ff., 48, 124, 125, 161, 164
Konsekutivsatz 147, 149, 154
Konsonant 11, 12, 14, 15
konsonantische Deklination 20 ff.
  Konjugation 37 ff., 67
konstatierendes Perfekt 123
Konzessivsatz 127, 149, 153
Koordination 141
korrelatives Pronomen 32
kosten 111, 116
Kretikus 170
Kürzung der Vokale 14
Kunstprosa 168
Kursive 11

L

L. = Lucius 13
labefacere 83, 92
labi 85
Labialis 12, 15
  Labialstamm 55
laborare ex pedibus 121
lac 24
lacessere 67
laedere 71
Ländernamen 16
laetari 59, 101, 131, 155
lamentari 59
wie lang? 103
wie lange Zeit? 103
largiri 67
(sich) lassen 122
latere 61
Latium 11
laudare 58
laus 24
Lautlehre 11
Lautwandel 14
Lautwerk der Buchstaben 11
lavare 58
  lavari 49, 122
legere 78
Lehnwort 11
Leideform 37
lex est 150
laetari 131
līber 18, 113
  liberi 18
liber 18
liberalis 109
liberare 110, 113
libere 61
libra 171, 172
licere 61
  licet 129
ligula 172
ablativus **limitationis** 117
accusativus **limitationis** 117
linere 68
Lippenlaut 12, 15
Liquida 12, 13
Litotes 169
locare (aufstellen) 121
  locare (vermieten) 111, 116
logisches Subjekt 143
Lokativus 16, 29, 98, 119
  Ablativ als L. 119
locus 18, 113, 119
longius 114
longum est 125
loqui 86
lucere 63
ludere 71
luere 84
lugere 63, 100, 131
Lyrik 167

M

M. = Marcus 13
M'. = Manius 13
magis 25, 27
magister 18
magnus 26
  magnam partem 103
  magni 111
  magno 116
magnopere 27
magnificus 25
mahnen 151
maledicere 72, 104
maledicus 25
malle 90, 129, 131
  malim, mallem 127
malus 26, 27
  male 27, 155
„man" 122, 138
manere 63, 96, 100
manifestum est 132
manus 19

mare 21, 23
marmor 24
Maskulinum 16
Maßbezeichnung 18, 172
Ablativ des Maßes 116
mater 22, 23
maturare 129, 130
maxime 25, 27
maximi 111
mederi 65, 104
meditari 59
Media 12
Medium 37, **121**
mei (Gerundivum) 140
fremde Meinung 146
meminisse 93, 110
memor 109
men 162
mensis 23
ablativus **mensurae** 116, 153
ea mente 118
mentiri 67
-mentum 162
merere 60
mereri 64
mergere 74
meridies 20
merito 27, 118
messen 117
-met 28
Metapher 169
Metonymie 169
metiri 67
Metrik 164
Metrum 165
metuere 84, 151
metuens 109
meus 29
mi 18
micare 58
mieten 111, 116
mille 35
minari 59, 132
minimus 26
minimi 111
minimo 116
non minimum 103
minor 26
minoris 111
minuere 49, 84
minus 26, 114, 116, 159
mirari 59, 131, 155
mirum est 132
miscere 62
miser 18
misereri 65, 100
miseret 111
Mitlaut 12
mittelbare Abhängigkeit 145
mittere 72, 106
Modalsatz 135, 153
cum **modale** 153
moderari 60
modius 172
modo 27, 157
hoc modo 118
Modus 37, **124**, **142**, **146**
ablativus **modi** 118
Modusangleichung 143
möglich sein 125
moliri 67
Monatsdaten 171
monere 60, 102, 151
mons 24
morari 60
mordere 63
mori 86
mos 24, 118, 150
movere 64, 122
Münzbezeichnung 18, 171
müssen 129, 138
multi 26
multo 116
multum 26, 103
non multum abest 154
Multiplikation 36
Muta, 12, 13
Mutastamm 24
mutari 122

N

n-Erweiterung 54
nachzeitig 132, 133, 145
nancisci 86
narrare 131
narrant 123
Nasalis 12
nasci 86
natus 113
natürliches Geschlecht 16
natu maior 117
ne 32, **151**
im Befehlssatz 125
ne **concessivum** 127
ne **finale** 150
ne im Wunschsatz 127
im bedingten Wunschsatz 157
ne non 151
ne — quidem 151
-ne 13
direkte Frage 127
indirekte Frage 145
-ne . . . an 128
ne-nec- 57
Neapolis 22
Nebensatz 95, 137, **141**
1., 2. Grades 145
Konjunktiv im N. 144
N. in der indirekten Rede 161
necessario 27
necesse est 132
necne 146
nectere 75
nedum 157
nefas 132, 140
negare 131
neglegere 73
nemo 21
neque 32, 150
nequire 92
nescire 129, 131
n., an 146
neu 150
Neufranzösisch 173
neuter 33
Neutrum 16, 18, 97, 101, 102
neve 150
nihil 103
nihil abest 154
nihil est 156
nihili 111, 116
nihilo 116
nimium 27
nimis 108
nisi 31, **159**
nitere 62
niti 85, 129
nocere 61
noctu 27
nötig sein 129, 132
nolle 90, 129, **131**
noli 125
nolim, nollem 127
Nomen 16, 95, 96, 98
Verbalnomen 128 ff.
nominare 96, 102
Nominativ 16, 96, 98, 102
nominativus cum infinitivo 133
nomine 117
Non. = Nonae 13, 170
non 124, 126
im Konsekutivsatz 147, 150
ne non 151
non quo 153
non quod 156
nonae 170
nondum 152, 156
nonne 128, 145
nos 28
noscere 80
novisse 80, 93
noster 29
nostri 28
nostrum 28, 108
nubere 70, 104
nudare 113
nudus 113
nullus 21, 33
nullo negotio 118
num 31
direkte Frage 127
indirekte Frage 145
Numerale 34 f.
numerare 121
numero 117
Numerus 16, 37, 96, 97, 122, 123
nunc 161
nundinae 171
nuntiare 121, 131, 151
nuper 27, 28
-nus 163
nusquam 108

O

ob 56, 100, 104
obesse 88, 104
obicere 84
obire 91, 100
Objekt 95
  Akkusativobjekt 98
  Dativobjekt 103
  Genetivobjekt 110
  Infinitiv als Objekt 129
  acc. c. inf. als Obj. 131
Objektsatz 141
genetivus **obiectivus** 107, 109
obliquus 143, 146
  oratio obliqua 161
oblivisci 86, 110, 131
obruere 84
obsequi 86, 99
obsidere 64
obsistere 77
obstare 59, 104
obstruere 75
obstupefacere 83, 92
obstupescere 81
obtinēre 63
obtrectare 104
obviam 28
occīdere 76
occidere 76
occulere 69
occumbere 69
occurrere 76
odio esse 106
odisse 93
offendere 79
offene Aussprache 12
offerre 89
  offerri 122
-olentus 163
-olus (a) 162
omittere 72
omnino 27
onustus 115
operam dare 139, 150
operire 65
opinari 60, 131
opinio est 132
oportere 61
  oportebat, -uit 124
  oportet 132
opperiri 67
opponere 70
opportune 155
opportunissima res 155
opprimere 71
optare 150
optativus 127
optimates 23
optimus 140
opus est 116, 132
-or 162
orare 102, 150
oratio obliqua 161
  oratio recta 161
orbare 113
orbis 23
orbus 113
Ordinalia 34, 35, 108, 170
ordiri 59
ordo 16
Ordnungszahlen 28
oriri 67
  oriundus 67, 137
  ortus 113
Ortsadverb 33, 108
Ortsbestimmungen 119, 120
ōs 24
os 24
osculari 60
ostendere 75
-osus 163
Oxymoron 170

P

P. = Publius 13
paene 125
paenitet 111
Panultima 12
pandere 79, 121
pangere 77
par 139
  par est 132
Parallelismus 169
parcere 76, 104
parentes 23
parēre 62
parere 82
Paronomasie 168
ab utraque **parte** 121
magnam (maximam) **partem** 103
particeps 23, 109
Partikel 13
partim 27
partiri 103
genetivus **partitivus** 102
Partizip 23, 37, 55, 95, 109, **133**, 137
participium coniunct. 134, 137
accusativus cum **participio** 135
Partizipialkonstruktion 95
parum 27, 108
parvus 26
parvi 111
parvo 116
pascere 81
passim 27
Passiv 37, 40, **121**, 138
  pass. Bedeutung des Deponens 53
  persönliches P. 98
  unpersönliches P. 138
passus 172
patefacere 83, 92
pater 22, 23
patere 62
pati 87, 131
  patiens 109
paulatim 27
paulisper 28
paulo 116
  paulum 27
pauper 23
P. C. = patres conscripti 13
peccare 101
peccatum 133
pellere 76
penates 23
pendēre 63, 121
pendere 75, 111
penes 120
penitus 28
Pentameter 160
Penthemimeres 165, 166
per 56, 120
-per 28
peragere 78
percellere 77
percipere 82
percrebrescere 81
percutere 82
perdere 77, 91
Perfekt 37, 42, 48, **123**
  coni. perf. in der cons. temp. 144
perferre 96
perficere 83
perfodere 83
perfringere 78
pergere 73, 129, 130
periculum est 151
Periode 142
perire 77, 91
peritus 109
permanere 63
permittere 72, 138, 150
permovere 64
perpeti 87
perpetuo 27
perrumpere 79
persequi 86
Person 37, **121 ff.**
Personalpronomen 28, 97
perspicere 82
perspicuum est 129
persuadere 63, 104, 150, 151
perstare 59
perterrere 61
  perterritus 117
pertinere 62
pervenire 66
pes 24, 172
petere 68, 102, 150
Pherekrateus 168
phraseologisches Hilfsverb 122
piget 111
pingere 74
piscis 23
placere 61
plaudere 71
plenus 109
Pleonasmus 169

plerumque 27
Plural 16, 37, 122, 123
plurale tantum 16
  a-Deklination 17
  o-Deklination 19
  mit Distributivzahl 36
plures, plurimi 26
plus 26, 114
  plurimi 111
  plurimo 116
  plurimum 27
  pluris 111, 116
Plusquamperfekt 37, 48, 152, 158, 160
  coni. plusquamperf. in der cons. temp. 144
Poesie 164 f.
polliceri 65, 132
ponere 69, 121
pons 24
populari 60
por- 57
porrigere 73
Porticus 19
poscere 81, 102
Positionslänge 13, 164
posse 88, 129
dativus **possessivus** 105
genetivus **possessivus** 107
Possessivpronomen 29, 135, 143, 161
possidēre 64
possidere 80
post 56, 104, 116, 120
  Steigerung 26
postea 28
posteaquam 158
postquam 158
postremo 27
postridie 27, 119
postulare 102
potens 109
Potentialis 31, **126**
  im Bedingungssatz 160
  im quod-Satz 156
  im Relativsatz 146
potiri 67, 115, 140
*potis 26, 88
  potissimum 27
pr. = praetor 13
prae 57, 104, 120
  Steigerung 26
praebere 60, 102
praecipere 82
  praeceptum 133
praedicere 72
Prädikat 95, **96**, 129
Prädikativum 95, **97**, 134
Prädikatsnomen 95, **96**, 129
Prädikatskern 95, **96**
praeditus 115
praeesse 88, 104, 139
praeferre 90
praeficere 83
praeponere 70
Präposition 26, 28, 55, 99, 104, **120**
praescribere 70
Präsens 37, 38 f., 157
  praesens historicum **124**, 152, 157, 158
praestare 59, 102
  praestans 133
  praestat 129
praeter 57, 99, 120
praeterea 28
praeterfluere 75, 99
praeterire 91, 99
  praeterit me 99
praetermittere 72
praetervehi 85, 99
precari 60, 150
prehendere 79
premere 70
ablativus **pretii 116**
genetivus **pretii 111**
pridie 27, 170
primus 26, 34, 77
  primo 27
  primum 27, 149, 158
princeps 23, 97
priusquam 158
privare 113
privatim 27
pro 57, 120
proc. = proconsul 13
procedere 72
procumbere 69
prodere 77
prodesse 88, 104
prodire 91
producere 73
proeliari 60
profecto 27
proferre 90
proficisci 86
profiteri 65
profundere 79
progredi 86
prohibere 60, 113, 131, 151, 154
coniunctivus **prohibitivus** 125
promere 70
promittere 72, 131, 132
promovere 64
Pronomen 16, 28 ff.
  mit Genetiv 108
  im Relativsatz 147, 148
  in der ind. Rede 169
Pronominaladjektiv 32
Pronominaladverb 33
prope 120
  Steigerung 26
prope (fast) 125
propellere 76
properare 130
propinquus 106
proponere 70
propter 120
propterea 28
proscribere 70
prosequi 86
Prosarhythmus 170
Prosodie 164
prospicere 82, 105, 150
prosternere 68
protegere 73, 113
prout 148, 149
provectus 117
providere 64, 105, 150
pudet 111
pugnare 121
pulcher 18, 25
pulvis 24
pungere 77
puppis
purus 109
putare 96, 102, 122, 131
  putant 123
  putares 126
  quis putaret? 126
  putavi ich hätte g. 125

Q

Q. = Quintus 13
qua 33
quacumque 33
quadrigatus 171
quae cum ita sint 147
quaerere 68, 102, 146
quaeso 94
qualis 32
  qualiscumque 31
ablativus **qualitatis** 108
genetivus **qualitatis** 102, 118
quam (als) ersetzt durch abl. comp. 114
  mit Relativsatz 147
quamquam 160
quamvis 160
quando = da ja 155
quanti 111, 116
Quantitätsadjektiv 108
quantopere 27
quantus 32
  quantum 32
  quanti 111, 116
  quantuscumque 31
quartarius 172
quasi 160
-que 13
queri 85, 100, 131, 155
qui, quae, quod 31, 33, **146** ff.
qui (abl.) 31, 154, 155
quia 155
quibus rebus gestis 147
quicumque 31, 33
quidam 32
quiescere 80
quilibet 32
Quirites 23
quin 31, **154**
quinarius 171

quire 92
quis, quid 31
  quis est, qui 147
quisquam 31
quisque 32
quisquis 31
quivis 32
quo 33, 153
quocumque 33
quo facto 147
quo factum est, ut 147
quoad 156
quod (Konj.) 155, 156
quominus 153, 154
quoniam 155
quoquo modo 31
quot 34, 36
quotannis 27
quotcumque 31
quotiens 36
quotus 34

R

radicitus 28
rapere 81
raro 27
raten 150
hac ratione 118
re-red- 57
-re- 47
real 159
re (vera) 117
  reapse 117
recedere 72
recensere 62
Rechtschreibung 13
recipere 82, 115
recordari 60, 86, 110
oratio **recta** 161
recurrere 76
recusare 151, 154
redarguere 84
reddere 77, 102
redigere 78
redimere 78
redire 91
reducere 73
redundare 114
Reduplikation 54, 55
refercire 66, 114
referre 90
  refert 112
reficere 83, 92
reflectere 75
Reflexivum 28, 29, 32
  im a. c. i. 132
  im innerlich abh. Satz 143
  im part. coni. 135
nichtreflexiv 28, 29
reflexives Medium 121
refugere 83
reg- 162
regere 73
Reibelaut 12
Relativpronomen 31, 32, 33
relatives Adverbium 33
relativer Anschluß 147
verallgemeinerndes Relativum 31
Relativsatz 146 ff.
relative Verschränkung 148
relinquere 79, 106, 138
  relinquitur 150
reliquum est 150
remanere 63
reminisci 86, 110
remittere 72
removere 64
renuntiare 121
repellere 76
repente 27, 152
reperire 66
repetere 68
reponere 70
reposcere 81
reprehendere 79
reprimere 71
requies 21
requirere 68
reri 65
rescindere 78
resistere 77, 151, 154
resolvere 85
respicere 82, 100
respondere 64, 131
restare 59
restituere 84
retinere 63
reum facere 110
revereri 64
reverti 85
Rhetorik 168
Rhetorische Frage 128, 161
Rhotazismus 14, 47
ridere 63, 100
-rier 48
-ris, -re 48
rogare 102, 150
Romae 119
romanische Sprachen 11
rudis 109
ruere 84
rumpere 79
rus 24, 103
  rure 113
  ruri 119

S

S. = Sextus 13
sacer 109
sacrificare 115
saepe 27
saepire 65
salire 65
saltem 27, 103
salve 84
Samnites 23
sancire 66
sanguis 24
sapere 84
Sapphischer Elfsilbler 174
sarcire 66
satis 108
satisfacere 83, 92
Satz 95
  -bau
  -frage 127
  -gefüge 141
  -lehre 95
  -reihe 141
  -teile 95
S. C. = senatus consultum 13
-sc-**Erweiterung** 54, 163
scandere 80
Schriftzeichen 11
scindere 78
scire 131, 147
scribere 70, 131, 151
scripulum 172
se- 57, 113
secare 58
secernere 68
secreto 27
secundum 120
secundus 34, 137
securis 22
sedere 64
sedulo 28
sich sehen 122
semel 36, 149
Semideponens 53
semimodius 172
senex 22, 23, 26
Senkung 164
(ex) mea sententia 117
sentire 66, 131, 145
Separativus 112, **113**
sepelire 65
seponere 70
September 23
sequi 86, 99
sequitur 150
Ser. = Servius 13
serere **(reihen)** 69
serere **(säen)** 68
sero 27
serratus 171
sestertius 171
seu 159
sextarius 172
si 31, 159, 160
  si minus 159
  si non 159
  o si 127
sic 149, 150, 160
Silbentrennung 13
silere 62
siliqua 172
-sim 48
similis 25, 109
similiter 160

simul ut 149
simulac, simulatque **158**
simulare 131
sin (autem) 159
sine 120
sinere 68, 131
sini 133
a sinistra 121
Singular 16, 37, 97
Sinnfiguren 169
sistere 77
sitis 22
sive 159
-so 48
socer 18
ablativus **sociativus** 117
solere 65, 129
solidus 171
solus 33
solvere 48, 85
sonare 58
sorgen 150
sortiri 67
Sp. = Spurius 13
spargere 74
specie 117
sperare 100, 132
spernere 68
Sperrstellung 97
Spirant 12
splendere 62
spolia 19
spoliare 113
spondere 64, 132
Spondeus 164, 167
versus **spondiacus** 166
S. P. Q. R. = senatus populusque Romanus 13
Städtenamen 16
wo? 119
woher? 113
wohin? 103
Stamm des Nomens 16
des Verbums 37
Stammerweiterung 54
Stammformen des Verbums 54
stare 59, 121
statim 27
statuere 84, 121
Steigerung
Adjektiv 24
Adverb 26
Stellungsfiguren 168
sternere 68
stimmhafter Laut 12
stimmloser Laut 12
stinguere 74
streben 150
strepere 69
stringere 74
struere 75
studere 62, 104, 139
studiosus 109
suadere 63, 150
sub 57, 100, 104, 120
subicere 84
subigere 78
subire 91, 100
subito 27, 152
Subjekt 95
mehrere S. 97
a. c. i. als S. 132
inf. als S. 129
genetivus **subiectivus** 107
Subjektsatz 141
submergere 74
Subordination 141
subsequi 89, 99
Substantiv 16
als Prädikatsnomen 96
als Prädikatsnomen im abl. abs. 136
des Affekts 117
subvenire 66
succedere 72
succumbere 69
succurrere 76
Suffix 47
sui 28, 29, 140
sumere 70, 102
summovere 64
super 57, 104, 120
superesse 88
Superlativ 24, 25, 26, 32, 108
Supinum 37, 103, **140**
suppetere 68
supplere 60
supponere 70
supprimere 71
supra 120
Steigerung 26
surgere 73
suscensere 62, 86
suscipere 82, 138
suspendere 75
suspicari 60
sustinere 62
suus 29, 32
Synalöphe 164
Synkope 14

T

T. = Tiberius 13
t-Erweiterung 54
tacere 61, 100
taedet 111
Tätigkeitswort 16
Tagesstunden 35
talis 32, 147, 149
tam 147, 149, 150
tametsi 160
tamquam 160
tangere 77
tantus 32, 150
tanti 111, 116
tantopere 27
tantum 27, 32
-tare 163
-tas 162
tegere 73
ablativus **temporalis 119**
antequam, priusquam **temporale** 158
cum **temporale** 152
ut **temporale** 149
Temporalsatz 135, 136, 149, 152, 158
eo tempore 152
id temporis 103
temptare 160
Tempus 37, **123**
im Nebensatz 144
in der indirekten Rede 161
tenax 109
tendere 75
tener 18
tenere 62, 115
Tenuis 12
tenus 120
terere 68
a tergo 121
terrere 61
testari 60
texere 69
Thesis 164
Tib. = Tiberius 13
Tiberis 22
wie tief? 103
timere 62, 105, 151
tingere 73
-tio 162
tollere 90
tonare 58
tondere 64
Tonstelle 142
-tor 172
torquere 63
torrere 63
tot 32
totus 33, 119
tradere 77, 131, 138
traditur, traduntur 133
tradunt 123
traducere 73, 99
trahere 73
traicere 84, 99
trans 57, 120
transcendere 80
transferre 90
transfigere 74
transgredi 86, 99
transire 91, 99
transitiv 49, 98, 99, 100, 105, 138
tremere 69
Trennung 13, 112
tresviri 139
tribuere 85, 106
tribus 19
tr. pl. = tribunus plebis 13
trini 36
Trithemimeres 166
-trix 162

Trochäus 164, 170
Tropos 168, 169
-trum 162
tu 28
tui 140
-tudo 162
tueri 65, 113
tum 153, 161
tundere 77
turpe est 132
turris 21
-tus 28, 55, 163
tutari 60, 65
tuto 27
tuum est 112
tuus 29

U

ubi 33, 108, 119
= ut ibi 146
ubi (primum) 158
ubicumque 33
ubique 33
Übersetzungsmöglichkeiten
des abl. abs. 136
des acc. cum inf. 132
des deutschen „man“ 122
des Passivs 122
des part. coni. 134
der Periode 142
des Relativsatzes 147, 148
des übergeordneten Verbums 130
-ui 54
ulcisci 86, 99
ullus 31, 33
ultra 120
Steigerung 26
ultro 27
-ulum 162
-ulus 162
Umlaut 14
Umstandswort 26
una 27
unbestimmtes Fürwort 31
uncia 171, 172
unde 33
= ut inde 146
undecumque 33
undique 33
-undus, -endus 48
unpersönlicher Ausdruck 99, 111, 112, 129, 132
unus 33, 34, 35
urere 70
urgere 63
-us 162
usus est 116
ut 148, 151
ut non 150, 155
ut (primum) 149
ut si 160
uter 33
uterque 33
uti 85, 115, 140
utilis 139, 140
utinam 127
utrum — an 128, 145, 146

V

vacare 113
vacuus 109, 113
vagari 60
valere 21
vas 21
-ve 13
-ve, -vi 48
vehere 73
vehi 49, 115
velle 90, 129, 131
velim, vellem 127
vellere 80
velut 160
venari 60
vendere 77, 111, 116
venerari 60
venire 66, 106
vēnire 77, 91
ver 24
verallgemeinerndes Relativpronomen 31
Verbum 16, 37 ff., **121** ff., **128** ff.
des Affekts 131, 155
der Bewegung 99, 103, 121, 140
anomale 87 ff.
cogitandi 131, 133
defectivum 93
deponens 49 ff.
dicendi 131, 133, 145, 150
dubitandi 129, 130, 146, 154
finitum 37, 121 ff.
infinitum 37, 128 ff.
impediendi 151, 154
iudiciale 110
sentiendi 131, 133, 145
timendi 151
des Wollens 129, 131, 150
Genetiv bei **Verben** 110
Verbaladjektiv 46, 129
Verbalnomen 128
verber 24
Verbot 125, 127
vereri 64, 151
Vergleich zweier Eigenschaften 25
Vergleichssatz
im a. c. i. 132
quo mit Komparativ 153
veri similis 109
verisimile est 132
vermieten 111, 116
vero 27
versari 60
Versarten 164
Verschlußlaut 12
Versfuß 164
versus 120
vertere 80
vertex 24
vesci 86, 115, 140
vesper 18
vesperi 27, 119
vester 29
vestri 28, 140
vestrum 29
vetare 58, 131, 133
vetus 23, 25
-vi 54
vicinus 106
videre 64, 131, 135, 145, 150
videres 126
videri 133
vigere 62
vincere 79
vincire 66
viritim 27
virus 18
vis 21
visere 80
Visurgis 22
vivere 74
vix 32, 152
vocare 102
vocant 123
Vokal 11, 12, 14
Vokaldehnung 14
-kontraktion 14
-kürzung 14
-schwund 14
Vokativ 16, 95
Volksnamen 16
Volkssprache 173
voluntate 118
volvere 85, 137
Vorname 13
vorzeitig 133, 144, 145
vos 28
vovere 64, 132
Vulgärlatein 11, 48, 173
vulgus 18

W

wann? 119
wie **weit**? 103
Windnamen 16
wissen 131, 145
wo? 119, 120, 121
wohin? 103, 120, 121, 140
wollen 129, 131
Wortausgang 23
Wortbildungslehre 162
Wortfrage 127, 145
Wortstamm 16, 162
wünschen 150
Wunsch 127, 150, 152
bedingter Wunsch 157
Wurzelnomina 162

Z

Zäsur 165, 166
Zahl
  in der Deklination 16
  in der Konjugation 37
Zahladverb 36
  -wort 34
Zahnlaut 12
Zeit 37
  -bestimmungen 35, 119, 170, 171
  -verhältnis 144
  -wort 37
wie lange Zeit? 103
innerhalb welcher Zeit? 119
Zeugma 169
nahe Zukunft 53
Zungenlaut 12
zusammengesetztes Wort 13, 28, 55, 163
Zweck 138, 140, 150

SCHÖNINGHS LATEINISCHE KLASSIKER

Augustinus: De civitate Dei 10715

Herausgegeben von H. Kloesel

I. Teil: Die Auseinandersetzung Augustins mit der politischen und geistig-religiösen Welt der Antike, insbesondere der Römer — Auswahl aus Buch I—V, VII und VIII — II. Teil: Die christliche Sinngebung der Geschichte — Auswahl aus Buch XI, XII, XIV, XV, XVIII, XIX, XX, XXII — und Namenverzeichnis. 142 S.

Erläuterungen. 96 S. 10815

Caesar: Bellum Gallicum.

Vollständige, kritische Textausgabe. Mit ausführlicher Einleitung (H.-J. Tschiedel), Sacherklärungen und ausgew. Bildmaterial (G. Ramming) 233 S. 10760

Erläuterungen (G. Ramming):

Buch I. 43 S. 10861

Buch II. 27 S. 10862

Buch III. 21 S. 10863

Buch IV. 29 S. 10864

Buch V. 35 S. 10865

Buch VI. 29 S. 10866

Buch VII. 55 S. 10867

Caesar: De bello civili 10732

Herausgegeben von R. Greve

Kritisch geprüfte Ausgabe mit Namenverzeichnis. 143 S.

Erläuterungen. 128 S. 10832

Cicero: Briefe.

Auswahl. Herausgegeben von H. Philips. 107 S. 10719

Erläuterungen. 152 S. 10819

Cicero: De imperio Cn. Pompei (sive de lege Manilia) ad quirites oratio 10703

Herausgegeben von E. Bernert

Mit Einführung und Namenverzeichnis. 45 S. und eine Karte

Erläuterungen. 24 S. 10803

Cicero: De re publica 10737

Herausgegeben von H. Schwamborn

Vollständige Textausgabe mit Namenverzeichnis 152 S.

Erläuterungen 10837

Mit methodischer Einführung, Überblick über Ciceros Leben und Werk, Textbeschreibung und Interpretation, Wörterverzeichnis und Kommentar nebst einer Stammtafel. 268 S.

Cicero: In L. Catilinam orationes quattuor 10709

Herausgegeben von J. Feix

Mit einem Namenverzeichnis. 62 S. und einer Karte

Erläuterungen. 55 S. 10809

Cicero: Pro M. Marcello. Pro Q. Ligario 10741

Herausgegeben mit den zugehörigen Briefen (diese lateinisch und deutsch) von K. Atzert. 76 S.

Erläuterungen. 36 S. 10841

Cicero: Orationes in Verrem 10723
Herausgegeben von R. Greve. 167 S.

Erläuterungen. 112 S. 10823

Cicero: Pro Sex. Roscio Amerino oratio 10702
Herausgegeben von Th. Nissen. 56 S.

Erläuterungen. 50 S. 10802

Cicero: Staatsphilosophie 10721
Herausgegeben von G. Elkeles
Auswahl aus De re publica, De legibus, De officiis, Ad Quintum fratrem, Somnium Scipionis mit Namenverzeichnis. 94 S.

Erläuterungen. 63 S. 10821

Cornelius Nepos: De viris illustribus 10745
Herausgegeben von G. Oomen
Lebensbilder: Miltiades, Themistokles, Aristides, Pausanias, Alkibiades, Thrasybulus, Epaminondas, Hannibal, Cato, Atticus. 83 S. und eine Karte

Erläuterungen. 46 S. 10845

Gellius: Noctes atticae. 10714
Herausgegeben und erläutert von J. Felix. 66 S.

Livius: Ab urbe condita — I. Dekade 10710
Herausgegeben von H. v. Geisau
Auswahl mit Einführung und Namenverzeichnis. 136 S.

Erläuterungen. 128 S. 10810

Livius: Ab urbe condita — III. Dekade 10731
Herausgegeben von W. Limper
Auswahl und Namenverzeichnis. 80 S., 2 Kartenskizzen

Erläuterungen. 48 S. 10831

Martial: Epigramme 10713
Herausgegeben und erläutert von F. Stephan-Kühn. 68 S.

Ovidius: Auswahl aus den Metamorphosen, Fasten und Tristien 10704
Herausgegeben von E. Bernert
Mit einem Anhang, 15 Fabeln des Phädrus und Namenverzeichnis. 120 S.

Erläuterungen. Mit einem Anhang: Die poetische Sprache Ovids. 112 S. 10804

Petronius: Cena Trimalchionis 10914
Herausgegeben und erläutert von G. Daum. 96 S.

Die Philosophie der Stoa 10707
Aus den Schriften Ciceros und Senecas
Herausgegeben von H. Leretz. 68 S.

Erläuterungen. 92 S. 10807

Plinius: Briefe 10711
Herausgegeben und erläutert von H. Philips. 100 S.

Rom und die Philosophie. 10717

Auswahl aus den Schriften Ciceros und Erläuterungen von H. E. Pester. 112 S.

Lehrerkontrollheft zu 10717. 32 S.

Saeculum Augustum 10722

Herausgegeben von M. Carstenn

Quellen zum Augusteischen Zeitalter: Monumentum Ancyranum (lateinisch und griechisch), Sueton: Augustus, Briefe des Augustus, Inschriften, Stellen aus Anthologia Palatina, Velleius Paterculus, Ovid, Properz, Livius und die Kapitel: Maecenas, Agrippa. 80 S.

Erläuterungen. 70 S. 16 Abb. 10822

Sallustius: De coniuratione Catilinae liber. De bello Jugurthino liber. Epistulae ad Caesarem senem de re publica 10716

Herausgegeben von O. Leggewi

Vollständige Textausgabe von De coniuratione Catilinae und Epistulae ad Caesarem, Auswahl aus De bello Jugurthino und Eigennamenverzeichnis und Erläuterungen. 195 S. 10906

Seneca: Epistulae morales 10734

Herausgegeben von J. Bast

Auswahl mit textkritischem Anhang. 72 S.

Erläuterungen. Mit Wörterverzeichnis. 124 S. 10834

Seria et iocosa. 10733

Texte zur Begleit- und Übergangslektüre ausgewählt und erläutert von G. Oberle. 78 S.

Tacitus: Die Annalen (Ab excessu divi Augusti libri) 10724

Herausgegeben von M. Wagner

Auswahl mit Namenverzeichnis. 184 S.

Erläuterungen. 102 S. 10824

Tacitus: Germania 10701

Herausgegeben von J. Vitzer

Mit Parallelstellen aus Caesar, De bello Gallico, Pomponius Mela, Plinius Secundus Maior, Namenverzeichnis und Verzeichnis der lateinischen und griechischen Schriftsteller, die über Germanien und die Germanen zusammenhängend berichtet haben. 64 S. 1 Karte

Erläuterungen. 77 S. 10801

Vergilius: Aeneis I—VI 10742

Herausgegeben von H. Schmeck

Kritisch geprüfte Ausgabe mit vollständigem Namenverzeichnis. 208 S. 10842

Vergilius: Aeneis, Buch VI. 10746

Vollständige Ausgabe mit Kommentar. Herausgegeben von F. Stephan-Kühn. 168 S.